JN086359

アクティベート
教　育　学

汐見稔幸・奈須正裕 [監修]

01 教育原理

木村 元・汐見稔幸 [編著]

ミネルヴァ書房

シリーズ刊行にあたって

　近代という特徴的な時代に誕生した学校は、今や産業社会から知識基盤社会へという構造変化のなかで、その役割や位置づけを大きく変えつつあります。一方、2017年に告示された学習指導要領では「社会に開かれた教育課程」という理念のもと、「内容」中心から「資質・能力」育成へと学力論が大幅に拡張され、「主体的・対話的で深い学び」や「カリキュラム・マネジメント」といった考え方も提起されました。

　学習指導要領前文にあるように、そこでは一人一人の子どもが「自分のよさや可能性を認識するとともに、あらゆる他者を価値のある存在として尊重し、多様な人々と協働しながら様々な社会的変化を乗り越え、豊かな人生を切り拓き、持続可能な社会の創り手となること」が目指されています。

　急激に変化し続ける社会情勢のなかで、このような教育の理想をすべての子どもに実現していくことが、これからの学校と教師に期待されているのです。それは確かに要求度の高い困難な仕事ですが、だからこそ生涯をかけて打ち込むに値する夢のある生き方とも言えるでしょう。

　本シリーズは、そんな志を胸に教師を目指されるみなさんが、数々の困難を乗り越え、子どもたちとともにどこまでも学び育つ教師となる、その確かな基礎を培うべく企画されました。各巻の内容はもちろん「教職課程コアカリキュラム」に準拠していますが、さらに教育を巡る国内外の動向を的確に反映すること、各学問分野の特質とおもしろさをわかりやすく伝えることの2点に特に力を入れています。また、読者が問いをもって主体的に学びを深められるよう、各章の冒頭にWORKを位置づけるなどの工夫を施しました。

　教師を目指すすべてのみなさんにとって、本シリーズが、その確かな一歩を踏み出す一助となることを願っています。

2019年2月

監修者　汐見稔幸・奈須正裕

は じ め に

〈本書の成り立ちと目指すもの〉

　本書は，教師になるために欠かせない，教育自体についての理解を養うことを目指しています。教職の学習は，教育の実践の技術や方法などを学ぶものとして論じられたり受け取られたりしがちですが，教育自体が人々にどのように理解されているかによって，その内容は大きく変わってきます。変動するこんにちの社会のなかで，教育とは何かの共通認識が得られにくくなっている状況においては，もとの地点に立ち戻って考えることがますます求められているといえます。

　本書『教育原理』は，「教育とは何か」，「こんにちどのように存在しているか」を教育哲学，教育思想，教育の歴史などの研究分野の知見を中心に学ぶためのテキストです。それぞれの研究分野は教育を捉えるうえで欠かせない学問であり，『教育原理』はそれらを組み合わせて，いまから教職（教育）の世界に入っていくみなさんにとって，導入となるように構成されています。同時に，それらの専門の学問への誘いにもなっています。

〈本書の構成と内容〉

　本書は，教育の性格を学問の成果を踏まえながら理解するために，以下の三つの問いのうえに部を構成しました。

- 教育とは何か。
- 教育はどのように捉えられてきたか。
- 教育はどのように組織され，実践されてきたか。

　上記のそれぞれの問いに対応した第Ⅰ部〜第Ⅲ部に加えて，現代の教育課題に対応するために欠かせない問題について第Ⅳ部を設けました。

　①第Ⅰ部

まず，教育の概念について学びます。私たちは日常で当たり前のように教育という言葉を用いています。しかし，そもそも教育とはどういうことかという疑問をもったことがある人は，それほど多くはないでしょう。実は，歴史的に見ても教育が日常語として日本の社会のなかで受け入れられてから，まだ百数十年しか経ていないのです。ここでは，教育とは善きものであり，なくてはならないものであると最初から捉えるのではなく，教育とはどのような働きかけであるかというその基本的な性格をつかみます。

　教育は，社会のなかに存在する，大人と子どものコミュニケーションともいえます。それゆえ，教育を受け止める側である子ども自体についての理解，家庭や社会など教育の環境について，さらに，そもそも人が成長するとはどういうことかという理解も欠かせません。また，社会のなかで教育を実際に成立させるときに，制度としてどのように整えるのかという問題もあります。

　第Ⅰ部では，このような教育自体や教育と子どもや家族・社会との関係について理解を深めます。

②第Ⅱ部

　次に，第Ⅱ部では，教育という行為がどのように意識されるようになったか，意識の深まりのなかで次第に教育というものが自覚されていった歴史的な過程に着目します。

　人間の歴史は，その後継の世代をどうつくるのかという課題を当初からもっていましたが，長い間そのようなことを意識しなくとも"自然"に次世代はつくりあげられてきました。前の世代の真似をすることで"自然"に次の世代が続くように社会が持続してきたのであり，そのように考えられてきたからです。社会の問題として次世代の育成を考える必要がなかった時代が長く続いてきたといえます。ところが，近代になるとそうではない状況が生まれ，教育という行為が意識され始めます。それは，次の世代をどのようにつくるかという理念を生み出していくことにもなりました。教育思想とは，ある時代においてこのまま"自然"な世代交代でいいのであろうか，という反省が生まれたときに成立するものです。

　こんにちにつながる教育思想の多くは，西洋の近代教育思想に大きく影響を

受けています。第Ⅱ部では，まず教育の思想や理念について理解するために，西洋の教育思想を素材に学びます。

③第Ⅲ部

そして，第Ⅲ部では，教育がどのようにして社会のなかで共有され，中身をつくりあげながら定着してきたかを学びます。その定着は，主として学校という機関によってなされてきました。学校の制度やその実態は，どのように展開してこんにちに至ってきたのでしょうか。教育の事実の歴史を辿りながら，西洋と日本の社会と教育についてそれぞれの特徴を示しています。歴史的には，日本の学校の制度の多くは，時代ごとの構想者や教育行政によって，他の国から移入されるなどの方法で，社会をある方向に導くためにつくりだされてきました。しかし，それは人々の意思と無関係には成し得るものではなく，むしろそれらに対応するように調整しながらつくりあげられていったのです。また，教室の教育実践も，教師がつくりあげるものではありますが，子どもの生活の側から受ける影響は大きかったといえます。このように社会や子どもの生活と深く関わりながら存在してきた学校の在り方を押さえ，こんにちの学校を捉える視点がもてるようになってほしいと考えます。

④第Ⅳ部

最後に，第Ⅳ部で，現代の教育をめぐる課題のなかから，教育原理の応用編ともいえる，これからの教育を考えるための重要なトピックを取り上げました。

一つは，学校で身につける力をめぐる問題です。学校教育で形成される能力はこれまで「学力」として捉えられることが普通でしたが，こんにちではこれからの社会を想定して示される「資質・能力」が教育目標として捉えられるようになっています。このことはどのような意味をもっているかを踏まえ，今後の学校での教育の在り方と課題を考えます。もう一つは，人類史的な転換点ともいえる情報革命のなかにある現代における教育の問題です。社会のコミュニケーションの仕方が激変し，子どもの生活が大きく変わるなかで，何を教えるのかという中身と，どのように教えるかの様式が，大きく変化することが予想されます。その点についての教育の在り方や課題について捉えてほしいと考えます。

本書では，以上を通して教育についての基本的な理解を深めます。執筆にあたってはできるだけわかりやすく書くことに努めましたが，奥行きの深い教育の世界を扱う以上，難しい点も出てくるかもしれません。そこで，テキストに書かれている内容の理解を助けるものとして，各章末に「さらに学びたい人のために」という読書案内を設けています。これらも参考に，テキストの理解を深めてもらいたいと思います。

2020年1月

編著者を代表して　木村　元

目　次

はじめに

第Ⅰ部　教育とは何か

第1章　教育をどのように捉えるか　　　3

第Ⅲ部　学校はどのようにつくられ，存在してきたか

第8章　近代学校の誕生と展開　　　　　129

第9章　日本における近代以前の人間形成 　　　　149

第10章　日本型の学校の形成 　　　　163

戦前の展開

第Ⅳ部　現代教育の直面する課題から考える

第**14**章　資質・能力と学力　　231

第**15**章　情報化社会の公教育　　245

━━　本シリーズの特徴　━━

　シリーズ「アクティベート教育学」では，読者のみなさんが主体的・対話的で深い学びを成就できるよう，以下のような特徴を設けています。

●学びのポイント
　各章の扉に，押さえてほしい要点を簡潔に示しています。これから学ぶ内容の「ポイント」を押さえたうえで読み進めることで，理解を深められます。

●WORK
　各章の冒頭に「WORK」を設けています。主体的・対話的に WORK に取り組むことで，より関心をもって学びに入っていけるように工夫されています。

●導　入
　本論に入る前に，各章の内容へと誘う「導入」を設けています。ここで当該章の概要や内容理解を深めるための視点が示されています。

●まとめ
　章末には，学んだ内容を振り返る「まとめ」を設けています。

●さらに学びたい人のために
　当該章の内容をさらに深めることができる書籍等をいくつか取り上げ，それぞれに対して概要やおすすめポイントなどを紹介しています。

●カリキュラム対応表
　目次構成と教職課程コアカリキュラムの対応表を弊社ウェブサイトに掲載しています。詳細は，以下の URL から各巻のページに入りご覧ください。
　　〈https://www.minervashobo.co.jp/search/s13003.html〉

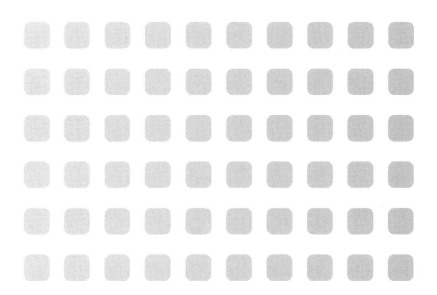

第Ⅰ部　教育とは何か

第1章

教育をどのように捉えるか

● ● ● ● 学びのポイント ● ● ● ●

- 「教育」という日常語が幅をもって用いられている点に気づくことができる。
- 教育が人間形成の一つであることが理解できる。
- 教育は歴史的な存在であることが理解できる。
- 学校教育の課題について理解を深める。

WORK　私たちは何を「教育」と呼んでいるか

　下の図は，スウェーデンの教育統計書（*Utbildningsstatistisk årsbok*）の表紙に描かれた教育の役割を示す図です。ここには，スウェーデンにおいて教育がどのようなものとして捉えられているかが端的に表れています。

　みなさんが日常会話で使っている日本の「教育」と比較して，その違いを考えてみましょう。

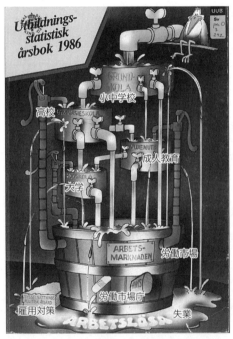

スウェーデンの教育統計書の表紙（1986年）

出所：Statistiska centralbyrån (1986). *Utbildningsstatis-tisk årsbok 1986*（太田美幸「スウェーデン・モデルにおけるノンフォーマル成人教育の機能——成人教育の制度化過程と民衆大学への役割期待」『立教社会福祉研究』31，2011年参照）。

● 導 入 ● ● ● ● ● ● ● ●

　ここでは，教育の概念を捉えることから始めたいと思います。この章では，日常
何げなく用いられている「教育」という言葉が，歴史的な展開を踏まえた人間形成
の三つのカテゴリーで用いられていることを学びます。併せて，教育に近い概念や，
角度を変えて教育を考えることで「教育」自体の理解を深めます。

● ● ● ● ● ● ● ● ●

1 教育を構成するカテゴリー

1 「教育」という人間形成

　教育は，日本の社会でもっとも関心をもたれている領域の一つであることは
誰もが認めることでしょう。日常でも教育をめぐる議論で意見が対立すること
は珍しくありません。しかし，時として，議論している当事者たちの意見が違
うというより，それぞれの教育という言葉の捉え方が異なることがあります。
たとえば，教育は働きかけにより成長を促す行為というところでは共通してい
ても，それ以外は違うイメージや内容をもって議論している場合があるのです。
まず，この章で，日常語の「教育」という言葉が幅をもって社会に存在してい
る点に注目して，**人間形成**の概念を整理します。
　近代以降の人間形成が，形成，教化，〈教育〉という三つのカテゴリーから
できていることから見ていきましょう。

2 形 成

　あなたが学校生活のなかでもっとも自分の成長を感じるのはどんなときでし
ょうか。たとえば，数学の授業のときだと答える人はほとんどいないのに対し
て，部活と答える人が圧倒的に多いのではないでしょうか。勝利を求めて努力
したり，部員と協力しそのなかで他者の良さを感じ取ったりするなどのさまざ

まな経験が，自分が成長したという感覚を生み出すことがあります。これらは，外部との関わり合いによって成長が促された例といえるでしょう。このように，ほとんどの場合，無意識の働きかけ合いが，結果として人を成長させているのです。部活動のみならず，交友関係，仕事やアルバイト，あるいは大切な人との別れなどの体験によって自分の成長を実感したり促されたりすることは経験的に理解できるでしょう。

　教育学では，人が生活していくなかで人間の成長を促す機能を「形　成^{フォーメーション}」といいます。「薫陶をうける」や「感化される」ことなどはこれにあたります。こうした無意図的な形成は，人間の成長（変化）に多大な影響力をもつものです。

3　教　化

　「形成」とは異なり，意図的に人に働きかけて変化を促す行為があります。その中心は社会の一員をつくりあげる働きかけです。現代においては代表的なものとして企業や市民社会，国家の成員の養成があげられます。このようなさまざまな社会や集団のための人間形成を「教　化^{エディフィケーション}」と呼びます。

　そもそも，どの社会でも，人が社会の一員になるための働きかけがなされてきました。近代以前においては，成長を促し一人前にする働きかけは，ムラ社会（共同体社会）を維持することとほぼ重なっていました。そこでは，個人として生きることは許されず，ムラの一員として育つことが求められていました。ですから，そのムラの掟を破ったものに対しては厳しい戒律が準備されていました。ムラからの追放である「村八分」はその一番の罰だったのです。実際には，厳罰が適用される以前に習俗や慣習が自然にムラの成員をつくりあげる役割をしていました。これらは，歳に応じた子どもの成長を確認するための目安でもあり，それに基づいて日常の人々の働きかけがあったのです[*1]。現代にも続く七五三はそのなごりです。子どもの成長にはムラの一員になるという明確な

＊1　「産育と教育の社会史」編集委員会（編）『民衆のカリキュラム　学校のカリキュラム』新評論，1983年，pp. 8-82（鶴見和子・庄司和晃による「対談」）。

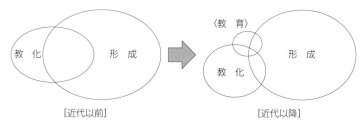

図1-1　人間形成の展開（イメージ図）

出所：筆者作成。

目的がありました。近代以前は，習俗や慣習に従って自然に生きることで，いわば形成と教化とが融合しながらムラ人をつくり出していたところに特徴がありました。

4　〈教育〉の誕生

　それに対して，近代は，個人が自立して生きるための能力が必要とされてきた時代です。そのなかで，子ども自体を価値あるものとして，よりよくしようとする観点が成立してきます。この観点に基づく働きかけが〈教育〉の行為です（図1-1）。〈教育〉は，単独で作用するものではありません。なぜなら，子どもが育つとき現実にはさまざまな働きかけが複合的に関わっているからです。しかし，こうした子どもを価値あるものとする観点は，近代以前とは異なった子どもへの働きかけを生み出していきました。

　それを端的に示したのが本書第6章でも触れる**ルソー**（Rousseau, J.-J.）の著書『**エミール**』（1762）です。

　ルソーの著した『エミール』の原題には「または教育について」という文言が含まれています[*2]。著者を投影させたと思われる家庭教師が，上層階級の架空

---

*2　原題は *"Émile, ou De l'éducation"* であり，直訳すると『エミール　または教育について』となる。日本でも多数翻訳されており，代表的なものとして，岩波文庫として出版された以下のものがある。ルソー，今野一雄（訳）『エミール（上・中・下）』岩波書店，1962・1963・1964年。なお，2007年に岩波文庫創刊80周年記念として改版（重版）された。

の少年エミールを大人になるまで育てあげる私教育の過程を描いたものです。近代社会を想定した最初の教育書ともされており，子どもに即した子育ての在り方が描かれています。

『エミール』の一節に次のようなものがあります。

> 人は子どもというものを知らない（…中略…）かれらは子どものうちに大人を求め，大人になるまえに子どもがどういうものであるかを考えない。[*3]

当時の貴族社会の子育ては，社交の場での振る舞いや礼儀といった貴族社会のルールを少しでも早く身につけさせることが目指されました。このような貴族社会という共同体の一員をつくりあげる教化の働きかけに対して，『エミール』では，子どもというものはそれ自体が自然で固有な価値をもつものであり，それに配慮した働きかけが子育ての基本にならなければならないと指摘したのです。それまで，「子ども」は共同体の未熟な成員，いわば「小さな大人」として扱われてきましたが，ルソーは，子どもは大人と異なった未知なる存在として捉えました。このことはルソーによる子どもの発見と呼ばれます。ルソーによって「発見」された子どもに対して，新しい子ども観による働きかけを意識したときに，教育は展開を遂げたともいえます。こうした変化のなかで生まれてきた新しい人間形成の方式が〈教育〉です。

2　歴史的概念としての教育

『エミール』の例で見たように，〈教育〉という独特な働きかけが現れたのは，近代になってからです。近代以前には，子どもは，生活するなかで知恵やワザを学び取りながら一人前の大人になっていきました。ところが，産業がめざましく発展した近代の社会においては，そうしたやり方だけでは対応できなくなりました。ムラ共同体から離れて自立して新しい社会を生きることができる個人が求められ，〈教育〉は，新しい社会をよりよく生きるための能力の獲得を

＊3　ルソー，今野一雄（訳）『エミール（上）』岩波書店，1962年，pp. 22-23。

援助するものとして，人々のなかに意識されるようになってきたのです。このように，こんにちの教育は，長い人類の歴史から見ても特殊な形の人間形成であるといえます。その最大の特徴が，子どもの成長自体を価値あるものと捉えている点です。その価値を意識して成長を見る概念を**発達**といいます。この点については，本書第2章で触れますが，発達という概念が広まっていくにしたがって，意図的，計画的，持続的に子どもの成長に関わっていく「**発達に応じた教育**」という表現が定着していきました。

3 日常語としての「教育」の意味

　ここまで，日常的に用いられている「教育」という言葉は三つのカテゴリーから成っており，近代に生まれた固有な内容をもつものであるということを見てきました。子どもを価値とし，新しい社会をよりよく生きていく力を養成することを課題とする社会（近代社会）と，共同体を維持していくことを重視する社会（近代以前の社会）とでは，次世代をつくりあげていくにあたっての考え方やその方法は根本的に異なります。また，「教育」という言葉を用いながら議論がうまくかみ合わない場合，三つのうち強調しているカテゴリーが異なっていることに原因がある場合があります。あなたの日常生活や学校などの場面で「教育」という言葉がどのように用いられているか改めて考えてみてください。また，日本の社会では，教育がしつけを含めて用いられている場合が多いのですが，欧米のエデュケーション（education）はしつけを含むことはありません。つまり，「教育」はエデュケーションとは同一ではないともいえます。冒頭の WORK で示した例はそれを示しています。

4 教育の難しさ

　教育という人間形成について理解を深めるために，類似の働きかけを示すことで，教育が抱える困難さと課題について触れてみましょう。

1　自発的従属

　教育は，子どもがその子らしく自律的に社会を生きられるようにするための働きかけです。その逆は，他者の言いなりになる人間を育てる，つまり従属を促す働きかけといえます。しかし，教育の行為は，従属を促す働きかけと深く関わっていることに注意する必要があります。たとえば，常に子どもに葛藤を与えないように，先回りして育てることで，教育者の思い通りの子どもに育てることも可能だからです。その点については『エミール』のなかでも触れられています。

　　見かけはあくまで自由にみえる隷属状態ほど完全な隷属状態はない。（…中略…）仕事も遊びも楽しみも苦しみも，すべてあなたの手に握られていながら，かれはそれに気がつかないでいるのではないか。もちろん，かれは自分がしたいと思うことしかしないだろう。しかし，かれはあなたがさせたいと思っていることしか望まないだろう。[*4]

　教育は，個人の自律性を育てるための行為でありながら，同時にもっとも徹底的に子どもをコントロールする手段ともなり得るのであり，子どもの自発性を根本で否定することが可能なことが示されているのです。このように，子どもの自発的な行為に見えながら，教師や社会が求めることに従属していることを**自発的従属**と呼びます。自発的従属という状態を引き起こす可能性を考えると，子どもの価値をもとにした〈教育〉と共同体の一員にしようとする「教化」とは，一見正反対の取り組みに見えますが，実は密接に関連しているともいえます。教育は，そうした緊張関係を含みもった存在であるという点に自覚的であることが大切です。

＊4　前掲書（＊3），p. 248。

2 環境の人間形成――アーキテクチャと隠れたカリキュラム

　自発的従属は，人間の自発性や自律性が実は社会との関係でできていることを示しています。

　近年，当人が無自覚なまま自然に人間を誘導する方法が注目されています。公園などで騒いでいる若者を排除するために，モスキート音（高周波音，超音波）を流して自発的にその場から離れるようにする方法もその一つです。高周波は若者だけが聞きとれるために，不快に感じて公園を去るというものです。また，ベンチの座席に勾配をつけることで，寝そべる人がいなくなるようにするという例もあります。これらは，環境をつくりかえることで人々の行動を制御しようとするもので，**アーキテクチャ**（環境管理型権力）と呼ばれます。この例は，無意識のうちに人の行動が制御され，時としてそれが価値観の内面化にもつながることがあることを示しています。[*5] 環境を制御することは，教育の前提であり，学校教育にもさまざまな影響を与えてきました。

　環境の影響ということでは，子どもは教えられる対象というよりも，まず学ぶ存在であるということを踏まえねばなりません。子どもは，授業で学問の成果だけを学ぶのではなく，学校での過ごし方や教師や子ども同士の関係の取り方，態度などを同時に学びます。教師の意図を超えて，学び方自体を学んでいるのです。これは，意図しないまま教えられていく「隠れたカリキュラム」といわれるものですが，教師が意図的に教えようとする内容よりも大きな影響を与えることが示されてきました。[*6] 教育の中核には意図的な働きかけがありますが，意図以外の部分や環境への視点にも留意することが求められているのです。

＊5　東浩紀・北田暁大（編）『アーキテクチャ（思想地図 vol. 3）』NHK 出版，2009年。教育との関連では，山名淳『都市とアーキテクチャの教育思想――保護と人間形成のあいだ』勁草書房，2015年が参考になる。
＊6　男女が平等であるということを先生が教えようとしても，学級名簿で男子がはじめで女子が後になっていることからそうではないと学ぶことがあるという例はその一つ。

3　「よりよさ」の再考——エンハンスメント

　子どもを「よりよくする」という観点をもつ行為が教育であると述べてきましたが，近年，**人工知能**（AI），遺伝子工学などのテクノロジーのめざましい進展によって，「よりよい」ということの中身は，大きくその意味や内容を広げています。このように，テクノロジーによって人間の能力が増強・強化することを捉える概念が**エンハンスメント**です。肉体の耐久力や魅力の強化，記憶力や認知能力の向上，行動特性の矯正など，多岐にわたるエンハンスメントは，人の能力や存在の意味も変えようとしています。人の存在が個体から外部にどんどん拡張していくように，人工内耳・人工眼等の人工臓器，薬物投与による集中力の増進，さらには人間とコンピューターの一体化までが射程に入ってきています。こうしたエンハンスメントの動向は，いやおうなく教育とは何かを問うことになります。子どもを「よりよくする」という結果だけを目的とするなら，エンハンスメントによって替えることが可能かもしれないのです。こうした状況への対応として，教育が子どもにとって「役立つ」「できる」のみならず「楽しい」「意味のある」などという視点から，改めて問い直されています[7]。

　エンハンスメントの拡張は，人間が限りなく卓越したものを求めてきたことによるものです。しかし，それのみを求めると，人間の努力や目的に至るまでの過程が軽視されることが考えられます[8]。その場合，学習の主体である人間が，単なる情報や知識の受け手になるおそれがあります。教育を考えるにあたって，「よりよく」の中身をどう考えるかが大きな課題になっているのです。

＊7　斉藤里美「教育とエンハンスメントの社会学——『よりよくなる』ことが公教育の目的か」『〈教育と社会〉研究』27，2017年。

＊8　この問題は実は単純ではない。努力が軽視されることの評価は文脈によって異なるからである。たとえば数学を学ぶときにドリルはつきものだが，薬物を摂取して集中力を高めて計算能力を獲得し，それに基づいて創造的な数学が保障されるとしたらどうだろう。エンハンスメントはこうしたことも含めて教育の見直しに対して問題を提起している。

5　制度化された教育：学校の課題

　教育は，あらゆる人が対象となり，さまざまな場所で，いろいろなやり方で行われる営みです。しかし，日本においては，年齢層を定めて公教育として組織化された学校で行われるのが教育である，という理解が一般的に強くあります。公教育とは，本書第 3 章で述べるように，子どもが公共の社会を生きるために保障された教育であり，学校がその中心的な場となっています。

　こうした学校で行う教育を位置づけるために有用なカテゴリーとして，フォーマル教育とノンフォーマル教育があります。[*9]

1　フォーマル教育

　フォーマル教育とは，公的な制度のもとで，主に学校で，公認された教師によって，決められたカリキュラムに従って行われる教育の形態が代表的なものです。学校は，生活の時空間から離れて「教える―学ぶ」という関係を基盤にしてつくりあげられた場です。近代以前，学校が人々のなかに定着する前は，地域や家族など，子どもが生活する環境ごとに文化伝達が行われていました。それに対して，公的な制度のもとでつくりあげられた学校では，内容と教え方が標準化されて，誰にでも必要な教育内容を保障することができるというメリットがあります。そのため，学校は近代の社会をつくりあげるうえで，不可欠なものになってきました。

2　ノンフォーマル教育

　学校は，社会からの要請に応じてその時々で変化してきました。こんにちにおいては，経済的な理由だけでなく，学校という形式や人間関係になじめない

＊9　丸山英樹・太田美幸（編）『ノンフォーマル教育の可能性』新評論，2013年；独立行政法人国際協力機構国際協力総合研修所「ノンフォーマル教育支援の拡充に向けて」2005年。

子どもが多数出てきており，学校や教育を柔軟に考えることが課題とされています。柔軟な教育とは，一つは，学校の外で行う非正規の教育を含む考え方です。もう一つは，公教育のなかでもこれまでの学校の形式や方法にこだわらない教育を指します。個人に即した，また多様な境遇にある人々に対応できる形態の教育といっていいでしょう。フォーマル教育に対して，これらの教育はノンフォーマル教育といいます。そもそも，公教育制度が十分に整えられなかった国や地域あるいは時期においては，人々にとってノンフォーマル教育は重要な役割を果たしてきました。

　こんにち注目されている**夜間中学**や**フリースクール**は，ノンフォーマル教育[10]を行う場の例としてあげることができます。夜間中学は，戦後，主として経済的な事情で就学できない子どもに対して教育を保障しようと，教員や自治体，地域住民のなかから生まれた学校です。この学校は，正統な制度要件は満たしていないものでしたが，多くの学校に通えない人々に教育の機会を保障する役割を果たしてきています。

3　公教育の枠組みを考える

　このように，ノンフォーマル教育は，重要な意義を有していながら，一方で，フォーマルな学校教育との関係で難しい課題を抱えています。ノンフォーマル教育を認めてしまうことで，結果としてすべての人に社会が責任をもって教育を保障するという公教育の制度の役割を薄めてしまうという指摘もその一つです。制度の枠の外にある学校をつくることで，就学保障や学力保障を行うことを使命とする公教育の質が全体として保たれなくなる，という危惧がそこには示されています。こんにち学校に「行けない・行かない」子どもの増加[11]，さらにグローバル化のなかでさまざまな文化環境に育った子どもたちが増えていく状況に対して，学校教育の運用を柔軟にしていくことが求められています。ノ

---

*10　夜間中学については本書第3章，フリースクールについては本書第11章を参照。
*11　学校に「行けない・行かない」子ども（長期欠席率の変遷）については，本書第11章のWORK参照。

ンフォーマル教育への理解を深めながら，公教育の場としての学校がこれまで
フォーマル教育を厳格に運用することを軸にしてつくりあげられてきたことへ
の再考が求められています。

 まとめ

　「教育」として呼ばれている人間形成は，形成，教化，〈教育〉の三つの要素で成
り立っています。そして教育とは，長い人類のあゆみのなかで共同体に依拠して生
きる時代から，個人を価値とする時代に移行するなかで生み出されたものです。教
育が，子どもを育てるということと支配することとの間にある緊張関係を有するも
のである点に留意する必要があります。こうした教育を保障するために制度化され
た学校は，こんにち子どもや社会の変化に伴って現れる課題を抱えており，新しい
学校の在り方が模索されています。

 さらに学びたい人のために

○中内敏夫『「教室」をひらく――新・教育原論』藤原書店，1999年。

　　教育の現場を見据えながら，教育学をひとまとまりのものとして描き出して
　いるところに特徴があります。教育学を体系として見通しを得ようとするとき
　に役立つ著書です。

○宮澤康人（編）『社会史のなかの子ども――アリエス以後の〈家族と学校の近
　代〉』新曜社，1988年。

　　ルソーによって「子どもの発見」がなされたことは本文で示しましたが，こ
　のことは，この著の副題にあるアリエス（Ariès, P.）の『〈子供〉の誕生――
　アンシァン・レジーム期の子供と家族生活』（杉山光信・杉山恵美子（訳），み
　すず書房，1980年）以降，世のなかに広く知られることになりました。この著
　はそのことを意識しながら近代以降の子ども，家族，学校をどのように捉える
　かの基本的な観点を示しています。アリエスの著書，さらに日本を対象とした，
　柴田純『日本幼児史――子どもへのまなざし』（吉川弘文館，2012年）と併せて
　読まれるとより理解が深まります。

○『叢書 産む・育てる・教える――匿名の教育史（全5巻）』藤原書店，1990-
　1995年。

　　教育を教えるというレベルだけではなく産む，育てるという人間の生活全体
を視野のなかで位置づけ，教育を考えるシリーズ。第 1 巻『教育──誕生と終
焉』，第 2 巻『家族──自立と転生』，第 3 巻『老いと「生い」──隔離と再
生』，第 4 巻『企業社会と偏差値』，第 5 巻『社会規範──タブーと褒賞』から
構成されている。教育を広い視点から捉えることができます。

○丸山英樹・太田美幸（編）『ノンフォーマル教育の可能性』新評論，2013年。
　　学校教育を前提とする教育の在り方を問い直し，より広い視野から日本の教
育を捉える見方を提示している著書。公的な制度に組み込まれた正規の学校で
はない，またあらかじめ決められたカリキュラムがない多くの内外の学校での
教育を紹介しています。

○田嶋一『〈少年〉と〈青年〉の近代日本──人間形成と教育の社会史』東京大
学出版会，2016年。
　　教育の概念が歴史的な産物であったのと同様に，青年や少年の概念が近代化
の過程で多様な展開を見せ，その概念が社会や家族の在り方に連動して変容し
ている点を明らかにしている著書です。

○木村元・小玉重夫・船橋一男『教育学をつかむ（改訂版）』有斐閣，2019年。
　　このテキストで学んだことをさらに深めるために役立つ著書です。教育学と
いう学問をつかむために31のユニットに分けてその諸領域を現代社会との関係
を意識して捉えています。

第2章

子ども・家庭・社会
──教育の土台をめぐって──

● ● ● 学びのポイント ● ● ●

・子ども・教育・家庭・学校など教育を成り立たせる要素とそれらの相互関係
　を理解する。
・人間の育ちにおいて，教育といわれている営みが果たす役割を人間の育ちの
　全体構造のなかに位置づけて理解する。
・子どもの育ちに影響をあたえるものを家庭，社会，生活等に分けて理解し，
　その内容の変化が急速に起こっていることが，学校の役割の変化につながっ
　ていることを理解する。
・そうした変化を考慮したとき，子どもたちに育てるべき資質・能力にも変化
　が生じてきていること，特に「主体的・対話的で深い学び」の必要性を理解
　する。

WORK 「学び」の全体図をつくってみよう

　新しく知識やスキル，考え方等を身につけていくことを「学び」ということとします。みなさんの日頃の生活を振り返ったとき，「学び」はどういうときに，どういう場で起こっていると思いますか。

　以下の例示を参考に，丸で囲んだ図をたくさんつくり，その丸の一つ一つを上下二つに区切って，上の半円に学びの場面，下の半円にそこで子どもが学んでいることを自由に書いて，その丸同士で関連があるものを線でつないでください。

　それを整理すると私の〈学び〉の特徴が見えてきます。

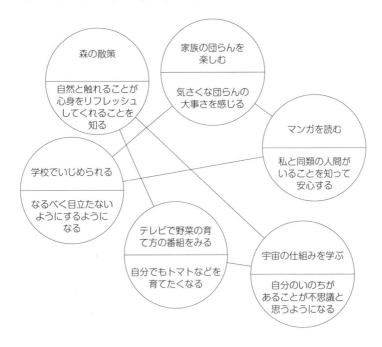

● 導　入 ● ● ● ● ● ● ●

　教育の目標，内容，方法は，それぞれの学校のなかだけで勝手に決めることができるわけではありません。そもそも何によって学校教育の中身は決まってくる（違いが生まれる）のでしょう。すぐにわかると思いますが，農業社会のときの教育とAI社会の時代の教育とは，内容に大きな違いが出てきます。時代だけでなく地域によっても違いは生まれます。家庭のなかでの育ち方も，時代や地域によって大きな違いがあります。そして子どもたちを取り巻いている文化も教育の実際を決めるのに大きな影響を与えます。この章では，そうした生活，家庭，文化等が学校教育の実際にどう関わっているかを学びます。

● ● ● ● ● ● ● ● ●

1　教育における「学び」を根本から考え直すということ

　本節の目標は，私たちが通常イメージする「教育」の仕方は，数ある教育の方法の一つにすぎないということを理解することです。そのためにまず，子どもたちは，あるいは広く人間は，どういうときに，どう学んで育つのかということを理解しておくことが必要になります。

　そこで通常の「教育」の仕方を一度括弧に入れて，子どもたちは本当はどういうときによく学び伸びるのか，根本から考え直してみたいと思いますが，実はそうした動きは，これまでの歴史のなかで何回か起こっています。もともと教育には，子どもたちが長じてその社会を上手に（善く）生きるために行うという面がありますから，社会構造が変わり社会の基本的価値観が変わっていけば，上手に（善く）生きるためのスキルや能力も変化し，教育の内容や方法も連動して変わっていきます。

　この変化に即応させようとして教育の内容や方法を変える試みが多様に行われてきたのですが，その際に安易に時代に合わせようとして，人の学びの原点まで戻ってこれを考える姿勢をもっていないと，結果的に，変えたやり方に深みがなく，教育固有の論理から離れていくことがよく起こります。これは大事なことですので，ここではそのことを少し歴史をさかのぼりながら考察してみ

たいと思います。

　私たちになじみの，机にみんな同じように座り，先生の方を向いて話を聞き，授業が終わるまで席を立たないでいる，というスタイルは，本書第7章や第8章で触れるように19世紀にできたものです。農業社会で生きていて，権威ある人の指示に従って規律正しく行動することなどしたことがなかった子どもたちを，工場労働者や兵士として，指示に従って規律正しく行動するような人間に変えるために，大事な方法として採用されたものです。しかし，この方法では，先生の授業の中身がつまらないと，生徒たちはひたすら我慢して聞くことになりますし，教える内容に興味をもたずに聞く生徒がたくさんいる可能性があるなど，学びという面から見ると，合理的とはいえない面が多くあります。

　そのことに気がついた世界中の熱意ある教師たち，あるいは教師たちと共に本物の教育をつくりたいと願っていた研究者たちから，次々と異議が申し立てられました。多かったのは，もっと子どもたちが授業の中心になって，より活発に議論したり，調べたり，発表したりするような授業に切り替えようというものでした。わかりやすくいうと，**トークアンドチョーク型の授業**から，**ワークショップ型の授業**に切り替えようということです。

　そうした考え方に世界中の熱意ある教育関係者が賛同し，いわゆる**新教育運動**あるいは新学校運動と呼ばれる教育改革運動が世界中で展開されました[*1]。19世紀末にイギリスで始まり，20世紀にかけて欧米諸国に広がったもので，日本にも影響が及びました。そのうちアメリカで行われた新教育運動は，その後世界に大きな影響を及ぼすことになります。その中心にいた**デューイ**（Dewey, J.; 1859-1952）の理論は，世界新教育運動に理論的な基礎を与えるものとなり，トークアンドチョーク型の授業（lesson の授業）からワークショップ型の授業（study の授業）への転換が世界各国で課題として自覚されました。

　しかし，こうした考え方に対する批判がさまざまな角度から起こったことも事実です。特に探求的な経験を重視するといっても，人間の認識の力は順序立

＊1　新教育運動の展開については，本書第7章参照。

てて発達するものだから，系統性を無視した経験重視の授業では，結局一部の
子しか利することができない，という批判が強く起こりました。現代でもワーク
ショップ方式の教育がなかなか広まらないのは，そうした考え方が日本の教
育関係者に強くあることが反映しています。

2 人が「育つ」とは：「形成」という考え方

　それはさておき，デューイの考え方には，なすこと（doing）によって学ぶ
（learnig）という筋が通っていましたし，教育の目標は生活の民主主義化とセ
ットでしたので，教育は「生活（life）」のなかでこそ行うべき，という論理が
生まれました。キーワードは「生活」なのです。

　こうしたデューイの考え方に影響を受け，戦後の日本の教育を確立させてい
くのに大きな役割を果たした一人が宮原誠一（1909-1978；東京大学教育学部教
授）でした。宮原は戦後，デューイの講演録『学校と社会[*2]』をいち早く翻訳し
た人で，デューイの影響を強く受けた研究者でした。

　その宮原は戦後の早い時期に「教育の本質[*3]」という論文を書きました。この
論文は，人の育ちを実際に即して説明し，そのなかで教育固有の役割を限定し
ようとした意欲的なものでした。実際私たちは自分を振り返ればわかりますが，
社会や家庭のさまざまなものやことから影響を受けて育ちますし，映画を見て
も，マンガを読んでも，そこから大きな影響を受けます。遊びだって，工夫し
て遊べば，工夫力やアイデア力，感性，協同力などがちゃんと育ちます。デュ
ーイのいう「生活」のなかで育つものは，かなり多く，大きいのです。そこで，
宮原は，そうした影響をも考慮したうえで，教育固有の役割を考えたのです。

　宮原は人間の育ちを大きく「形成」と呼びました[*4]。そして人間の形成には①
社会的環境，②自然的環境，③個人の生得的性質，④教育という四つが関わっ
ているとしました。前の三つが「自然生長的」な力であるのに対して4番目の

＊2　デューイ，宮原誠一（訳）『学校と社会』岩波書店，1957年。
＊3　宮原誠一「教育の本質」1949年（『宮原誠一教育論集　第1巻』国土社，1976年）。
＊4　「形成」については本書第1章でも触れたが，宮原はその「形成」に着目した研究者。

「教育」だけが社会的，意識的なものであり，しかも④は①とも②とも③とも
どこかでつながっている，したがって④の「教育」は「（前の三つの）自然生長
的な形成の過程を望ましい方向に向かって目的意識的に統禦するいとなみ」と
して定義しなければならないとしたのです。

　宮原が教育をこのように定義したのは，教育の学校主義化から自由になろう
という志向をもっていたからです。学校の教室のなかだけで子どもの育ちを見
てはいけない。人の育ちには，その人の生きている土地，自然，気温等の自然
環境，その人の家族，地域の産業，社会の価値志向，出会う文学，映画，マン
ガ，もろもろのメディア等，そして友人関係等の社会的環境が，偶然を含めて
多様に影響を与えていて，その人の生まれつきの人柄，性格などもそうした環
境の受け止め方の違いとなって形成に影響します。教育は，そうした「自然生
長的な」環境要因の形成への影響ぶりやその影響の過程を察して，それを配慮
したり，そこに介入したりして，より望ましい影響を与えるよう，工夫する働
きかけのことなのだというのです。

　たとえば，経済的に貧困で，親にゆとりがなくて，休日の家庭での体験も豊
かでなく，親子の会話ぶりもゆとりのない指示調のものになっていて，食べ物
も安いコンビニ弁当的なものが多い，というような，文化的にも貧困な状態で
育っている子がいたとします。その子の可能性をうまく伸ばし，将来の有能な
市民として育てようとすると，学校での教育は，そうした育ちをしているとい
うことを念頭に置いた工夫が大事になるでしょう。たとえば，いきなり国語の
教科書の教材を扱うのではなく，その子が興味を示す絵本から入っていくとか，
その子が家の仕事をいつも手伝っている子である面では大人顔負けの知識をも
っているとすると，その子を主人公にして探索的な学習を組んで，みんなから
一目置かれる体験をする，そのことを通じて自信をもたせる，などの工夫が大
事になる，ということです。

　さらに，宮原の議論では，**学校教育**と**社会教育**とを統合するということが課
題になるといってもいいかもしれません。社会教育は，社会のさまざまな場面
での教育のことをいいますが，学校教育よりも家庭での育ちや，社会で必要な
力の形成という点で「自然生長」的な育ちに近くなります。学校という特殊な

空間での教育を社会で行われる教育にもっとつなげていくことで,「自然生長」的な育ちへのコントロールとしての教育の意味がより明確になるわけです。これからの教育にはとても大事な視点になるかもしれません。

3 生活のなかでの育ち：家庭・仕事・社会の役割

さて,では,子どもたちは,実際には文化や社会の影響をどのように受けて育っていくのでしょうか。

1 家庭における育ち

子どもたちは,まず家庭で育てられます。家庭は,子どもを産み育てるために必要で,社会でもっとも基礎となる組織とされています。そこで子どもは実に多様な面で育っていきます。知識・スキルだけでなく,社会性や価値観,心のさまざまな側面が育っていく基本的な場が家庭です。

子どもの育ちという面から見て家庭で大事なのは,この世界は,安心して生きていくことができるところで,何かあれば助けてくれる人が必ずいるところだという感覚を身につけることでしょう。文字通り「身につける」ことが大事です。人間は,何か不安や恐怖があったり嫌なことがあったりするとネガティブな情動を抱きます。このネガティブな情動をうまく解消して心にポジティブな感情をもてるようにしないと,メンタルヘルスが保てず,強いストレスで心身症になったりします。情動をコントロールしてポジティブな情動に切り替えていく能力をもつことは,現代人にはとても大事なことなのですが,その基礎となる力は0歳から2,3歳の時期に育つといわれています。

幼い子は,不安や恐怖,ネガティブな感情が襲うと,自分だけでそれを克服することがまだうまくできません。誰か親しい他者のところに行ってしがみついて訴えます。身体接触を求められ訴えられたほうは,大丈夫だとやさしく接します。すると幼い子の脳にはオキシトシン*5などの幸せホルモンが分泌され,安心感を取り戻します。経験的にわかっていることは,この身体接触と癒しが

23

とても大事だということで，この行為こそが子どもに深い安心感を与えるということです。これを繰り返していくうちに，直接身体接触をしなくても，私はいざというときは必ず救ってもらえるという感覚を手に入れるといいます。そうなると子どもは心に深い他者信頼の感覚を手に入れ，その後多様な他者と接するときにも不安なく接することができるようになるといいます。**他者信頼，自己信頼，社会性**などの基礎がこの時期に育つというのです。

　英語で「しがみつく」ことを「アタッチ」といいますので，この「しがみつき - 癒やし」という関係的行為のことを「**アタッチメント**」と呼ぶ習わしです。アタッチメントの対象は親である必要はありませんが，家庭がこのような「不安 - アタッチ - 癒やし」という関係的行為を十全に繰り返す場であるべきことは論を待ちません。家庭はこのようにして子どもの心のもっとも深部にポジティブな他者性を育て，一生続く心の財産を育みます。^{*6}

　家庭は，このように数値化できない形で子どもの心の育ちに関わります。しばしば愛することが大事といわれますが，愛するとは，子どもの自己選択の行為を大事にし，試行錯誤の過程を温かく見守り，子どもに指示するよりも考えさせてあげることを心がけ，失敗を形式的にとがめず，自信を与える言葉を丁寧に伝え，夢をもつことを励ますなど，子ども自身を親の欲求の実現の手段とするのでなく，かけがえのない命をもった，自己実現を懸命に試みている存在と見て，共感的に，「目的と感じて」接する，ということの繰り返しのことを指します。その多くは，何気ない接し方として現れますが，その積み重ねが，生まれてきたことを心から喜び，生きることに貪欲になり，親に深く感謝する人格として子どもを育みます。

　子どもの言葉を育てるのも，考える力を育てるのも，家庭の大事な役割です

＊5　**オキシトシン**：母乳を出すためのホルモンとしても知られているが，うれしい，楽しい，気持ちがいいと感じたときなどに，脳でつくられる。また分泌されると，やさしい気持になったり，幸せな気分になるため，愛情ホルモン，幸せホルモンとも呼ばれる。
＊6　学校の場での教育活動でも，この関係性を大事にする必要がある。子どもが失敗してもまったく不安がる必要のない，安心して探求できる場をつくることが教師の「アタッチメント行為」といえる。点数で競わされ，間違うことが恥ずかしいことだと感じさせるような場では，点数は多少取れるようになるかもしれないが，子どもの心の育ちは阻害されてしまう可能性がある。学校が人格全体の育てに関わろうとすれば，このことはとても大事なことである。

が，それはただただ事あるごとに言葉を投げかければできるというものではありません。実際の子どもの体験にもっとも相応しい言葉を探し，子ども自身が，なるほど，こういうときはそのようにいうのか，という喜びと共にその言葉を感じ，覚えていくというような形で身につけていきます。最近のアメリカの研究で，子どもは乳幼児期に親などから3,000万語の言葉をかけられて育つ子もいればもっと少ない子もいて，それが子どもの知的な育ちの違いの大事な要件になっているというものがあります[7]。しかし，その場合でも言葉の刺激は量の過多だけではないことが大事です。かける言葉の数が多ければ多いほどいいというのであれば，家にエンドレステープを流していればいいのです。でもそれだけでは言葉は育ちません。言葉というツール，メディアも，他者との関係性，好奇心や興味の多様さ，深さ，的確な応答などという，丁寧な応答的環境のもとで身につけていくのです。

2　遊びを通した育ち

　以上は家庭での育ちの代表的なものですが，子どもの育ちはもう一つ，子どもの遊びや仕事の手伝いという場でも実現されます。

　子どもは生まれ落ち，周囲の世界と出会うと，あらゆるものやことが初めて見る，触る，感じるものになります。

　人類は生き抜くために，地上に現れて以来，ずっと，自己の周りのものを探索し，エサを探し，住み家を見つけ，災害を逃れ，共にいることを楽しむということを続けてきました。やがて言葉を生み出し，手先の器用さを身につけ，文化を多様に創造して他の動物にはない行動パタンを身につけました。この行動のパタンは遺伝子に情報として組み込まれているはずですが，こうした進化の過程で得た類いまれな探求心は，人間の特徴となっていて，子どもが生まれ落ちた瞬間から発揮されます。

　動けるようになるとどんどん動こうとし，音を叩いて鳴らせるようになると

＊7　ダナ・サスキンド，掛札逸美（訳）『3000万語の格差——赤ちゃんの脳をつくる，親と保育者の話しかけ』明石書店，2018年。

あらゆるものを叩いてどんな音がするか確かめようする，穴が開けられること
がわかるとどんどん開けようとし，走れるようになるとどこでも走ろうとする
……というような行動を次々始めます。これはある面からいうと試し活動，**探
索活動**ですが，別の見方をすると，すべてが**遊び**です。遊びとは他の目的のた
めにではなく，その行為をすること自体を目的とする，おもしろ感覚や達成感，
上達感などの喜びを伴った行為ですが，それが豊かな探求心や確かめ心を伴っ
た行為として始まります。やがて，もっと大きく建ててみたいとか，きれいな
色で描きたいとか，人がこだわって発達させてきた科学的，芸術的な意欲を伴
っていきます。ごっこ遊びも始まり，役割を演じて主人公になることを喜びと
し，理想や夢を描く力の基礎をこの時期から育み始めます。

　こうした自己実現，自己充実の活動をわれわれ大人は勝手に「遊び」といっ
ているのですが，当の子どもたちはいたって真剣です。遊びほど真剣な活動は
ないのです。当然，遊びに取り組む過程で，子どものなかにさまざまなものが
育っていきます。

　遊びは，このように子どものさまざまな力を発達させる大事な場であり，学
びを促す活動なのです。子ども用の遊具が特に用意されていない時代にわくわ
く楽しく遊ぶためには，子どもたちは工夫し，考え，相談し，アイデアを出し
合って遊ぶしかなかったのです。結果としてこうした遊び活動で，子どもたち
は思考することの大事さ，アイデア力，相談力，試行錯誤力などの，非認知的
なスキルをみな身につけたわけです。学校は，こうした**非認知的スキル**[*8]のうえ
に成り立っていたことを忘れるわけにはいきません。

3　仕事への参加を通した育ち

　もう一つ，これまでの子どもを育ててきたのが，家庭の仕事に参加すること

＊8　**非認知的スキル**：「認知的スキル」とはたとえば，記憶できるとか，知識を正確に理解すると
　　か，読み書きできるというような，いわゆる学力に相当する知力。「非認知的スキル」とは，
　　好奇心が豊かであるとか，失敗してもくじけずそれをうまく生かすとか，我慢できるなどとい
　　った情動的な力や人と協働する力などのことを指す。

でした。家事や家の仕事の手伝いです。農林漁業が主たる産業だった時代には，子どもは大事な労働力でした。幼児の頃から手伝わせ，見よう見まねで覚えさせ，次第に農民，漁民等として一人前になっていく道を子どもは歩みました。家事もそうです。少し以前まで，子どもは魚を焼くこと，ご飯を炊くこと，洗濯をすること，掃除をすること等々，多くの仕事を課せられていました。電化製品がない時代には家事はすべて家族による手仕事で，子どももそれができなければ生きていけなかったのです。

　こうした過程は，すべて農業や家事仕事に必要なスキルや知恵を手に入れる過程でした。農業の知識やスキルはたいてい，仕事を手伝わせ，そのプロセスで覚えさせていくものでした。その過程で，しっかりした足腰，体力，瞬発力等の身体力や身体知性も手に入れました。身体の発達はとても大事なものですが，子どもはしばらく前まで，遊びと仕事への参加によって大部分を実現していたのです。また，土の善し悪しを感じる感性，天候を読む力などの感覚的知性，自然と共存する知恵等，あるいはものを粗末にしてはいけない等の生活知性（道徳性）を経験に裏づけられて身につけていきました。これらは生きていくうえでの基本的な**知恵**といえるものですが，そうした知恵を仕事への参加という体験と，それに裏づけられた親からの知恵入れで身につけていったのです。

4　生活のなかでの育ちと学校教育

　これらはデューイがいう「生活」のなかで子どもが身につけたものですが，「生活」のなかで獲得した力，スキル等はもっとたくさんあります。地域の祭りへの参加もそうでしたし，村で災害などに備えて協同することで身につけるものもたくさんありました。

　このようにして，子どもたちは，学校以前の場で，そして学校以外の場で，遊び，仕事，地域の行事（社会）への参加等を通じ，多様なスキルや地域愛などを育んでいきます。なかでも家庭では，程度の差はあるでしょうが，保護者の愛情に包まれて，心の大事な部分を育てるのです。

　人の育ちということを考えると，こうした「生活」のなかでの多様な育ちが

前提としてあって学校教育が成り立つということは忘れてはならないことです。この「生活のなかでの育ち」を学校が直接コントロールすることは困難でしょう。また，時代時代，地域地域，そして家庭家庭で，その影響の与え方は異なります。それらを直接コントロールすることが学校の役割なのではなく，こうした子ども一人一人の「生活」での育ちを丁寧につかみ，その子がその経験から得ているもの，得ようとして得られていないもの等を勘案して，学校での学びを調整しコントロールすることが教師の仕事なのです。

　ちなみに，後の節で見ますが，この日常の「生活」のなかで育つ部分に変容とか弱化が起こってきたということが最近，世界中で問題になってきています。「生活」のなかで育つ部分，宮原の言い方ですと「自然生長」的に育つ部分を，明確な能力，スキルとして定義し，その育成を積極的に課題としようということがテーマになってきているということです。OECD はこのスキルを「**社会情動的スキル**」といっていますが，日本ではそれらを踏まえて「**資質・能力**」と表し，その育成こそ課題であるとしています。[*9] 資質・能力には３つの要素があるとされ，それぞれ①知識・技能，②思考力・判断力・表現力等，③学びに向かう力・人間性等と総称されています。これらは人間の知性を基礎，実践的知性，そして応用力の三つに分けて考えようということと重なります。①の知識・技能の理解は，生活のなかで身につける広義の知性にも当然知識や技能とその理解が大切であるということですが，②の思考力・判断力・表現力等は，丸覚えの知識ではなく，臨機応変に考え，アイデアを出し，議論し，適切な答えを導くような実践的な知性の育成こそが大事だという意味です。そして③の学びに向かう力・人間性等というのは，知識や技能をもっているけど，自分から問題の解決のために行動するということはしないというような，知っていることと行為することが切り離されている知性ではなく，知っていることとわかるということが深い感情でつながっているような知性で，わかるということは自分が何をすればいいかがわかるということだ，という趣旨で，いわば応用的，行動的な知性を育むということです。また資質・能力とは，認知的スキルと非

＊9　「資質・能力」については，本書第14章参照。

認知的スキルを合わせて育てようという主旨とも理解できます。いずれにしても，日本でも21世紀の教育は，より**実践的知性**，**非認知的スキル**の育成を学校も課題とし始めたことを表しています。

4 「主体的・対話的で深い学び」の意義

1 生活の変化・育ちの変化

さて，現代社会は，子どもたちのこうした「**生活のなかでの学び**」に急速で大きな変化が起こってきているという点で特徴的です。

まず，子どもたちの自由な遊びの場がどんどんなくなってきています。かつて道ばたや原っぱが子どもたちの大事な遊び場でした。河原，神社の境内などもそうです。しかしいま，そうした場は車の通行空間やマンションの建設地として整備され，道路はことごとく舗装されましたので，子どもたちは外では危険で遊べなくなりました。車がビュンビュン走っているところで子どもたちは安心して遊べるわけがありません。そのため，幼い頃から家のなかで遊ぶことが多くなり，身体を大胆に使った遊び，自然を利用した遊び，自然の変化を感じそれを活かす遊び，虫や花などを集めたりする遊び，魚取りのような遊び等々の機会が激減しています。

テレビゲームのような遊びの占める比率が急速に高くなり，その面での手の器用さ等は育っているかもしれませんが，外での自由な遊びを通じて育つ，感性，身体能力，アイデア力，試行錯誤力，相談力，リーダーシップ，自信等の育ちは，十分には期待されません。実際，文部科学省が毎年行っている子ども・若者の運動能力調査の結果が，1985年をピークに下がり続け，焦って運動指導の強化を訴えてきたことは周知のことでしょう。今世紀に入って低下傾向にストップがかかりましたが，十数年間下がり続けた運動能力のデータはまだ回復していません。いわば低値安定状態が続いている感じです。中村ほか（2011）の調査では，保育園の園庭で走ったり飛んだりして運動するときのダイナミックさ（速さ，高さ等7項目）を1985年頃に比べると，当時の3歳児と最

近の5歳児が似たデータを示すということです。[*10]

　幼い頃，外の自然のなかで飛んだり走ったり，自然物で何かをつくったり，その場にあるもので工夫して遊びを編み出すということは，特にしなくてももちろん困ることはありません。しかし，こうした育ち方は，つい最近の子どものものというよりも，人類始まって以来のものという点が重要でしょう。人間の生得的な諸機能がどのような後天的な経験によって活性化していくか，長い進化の歴史で一定のメカニズムができあがっていると思われますが，それが遺伝子に情報として組み込まれている可能性があります。たとえば人類は朝起きて太陽の光を浴びることで脳が活性化し始めるというメカニズムを身につけています。太陽光を朝浴びることが人間の神経系の活性化の初期条件になっているのです。したがって子どもの時期に遅寝遅起きの習慣ができると，**体内時計の形成**につまずきが起こり，脳機能の活性化が順調に進まなくなる可能性が生まれるかもしれないのです。

2　「主体性」「主体的」ということ——自分は自分の主人公である

　こうした，文明の発展による人間機能の開発の課題性の出現ということは，別の角度から見ると，今の子どもたちがしたくてやっている行為には消費的行為が多くて，**生産行為**が少なくなっているからとも言い換えられるでしょう。消費的な行動にも知識やスキルは必要でしょうが，スーパーで買ってきた冷凍食品を温めて食べる行為と，自分で工夫して料理し食べる行為には歴然とした差があります。消費的行為には「自己を対象に実現する」という側面が弱いのです。苦労してつくったものは子どもの自己を実現した財になり，料理の腕の向上などの自己充実の実感が伴いますが，誰かに買ってもらったものを持っていても，それを介して自己が充実するという実感は十分に得られません。そのものを心から大事にすることもあまり多くないでしょう。消費行動の増大によって，欲望が楽に満たされる感覚は強まりますが，「私は確かに生きている」

＊10　中村和彦ほか「観察的評価法による幼児の基本的動作様式の発達」『発育発達研究』51，2011年，pp. 1-18。

という心の深部の手応え感＝リアリティやアクチュアリティは逆に弱くなる可能性が出てきます。

　これをもう少し一般化していいますと，子どもたちの生活のなかで「主体性」が発揮される場が少なくなり，歴史のなかでの自己の主体性を獲得することが難しくなってきているのではないか，ということです。

　子どもたちが自分の生まれ落ちた場所の近隣で遊んで大きくなっていた時期，どこでどう遊ぶかは，子どもたち自身が自分たちで考え，自分たちで相談して決めていました。その限り，子どもたちは自分の主人公でいたのです。自分のすることしたくないことや，やり方は自分で決める，自分は自分の主人公である，という感覚が主体性といわれているものでしょう。社会がシステム化されればされるほど，私が主人公になって決める世界は狭隘化していきますが，それは主体性の不鮮明化，ときには喪失として現れます。それがすでに子ども時代から，いや子ども時代にこそ，明確に出てきているわけです。

　子どもたちの人格的欲求として，自分のことは自分で決めたいということはなくなりません。主体性の獲得は人間の根本的欲求だからです。その欲求は，学校という場でも現れます。幼児教育の場では，すでにそのことの大切さに気づき，子どもが主体となって行う保育・教育に徐々に切り替えています。あらゆる決定過程に子どもが参画していくような保育・幼児教育を目指しているのです。それは子どもの権利条約[*11]の精神でもあります。

　子どもを主体に教育をする。その方法や工夫はいくらでも考えられます。「3 + 5 = □」という問題の出し方では答えは一つになり，子どもの主体性が入り込む余地は少ないでしょう。でも「□ + △ = 8 の□と△に好きな数字を入れてなぜその数字にしたか話して」とした途端に物語が生まれます。一年生の子どもたちに「この教室で座る座席は先生が決めた方がいい？　それともみんなで決めた方がいい？」と聞けば，たいていみんなで相談して決めるでしょう。「一年間使うこの教室をみんなできれいに飾ろう，今日は思い切って改造して

---

*11　**子どもの権利条約**：正式名称「児童の権利に関する条約」。1989年に国際連合総会で採択され，日本では1994年に批准された。18歳未満の子どもの基本的人権を保障するために定められた条約。

みよう。みんなで相談してやってみて」。こう言えば，アイデア豊かな教室ができあがります。

　主体性の重視，主体的な学び，これこそがこれからの学校のキーワードの一つになります。

3　「対話する」ということ——他者の意見をくぐる必要性

　これからの学校，教育を考えるとき，もう一つ大事になるのが，**ネット環境**等が縦横無尽に発達することがもたらす問題です。[*12]

　現在，小学校でも PC 操作は学びますし，プログラミングの練習も課題になってきています。これは大変便利なもので，やがて家にいても，教科の内容についてはパソコンの前で学ぶことが可能になるでしょう。親も会社に行かず，家でネット環境をフルに活用して仕事をする人が増えるでしょう。テーマを明確にもっていて，ネット環境を活用するスキルを所有していれば，学校という場に行かなくても学習のある面は可能になります。

　しかし，ネットで情報を手に入れることにはある問題がつきまといます。それは何かについてネットで調べて珍しい情報が見つかれば見つかるほど「私は知っている」「他の人が知らない情報ももっている」という気持ちになりがちだということです。すると，関連する情報をもっと集めたくなって，どんどん「私は（私だけが）知っている」という世界が膨らむ可能性があるということです。その際，人間は自分のもっている情報を否定したり批判する情報は積極的には集めずに，自分の考えを補強する情報だけを集めたがる傾向があります。しかしネットにアップされている情報は誰かがつくった情報ですから，こういう流れに乗ってしまうと，結局簡単に情報操作されてしまう可能性が出てきます。そこに欠けているのは，自分を相対化させてくれるきっかけを与えてくれる他者の存在です。他者をくぐっていない情報だけが集まるのです。もしそういうことをしている人が，世の中を恨み，何らかの形でその恨みを晴らしたい

と思っている人だとすると，勝手に自分を正当化する情報だけを集めて，やがて平気で偽情報を流して世の中を混乱させて喜ぶということも起こりかねません。

　ネット環境の充実は，下手をすると極端に独善主義者を生む可能性があるのです。それを防ぐ手はなんでしょうか。それは情報を手にいれるとき，可能な限り他者と議論して情報を獲得するような工夫をすることしかありません。他者とは，さしあたり友達であり，親であり，教師であり，ネットの友人であり，昔の人すなわち書籍の著者であり……です。他者の意見をくぐることで，「どうしてそう思うの？」「違うよ，だって……」などと異なる視点，価値観，評価の意見をもらい，それに照らして自分の意見を磨く必要が生じます。そうすることで，自分の意見をより大きな視点で見ることができるようになり，客観的に見ることができるようになるのです。

　このように，ネット社会時代の知性の価値は，どれだけ他者を多くくぐるか，に関係するといえるでしょう。やがて日本にもイスラム教徒，ヒンズー教徒等も増えてくるでしょう。そういう人たちの意見をもくぐって誰もが納得できる意見を創造できるかが私たちに問われるのですが，それを可能にするのが他者との積極的な意見交換，すなわち対話なのです。真理は一人ではつくれません。真理を創造するには他者が必要なのです。**対話的知性**，これがネット社会のキーワードの一つになります。対話にはもちろん積極的で共感的に聞く力が必要です。自己を相対化する力もそうでしょう。そういう力を含んで対話的知性なのです。

4　「深い学び」の意味すること──行動につながる知性の獲得

　「主体的・対話的で深い学び」の「深い学び」には多様な意味合いがあります。「深い」というわけですから，頭の一部に間借りしているだけの知識ではもちろんダメということです。たとえば私たちの多くは，環境問題の基本が化石燃料の使いすぎ，過剰な森林伐採などによって地球に二酸化炭素が増えすぎたことにあるということは学校で学びます。この問題を解決しないと地球の生

態系は22世紀まで持続するかどうかわからない深刻な問題です。ですからこの問題が「わかる」ということは，単に原因を知っているということだけでなく，どうすればこの問題を少しでも解決できるか，私たちは何をすればその解決に貢献できるか，ということまでもがある程度わかるということを意味しています。

　したがって学校で環境問題を学ぶというときには，ではどうすれば少しでもこの問題が解決できるか，徹底して考え調べ，案を模索しましょう，というところまでやってはじめて学んだということになるでしょう。感情や意志が動くところまで学ぶのです。これがたとえば「深い学び」の例になるのではないでしょうか。行動につながる知性を獲得すること，それが深い学びの意義の一つなのだと思います。頭に間借りしている知識ではなく，頭の深部まで入り込んで私たちの意志や行動を突き動かす知識，そうした知識を手に入れるような学びという意味です。そのためには，一方的な伝達型の授業を克服して，自分たちで調べ，議論し，提案し，実際にやってみる，というような学びのスタイルが必要になるでしょう。こうした学びがいま学校には期待されているのです。

　以上のような学びの新しい形は，これまでの言い方でいえば**認知的スキル**と**非認知的スキル**を同時的に手に入れる学びともいえますし，知識を生活につなげていく学び，自然生長的に身につけるスキルと学校で身につけるスキルをつなげる学び，学力と社会での実力をつなげる学び，になるでしょう。

 まとめ ....
　　学びの促し，調整，定着などをつかさどることが教育の大事な役割ですが，学びという視点から見ると，学校教育と切り離された環境でも，つまり生活のあらゆる場で子どもは学んでいます。その生活での学びとよい意味で緊張関係を保ちながら，学校での学びをあれこれ工夫することが教育の役割です。
....

さらに学びたい人のために

○デューイ，宮原誠一（訳）『学校と社会』岩波書店，1957年。

　　新教育運動の理論的リーダーの一人の教育論。既成の学校では子どもたちは死んだ魚のような目をして教育を受けている。学校は元来，理想的な家庭の延長，小さな理想社会となるべきで，そのために子どもの生活を中心としたカリキュラムが必要，と述べたものです。

○ルソー，今野一雄（訳）『エミール（上・中・下）』岩波書店，1962・1963・1964年。

　　近代社会の担い手となる市民は自分を大切にする人間でなければならず，かつ公共の利益を真剣に追求する人でもなければなりません。この二つを矛盾せずに育てるための原理を述べた古典です。みんなで一度は読み合ってほしいと思います。

第3章

公教育の組織化
―― 「教育を受ける権利」を焦点にして ――

● ● ● 学びのポイント ● ● ●

- 公教育は国家によって提供される教育ではないことを理解する。
- 公教育の良し悪しは，学習者の教育を受ける権利の保障の観点から診断されるものであることを理解する。
- 公教育は国民が創っていくものであることを理解する。

WORK　あなたは生徒の人権を保障していますか？

「教育」の認識度チェック

　以下の設問に対してあなたはどう思いますか。自分がどれくらい「教育を受ける権利」の観点から生徒を捉えているか，チェックしてみましょう。

　①子どもは学校に行くのが当然だ。

　②校則は必要だ。

　③子どもには権利よりも義務を教えるべきだ。

　④授業は教科書に則って行うべきだ。

　⑤学校の運営は教師が行うものである。

　⑥教師とは，教えられる存在ではなく，教えることの専門家だ。

　⑦学校で教える内容を決めるのは教育行政（教育委員会，文部科学省）だ。

　⑧学校は勉強するところであり，遊ぶところではない。

　⑨学校で政治的なことに関わる内容は教えるべきではない。

　⑩子どもは教師の指示に従うべきだ。

● 導　入 ● ● ● ● ● ●

　本章では，公教育とは国家が行う教育だとする考え方を否定し，学習者の「教育を受ける権利」を公費によって保障していくことを公教育だと理解します。公教育の主役は学習者です。学習者にとって「学ぶに値するもの」であるためには，公教育は学習者の声を媒介に創り直されるものであるという認識が必要です。

● ● ● ● ● ● ● ●

1 公教育とは学校教育のこと？

　一般に公的な資金で運営されている教育のことを「**公教育**」と呼び，家庭教育のような私的な空間で行われる教育のことを「**私教育**」と呼びます。私的であるのか，公的であるのかを決定づけるものは資金の出所にあります。教育をするうえでの施設設備と運営のための資金が，公的なものであれば公教育となります。公的な資金は行政機関から出されます。

　みなさんは，公教育といった場合に，何を想像するでしょうか。学校教育を想像する人が多いのではないでしょうか。これは公教育が近代学校の成立として説明されることや，学校教育の影響力の大きさによるものです。公教育は**学校教育**だけでなく，社会教育も含まれます。**社会教育**とは，学校教育と家庭教育以外の教育を指します。たとえば公的な資金で設置運営されている図書館・公民館・博物館は，社会教育の代表的施設です。

　近年は社会教育ではなく**生涯学習**という呼び方をするようにもなってきています。その背景には，学習が学校のみならず生涯を通じて行われるものだという思想の影響があります。この思想には，学校に偏った教育と学習の印象を見直すという意図もあります。教育と学習を学校教育としてのみ理解することは，公教育という営みの意義や可能性を矮小化することにもなりかねません。学校教育には特有の問題があるからです。それゆえ公教育を組織化するうえで，生涯学習（社会教育）の視点は欠かせません。では，学校教育特有の問題とは何であり，また生涯学習の欠かせない視点とは何でしょうか。

2　学校教育特有の問題：教育内容決定権を焦点に

　学校教育特有の問題を考えてみましょう。ここでは公的な資金を出す主体が，どのように教育に関与すべきなのかを考えてみたいと思います。これを考える理由は，公的な資金を出す行政機関が，教育の内容や方法について関与することが，とりわけ日本では問題になってきたからです。

　教育課程の基準といわれる学習指導要領の法的拘束力の必要性や，教科用図書を審査する教科書検定の信憑性は，これまでにも裁判で争われてきました。国家レベルの教育行政機関である文部省（現：文部科学省）は，教育の内容と方法を決定する権限について次のような見解を表明しています。

　　国民全体の教育意思は，憲法の採用する議会制民主主義の下においては，（…中略…）国会の法律制定を通じて具体化されるべきものであるから，法律は当然に，公教育における教育の内容及び方法についても包括的にこれを定めることができ，また，教育行政機関も，法律の授権に基づく限り，広くこれらの事項について決定権限を有する。[*1]

　議会制民主主義と代表性を根拠に，学校での教育の内容および方法の決定権を有しているとするこうした主張は，一見妥当な主張にも見えます。しかし注意深く考えてみましょう。行政事務を執行する責任者は誰でしょうか。それは，国家レベルであれば政府であり内閣です。政府であり内閣であるということは，政治的な思想信条をもっている政治家が教育の内容および方法を決定する権限をもつということになります。それは科学的な手続きを経て導き出された「真理」という知識の伝達が求められる学校において，政治的な思想を伝達するこ

＊1　旭川学力テスト事件最高裁判所大法廷判決文（1976年5月21日）より引用。なお，旭川学力テスト事件とは，文部省の指示により実施された全国中学校一斉学力調査に対して旭川市立永山中学校において，学力調査に反対する教師らが校長主導で実施しようとした学力テストを阻止したことにより，公務執行妨害罪などで起訴された事件。裁判では，教育内容および方法に直接影響のある学力テストを文部省に実施する権限があるのかということが焦点となり，その権限は「子どもの教育を受ける権利」を起点に考えられるべきという趣旨で，留保をつけて文部省に一定の権限を認めつつも，教師の教育の自由を明確に認めた最初の判決。

とを可能にします。この点から政府・内閣とその指揮命令下にある行政機関（以下「国家」と略記）に，教育の内容および方法についての決定権をもたせることには慎重にならざるを得ないのです。

3　近代公教育の理念：コンドルセの思想を手がかりに

　ところで公教育が歴史的に生成してきた際，国家は教育にどう関与すべきとされていたのでしょうか。これは，教育の内容と方法の決定権について考えるうえで参考となります。ここではフランス公教育制度の設計に尽力した**コンドルセ**（Condorcet, M.；1743-1794）の思想を手がかりにします。その理由は，近代市民革命と呼ばれるもののなかで，フランス革命が人権革命としてもっとも徹底しており，さまざまな権利の基底的権利として**教育を受ける権利**を位置づけたという点で，今日の教育を受ける権利の参照点になっているからです。

　まずコンドルセは革命後に「知識を保有していた階級が，人間の想像力が考え得るもっとも絶対的な専制政治を，不幸な人民に対して行使するに至った」と述べました。これは，教育で獲得する知識の差が**絶対王政**の源泉になっているということを示します。そして「権利の平等をできるかぎり実際に普及せねばならないという見地」から，「すべての人々に，かれらの知力と，かれらが学習のために用いることができる時間との多少に応じて，かれらが到達し得る知識を獲得する手段を提供すること」を「社会の義務」にしなければならないと述べたのです。[*2] ここでいう「社会の義務」とは「国家が行う義務」のことを指します。つまり絶対王政の状態に回帰させないためには，権利が獲得された歴史とその権利の主体者であることを自覚化する必要がある。この自覚化のためには知識と経験の共有が必要であり，その知識と経験を伝達する機関としての公教育制度を国家が公費で整備する必要があると考えたのです。

　しかし国家が公教育制度を整備するという責任を果たすうえでは次のような制約が課せられていました。「公権力は（…中略…）思想を真理として教授せし

＊2　コンドルセ，松島鈞・志村鏡一郎（訳）「公教育の本質と目的——公教育に関する第一覚え書」『世界教育学名著選20』明治図書出版，1973年，pp. 11-12。

める権利をもつことはできない」「公権力はいかなる信仰をも課してはならない」「公権力は，どこに真理が存し，どこに誤謬があるかを決定する権利をもつものではない」。
[*3]

　このように公教育制度は公費において整備するとされていましたが，そこでの国家の役割とは「思想を真理として教授せしめる権利をもつことはできない」という言葉に象徴されるように，教育の内容には関与しない条件整備に限られていたのです。この点から見れば，議会制民主主義と代表制を根拠に，学校での教育の内容および方法の決定権を有していると主張する文部省（現：文部科学省）の見解は必ずしも妥当なものだとはいえません。にもかかわらずなぜ文部省（現：文部科学省）は，その姿勢を崩さないのでしょうか。

4 　近代公教育の理念の現実的展開

　それは，近代公教育の理念が現実のなかで読み替えられてきたことが関係しています。

　一般に**近代国家**とは，市民革命を経て絶対王政が打倒されることによって，市民が権利の主体者となるとともに，それを保障するための憲法および法制度が整備されることによって成立したといわれます。しかし近代国家にはもう一つの顔があります。それが生産性向上を至上命題とする産業社会の創設です。実際の近代国家は，人権思想に基づく国づくりと，産業化を推し進める国づくりとが，衝突し合いながら展開していきます。
[*4]

　この展開のなかで，コンドルセが構想した公教育の理念，すなわち教育の内容へ国家が介入しないという制約は外されていきます。生産性向上を至上命題とする産業社会に適応する人材をつくり出す装置として，資本家と結託した国家が公教育を利用したからです。その証拠に義務教育学校では，大規模工場で生産活動を行ううえで必要とされる読み書き算に加え，工場での規律と命令に

＊3　前掲書（＊2），p. 37。
＊4　公教育の動態的な展開については，堀尾輝久『現代教育の思想と構造』（岩波書店，1971年），堀尾輝久『教育入門』（岩波書店，1989年）を参照。

従順に従う態度養成として道徳の伝達が行われました。

　とはいえこうした産業化のための人材教育は，近代のもう一つの顔である**人権思想**を掲げる勢力からは批判されます。このように公教育は，産業化を推し進めるために教育を利用する資本家と国家とが主導権をもちながらも，それに人権思想を掲げる勢力が衝突しながら展開していくのです。

5　義務教育とは何か

　公教育の現実的展開の影響は，近代国家の成立要件でもある国民が権利の主体者であることの自覚化を阻止するという効果を生み出します。

　日本では，教育が権利であることすら国民に理解されているとは限りません。その証拠に義務教育とは誰に対する義務を指しているかわかるでしょうか。多くの人は子どもが学校へ行く義務を指すと答えることと思います。その理由として，学齢期になれば誰もが学校に行くし，行かないという選択はないからだ，といったものがあることでしょう。しかしこの理解は間違っています。子どもに教育を受ける義務は課せられていません。親に対して，子どもに教育を受けさせる義務が課されているのです。親がその義務を履行できない場合は国や自治体がその義務を代行することになっています。つまり正解は，子どもの教育を受ける権利を保障するために，親（場合によっては国あるいは自治体）が子どもに教育を受けさせる義務があるということになります（教育基本法第5条，学校教育法第16条）。子どもは教育を受ける権利の主体者なのです。

6　教育を受ける権利という視点

　では，教育に関する人権，すなわち教育を受ける権利を保障するとはいったいどういうことをいうのでしょうか。それは「受けるに値する教育[*5]」が保障さ

---

*5　日本ではまだなされていないが，アメリカでは社会哲学史のなかで教育の平等についてこうした解釈がなされてきている。現在，日本語で読めるものとしては，ケネス・ハウ，大桃敏行・中村雅子・後藤武俊（訳）『教育の平等と正義』東信堂，2004年がある。

れているということを意味しています。

　学校教育でいえば，学校に行くことが子どもの教育を受ける権利の保障をそのまま意味するのではなく，当該学校の教育が子どもの教育を受ける権利を保障する教育になり得ているかということが問われなければならないのです。仮に学校に行くことでは子どもに教育を受ける権利が保障されないという場合には，学校に行かないという選択肢も当然に導き出されます。しかしこうした選択肢があるということをみなさんは知っていたでしょうか。そのことを知らないということ自体が，教育を受ける権利を理解していないという証拠となります。権利を言葉だけで理解するのではなく，実態として理解する必要があります。

　ここで留意すべきことは，「受けるに値する教育」であるか否かは，教育を受ける学習者当人でなければわからないという点です。つまり学習者は単に提供された学校等の教育機会を受けれさえすればよいということではなく，その教育機会が「受けるに値するもの」であるのかを診断しなければならないのです。そして「受けるに値する教育」でなければ，「受けるに値する教育」になるように要望しなければなりません。こうした診断と要望という過程を経て，教育を受ける権利を十全に保障する公教育制度が創造されていくのです。

7 公教育の捉え直しとしての夜間中学

　教育を受ける権利を十全に保障するということを考えるうえで有益な材料があります。それが**夜間中学**です。夜間中学とはその名のとおり夜間に授業を行っている学校です。この学校で学んでいる生徒は，義務教育を受けていない，あるいは義務教育を途中で受けられなくなった人たちです。名称からは学校であるともいえますが，そうでないともいえます。というのも夜間中学は設立当

＊6　義務教育学校に通うに適切とされる学齢期に，病気や経済的理由などで学校に行くことができなかった人をはじめとして，戦争の混乱で日本へ帰国できなかった引揚者，植民地時代に日本へ来た在日韓国・朝鮮人などが戦後の夜間中学設立当初は多く学んでいた。1970年代に入ってからは，中学校を卒業しながら実質的に学ぶことのできなかった人たちも夜間中学で数多く学んでいる。近年では不登校児童・生徒をはじめとして，仕事や国際結婚などで来日したニューカマー（新渡日）と呼ばれる外国人やその家族が多く，日本語の読み書きを学ぶために夜間中学に通っている。

初より文部省（現：文部科学省）からは認められないといわれながらも，生徒たちの実情を優先した良心的な教師と，そうした取り組みに理解を示した市町村教育委員会の尽力によって設立・維持されてきた学びの空間だからです[*7]。しかしそれは学校教育法にも規定されていないうえ，教科書もなければ，学習指導要領にも縛られないという点で教育内容だけ見ても通常の学校とは異なる空間だといえます[*8]。それは学校教育と社会教育の狭間の空間といってもよいかもしれません。しかしそうした空間であるがゆえに，学習指導要領や教科書による拘束を受けることなく，学習者の「必要（ニーズ）」に焦点化した教育実践を生成することができたといえるのです。

　象徴的なことを一つ紹介しましょう。夜間中学の生徒のなかには，自分の名前や住所を書くことができない人がいます。しかも60歳以上というような高齢者もいます。こうした生徒に小学校1年生の教科書や練習教材をそのまま使うことはできなくはありませんが，教育指導上，適切とはいえません。なぜなら学習指導要領で決められている小学校低学年で習う漢字[*9]のなかには，生活のなかで使わない漢字が入っています。逆に小学校高学年や中学校で習う漢字であっても生活のなかで必要不可欠な漢字があります。つまり漢字というものの必要性を人が生活するという文脈から捉えた場合，既定の教科書や練習教材に出てくる漢字を教えるということだけでは十分ではないのです。

　1970年代に東京都の夜間中学国語科教師数人がある調査をしました。その調査とは生徒の生活に根づいた必要性の高い漢字を抽出するというものです。この調査では，教師が生徒の通学途中や日常生活の場面についてまわり，その場

[*7]　夜間中学には公立と自主の2種類がある。公立夜間中学は，公費で運営されている市町村立の学校。自主夜間中学は，自発的な市民の手で立ち上げられ，そうした人々の自己資金や寄付によって運営されている。夜間中学の情報は『全国夜間中学ガイド』（学びリンク，2016年）に詳しい。

[*8]　学校教育法には夜間中学に関する規定はないが，1950年代から学校教育法施行令第25条第5項に規定された二部授業を根拠とする解釈が一般化している（大多和雅絵『夜間中学校の歴史』六花出版，2017年）。内容は時代ごとに異なるが，少なくとも現状では中学校の教科書は配布されている。2017年の文部科学省通知により，夜間中学では特別の教育課程編成ができることが明確化した。

[*9]　学習指導要領の学年別漢字配当表に記載された漢字のことをいう。たとえば小学校1年であれば，80字が学年別漢字配当表に記載されている。

所その場所で読めなければ支障があるであろう漢字をひたすら書き写しました。実に調査は 2 年の歳月を要しました。そして抽出した漢字のなかで生活という文脈から優先的に教えるべき漢字を381字選定し，それを「生活基本漢字」と名づけたのです。そしてその漢字を生活文脈に散りばめて無理なく学べるよう練習教材も作成しました*10。

　ここには学習者の教育を受ける権利を保障するために，教育内容というものがどのように決められるべきかという重要な示唆があります。それは学習指導要領や教科書が先行してあるのではなく，生徒の実態と生活のなかでのニーズから教える内容が決まってくるということです。学習者を前にしなければ教育内容は決められません。なぜなら学習者が何に関心をもち，何につまずき，何に困っているのか等は，学習者と直に接してみなければわからないからです。

　さて，みなさんが仮に教師であった場合に，こうした調査や作業，すなわち，生徒のニーズ調査や漢字の抽出作業をするでしょうか。教科書という便利なものがあるのだからその範囲でやればよいと考えるのではないでしょうか。しかし考えてみてください。そうした授業であれば教員免許状をもたない人でもできるのではないでしょうか。しかしこの夜間中学教師の実践は誰もが真似できるものではありません。生徒のためにニーズ調査をし，これだと思う教育内容が決まれば，もちうる知識と技術を総動員して授業をつくる。これこそ学習者の教育の受ける権利を保障する教師の実践だと思うのです。生活基本漢字の実践は，「教師の専門性」とは何かを教えてくれている象徴的な実践だともいえます。こうした実践は，生徒に生きる希望を与え，生徒の生活を豊かにしています。夜間中学のある生徒の作文を紹介しましょう。

　　私は夜間中学で，かけ算の九九を習いました。平和の文字とともに，願う心を学びました。漢字で，貧乏と書けるようになりました。矛盾，必要悪，差別，権利，義務，責任，等の概念も学びました。そして私は，親を恨んでも，問題の解決にはならないことを，親の後には，社会の大きなながれがあ

*10　「生活基本漢字」の生成過程は，見城慶和氏の講演「夜間中学の生活基本漢字381字——選定の背景とその指導」（2016年 8 月21日）より引用。なお，講演の一部は『基礎教育保障学研究』創刊号に掲載されている。

ることを，学びました。そして救われました。親を否定することは，悲しく，苦しいことでしたから。[*11]

「平和の文字とともに，願う心を学びました」という生徒の作文からは，単に文字を学ぶだけでなく，その文字が使用される社会的文脈についても学んでいることがわかります。「矛盾，必要悪，差別，権利，義務，責任，等の概念も学びました」という言葉はそれを示しています。「私は，親を恨んでも，問題の解決にはならないことを，親の後には，社会の大きなながれがあることを，学びました。そして救われました」という言葉は，学習を通じてこの生徒がこれまでの人生を客観化し，学んだことを今後の人生の糧としていることが伝わってきます。夜間中学での学びが，この生徒の「生きる力」となり，「人生の土台」となり，さらに新たな自己という主体の形成になっているのです。

　これは，社会の現実と向き合った学習をすることで自己を形成していくことを主題としてきた「主体形成論」と呼ばれる社会教育の実践と重なります。この主体形成の実践は，社会や生活という文脈に自己を接続させながら自らを省察するという点で，権利への認識と自覚化を促すものにもなっています。こうした教育実践こそ，学習者の教育を受ける権利を十全に保障するものだといえます。

8 公教育とは何か

　まとめに入りましょう。最初に公的な資金で運営されている空間で行われる教育のことを公教育と説明しましたが，その説明は公教育の一側面でしかありません。公教育とはもっと広い概念です。

　公教育の語源は *Public Education* です。*Public* には，「公の，公共〔公衆〕の」[*12]という意味があります。それでは，「公共」や「公衆」とはどういう意味でしょうか。公共図書館や公衆便所を想起すればわかるように，それは"誰に

---

*11　見城慶和（文），小林チヒロ（写真）『夜間中学校の青春』大月書店，2002年，p. 143。
*12　『オックスフォード英和大辞典』福武書店，1984年。

対しても開かれているもの"を指します。つまり「公共」や「公衆」とは"誰に対しても開かれている"という意味で使用されているのです。そこから公教育とは，"誰に対しても開かれている"教育だと定義できるのです。[13]

翻って現実の公教育の展開を見た場合，こうした定義に適うものになっているといえるのでしょうか。必ずしもそうとはいえません。こうした問題を引き起こしている最大の要因は，資金を出す国家が，公教育を占有していることにあります。この占有状態が，"誰に対しても開かれている"という *Public* の本来の意味を変容させるとともに，見えにくくしているのです。

Public Education としての公教育は，本来"誰に対しても開かれている"教育のことを指します。この"開かれている"[14]という意味は複数あります。

一つは本章で中心的に論じてきた思想について開かれているということです。権力を有するものが，教育内容決定権を占有している状態は思想的に開かれているとは到底いえません。教科書検定という手続きを通じて，国家の意向を反映させようとすることの問題は家永教科書裁判[15]以来，問題になってきました。しかし近年では政府の見解を教科書に書き込ませる法律改正も行われ，実際に教科書検定では政府見解に沿った厳しい検定が行われているという事実も明らかにされています。[16]

いま一つは学習をしたい者であれば，誰でも，いつでも開かれているということです。これまで学齢を超過しているものや日本語能力に欠ける者は，「通常」の学校への受け入れを拒否されてきました。公立夜間中学校の入り口には，

---

*13　公教育の思想や定義については，大田堯の下記文献を参照している。大田堯『ちがう・かかわる・かわる──基本的人権と教育（大田堯自撰集成2）』藤原書店，2014年，pp. 143-189。
*14　「開かれている」という意味を，子ども，親，教師，地域住民みんなでつくっていくものであるとする解釈と実践がある（浦野東洋一『開かれた学校づくり』同時代社，2003年）。
*15　家永教科書裁判とは，高等学校日本史教科書の執筆者である家永三郎（当時，東京教育大学教授）が，自らの執筆した『新日本史』（三省堂）の内容が，教科書検定において「戦争を暗く表現しすぎている」等との理由で検定不合格になったことに対し，検定行為が日本国憲法第21条に禁止されている検閲行為になっているとして国を訴えた裁判である。第一次訴訟から第三次訴訟まであり，すべてが終結するまでに32年を要した教育裁判史上最長の裁判である。判決では，教科書検定制度は合憲としながらも，検定内容に裁量権を逸脱しているものがあることを明確にした。
*16　そうした実態についてはたとえば，以下の論文に詳しい。俵義文「教科書は政府広報ではない」『世界』870，岩波書店，2015年。

「だれでも，いつでも入学できます」という看板が立てられています。この看板のとおり夜間中学では，どこの学校でも受け入れてもらえなかった人々を受け入れてきました。まさにこうした開放制が学校には必要となります。

　最後は教育と学習をするうえで費用がかからないという意味で開かれているということです。入学の門戸は開いているが，費用負担が相当程度あるということであれば，経済的に困窮している人にとっては開放されているとはいえません。その意味で，公立夜間中学校の看板にある「費用はほとんどかかりません」という表記は，公教育の理念を実現する先駆的な取り組みだといえます。

　以上の点で"開かれている"ことが，公教育の本来の意味である"誰に対しても開かれている"教育を実現する要件だといえます。しかしその要件すら夜間中学を除くほとんどの学校で実現していないのです。

　このように公教育は定義と実態が異なっているのです。理念と実態も異なっています。となると公教育とはいったい何なのでしょうか。公教育とは，"完成されたもの"ではなく，"未完成のもの"だと捉えたほうがよいでしょう。ただ，"未完成のもの"だといってもそのまま停滞しているのではなく，形を変えながら展開しているものだといえます。なぜそういえるのでしょうか。公教育が国家に占有されることで，その定義や理念が読み替えられてきました。しかしそのことに対しては，現実の定義や理念に即して微弱ながらも修正の要求が出てきます。つまり占有と要求という衝突の過程のなかで，形を変えながら展開しているのが公教育なのです。それは家永教科書裁判や旭川学力テスト事件の裁判等々に加え，近年では夜間中学の増設運動がそのことを明瞭に示しています。その意味で公教育の組織化とは，その定義や理念にそって"完成されたもの"を創造する「未完のプロジェクト」だといえるのです。

　ではこのプロジェクトは誰が達成するのでしょうか。それは学習者本人です。すでに確認したように，学習者の権利を保障するために公教育は存在しています。とはいえ教育を受ける権利が保障されているかどうかの判断は，学習者当人でなければできるものではありません。その意味で，学習者当人が公教育について診断や要求をしなければ，公教育は単に国家が提供したもののことを指すこととなります。わが国の公教育はまさにこの状態にあるのです。公教育と

は，教育を受ける権利（教育への権利）の保障のためにあるという本来の趣旨に戻って，創り直すことが必要なのです。そしてこの創り直しこそが「公教育の組織化」なのです。しかしそれができるかどうかは，学習者であるみなさんの認識と行動にかかっているのです。

 まとめ

　本章では，公教育という思想が歴史的にどのように登場し，その理念はどのようなものであったのかという点に着目して，公教育のあるべき姿について理解を深めてきました。得られたことの要点をまとめると次のようになります。

　公教育とは，近代国家の成立過程において人権の自覚化を行うために構想されたものであるということ。その人権の自覚化を実現するために，国家が公費で公教育機関としての学校を設置したこと，その際，教育の内容に国家が関与してはならないという制約があったこと。しかし公教育制度が実際に展開すると，産業社会の創設のために公教育は利用され，公教育とは国家が提供する教育を指すようになっていきました。とはいえ公教育の歴史や理念の観点から公教育は一部修正されていきます。修正を促す主体が公教育のなかでも生まれているということ，そしてその実践のなかで主体が形成されていることもまた事実で，こうした過程を経て公教育は創り直されているのです。

 さらに学びたい人のために

○ケネス・ハウ，大桃敏行・中村雅子・後藤武俊（訳）『教育の平等と正義』東信堂，2004年。
　　社会哲学的な観点から教育の平等について論じたものであり，学習者の視点から教育の平等を考えるうえで有用な視点を提供してくれます。

○松崎運之助『夜間中学があります！』かもがわ出版，2002年。
　　夜間中学がどういう学びの空間であるかを夜間中学教師が解説しています。生徒との関わりの描写も多く，空間の内実がよく伝わってくる一冊です。

○森康行『こんばんは』「こんばんは」全国上映普及委員会，2008年。
　　墨田区立文花中学校夜間学級を舞台にした記録映画。夜間中学に辿り着いた生徒の境遇や授業の風景など，実態を知るうえで有用な映像資料です。

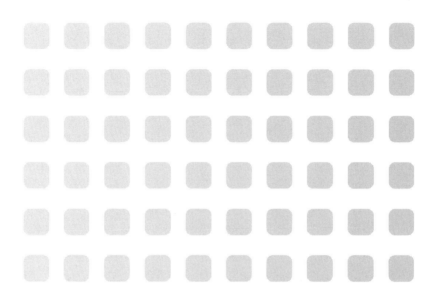

第II部　教育はどのように捉えられてきたか

第4章

西洋教育思想の源流

● ● ● 学びのポイント ● ● ●

• 人間の「知りたい」という原初的欲求についての知見を深める。
• 人間の「知りたい」という欲求を阻む「無知」について知る。
• 哲学思想のなかにある，教育を考えるヒントをつかむ。

WORK　なんのための勉強？

　あなたは小学校5年生の担任をしています。

　いつも元気でクラスのムードメーカー役のさとるくんが，今日の授業中はずいぶん上の空の様子でした。心配になったあなたは，さとるくんに話しかけてみました。

　あなた　「さとるくんどうしたの？　具合でも悪い？」
　さとる　「別に，大丈夫」
　あなた　「じゃあ，なにか心配ごと？」
　さとる　「心配っていうか，ねえ先生，なんでぼくたちは勉強なんてしなきゃいけないの？」
　あなた　「なんでって，そりゃあ……」

　さて，あなたは何と答えますか？

　近くの人とペアになって，自分ならどう答えるか，意見を出し合ってみてください。意見がまとまったら，先生とさとるくん役でロールプレイ（寸劇）をやってみて，その説得力を吟味してください。

● 導　入 ● ● ● ● ● ●

　ソクラテス，そしてプラトン。高校の倫理の教科書にも出てくる，哲学界の文字通りのレジェンド（伝説的存在）ですね。いまから2,400年くらい前の古代ギリシアで活躍した，言葉も習慣も私たちとは異なる二人ですが，しかし彼らの哲学は，時間と空間を超えて，いまでも私たちに，さまざまなことを考えるヒントを与え続けてくれています。

　ですから，教育について学ぼうとする私たちも，彼らの助けを借りない手はありません。彼らの哲学・思想は確かにとても深い。しかし，その語り口はとても平易で，ごくごく自然に私たちを知的な探求へと誘ってくれます。日常を生きることを少し休憩して，彼らと共に考えてみましょう。キーワードは，「知への愛」です。

● ● ● ● ● ● ● ● ●

1 勉強は恋愛に似ている？

■1■　勉強・学び・恋愛

　みなさんのなかには，これまでたくさんの時間と努力を勉強につぎ込んできた人も少なくないと思います。率直にいって，みなさんにとって勉強するとはどんな経験だったでしょうか。多くの人にとって勉強とは──例外的に好きな教科や単元はあったとしても──，おしなべて苦痛を伴うもの，しなくてよければしないですませたいもの，だったのではないでしょうか。なにしろ「勉め（努力）を強いられる」ものですから。

　そして，「なんで勉強しなきゃいけないの？」という子どもの問いは，しばしば「なんでこんなに苦痛を我慢しなくちゃいけないの？」と同義です。子どもたちは，苦痛に耐えるために，その意味を求めているということです。「テストに出るから」「将来困らないように」……，教師や親たちはいろいろな説明を試みますが，それが本当の意味で功を奏するケースは少なそうです。

　しかし，人間の「学び」とは，そのような「勉めを強いられる」何かとしてではなく，主体の根源的な欲求に支えられた活動という一面を──ある種の理

念や理想として——もっています。それはちょうど，「愛」あるいは「恋」に
似ています。人間は，「本当のことを知りたい」という根源的な欲求をもって
いますが，それは，しばしば人が経験するような，恋愛感情と類比的なのです。
いまだ彼方にあって，狂おしいほど美しく，ただどうしようもなく私を魅了す
る知（他者），すべてを投げ捨ててでも，それ（その人）に触れたい，もっと近
づきたい——，というように。そこには，「この恋愛はなんのため？」という
問いが差しはさまれる余地は，それほどなさそうです。「なんであの人に近づ
きたいんだろう？」という問いの答えが，「ただただあの人に恋しているから」
という以外——たとえば，美しいあの人と一緒にいられれば，他人に自慢でき
そう——にあったりするなら，その恋愛の純粋さは，いくぶん損なわれている
ような気もします。

　これと類比的に考えるなら，勉強というのは，「本当のことを知りたい」と
いう根源的な欲求の発露としての「学び」が，どういうわけか劣悪に変質して
しまったもの，その歪んだ影のようなものなのかもしれません。勉強は，「学
び」そのものの価値を喪失した抜け殻のようなものですから，当然それを実行
するのは苦痛で，だからその苦痛に耐える意味が必要になる，というわけです。

　だとするなら，教育に携わる私たちは，そんな歪んだ影に甘んじることなく，
学びの本来的な在り方（「知への愛」）について知っておく必要があるでしょう。
学ぶということが苦痛ではなく，むしろ，それ自体が価値をもつ甘美な経験で
あることを学習者に自覚させることができるなら，その人は教師のなかの教師
といえそうです。そこで本章では，自らもそんな学びの本来性を体現し，また
その価値を他者へ伝えようと格闘した真の学（習）者，真の教師としての，ソ
クラテスとプラトンという哲学者を紹介したいと思います。

2　哲学者とは何者か——ソクラテスとプラトン

①ソクラテスとプラトン

　ソクラテス（前469頃-前399）は，古代ギリシアでも有数のポリス（都市国家）
であるアテナイで生まれました。父は石工，母は産婆（助産師）で，決して高

貴な生まれというわけではなかったようです。ソクラテスの哲学スタイルは，一言でいえば「対話」でした。哲学者といえば書斎にこもってひたすら思索を重ねる人物をイメージしがちですが，彼はむしろ街に出て，知者と見受けられるさまざまな人々と対話することを好んだといわれます。当時のアテナイでは，自らを知者と称し，人々を説得するための技術である弁論術を教える教師たち（ソフィスト）が多く集まっていましたから，そんな相手には事欠きません。ソクラテスは，真理を知っていると主張するソフィストたちに，さまざまなテーマ（「勇気とは何か」「正義とは何か」「美とは何か」）で議論をもちかけ，彼らの論の矛盾を指摘することによって，彼ら自身をしてその矛盾に気づかせるということを繰り返しました。他者の主張の真偽を徹底的に吟味・論駁（「エレンコス」）して，相手に自分の主張の矛盾を気づかせるソクラテスのやり方は，「**問答法**」あるいは「**産婆術**」と呼ばれています。

　しかしその結果，ソクラテスは死刑によって人生の幕を閉じることになります。真理を求めてポリス中の人々に問いを投げかけ，その矛盾を指摘して歩くソクラテスは，多くの人から恨みを買いました。ポリスの定める神以外の霊をもち込み，青年を堕落させたという罪を着せられ，ソクラテスは70歳で死刑に処せられたと伝えられています。

　他方，ソクラテスの弟子プラトン（前427-前347）の生い立ちは，師とはいくぶん異なっていました。ソクラテスの両親がポリスの職人だったのに対して，プラトンは，アテナイの王にさかのぼる血統の父と名家の出身の母をもち，自身も青年期には政治家を志すようになりました。そんなプラトンの人生を大きく変えたのが，ソクラテスとの出会いと別れでした。ソクラテスの死後，プラトンは，長い遍歴時代に優れた哲学的著作を著すとともに，前387年頃には自身の哲学研究・教育の拠点**アカデメイア**を創設しました。高弟アリストテレス[*1]ほか多くの弟子たちを育て上げ，プラトンの名声とその哲学は，遠く現代にま

＊1　**アリストテレス**（前384-前322）：マケドニア支配下の古代都市スタゲイラ出身の哲学者。プラトンのアカデメイアで哲学を学ぶ。プラトンの死後はアテナイを離れて各地を遍歴し，マケドニアのアレクサンドロス大王の家庭教師も務めた。論理学，自然学，形而上学，倫理学，政治学，文学など幅広い分野で多くの業績を残し，「万学の祖」とも呼ばれる。

で轟いています。[*2]

②知に恋い焦がれる者

　ソクラテス，そしてプラトンについて伝記的に語るとするならば，このような具合です。しかし私たちにとって重要なのは，そのような伝記的事実よりも，本質的な意味で彼らは何者であったのか，ということのほうでしょう。彼らはまさに，哲学者のなかの哲学者と呼ぶに相応しい人物ですが，ではそもそも哲学者とは，いったい何をしている人たちのことなのでしょうか。

　私たちの一般的な哲学者のイメージといえば，あまり役に立ちそうにもない難しいことを考えている人，ポジティブにいえば，この世界についての何か深遠な秘密を知る賢者，といったところでしょうか。しかし，ソクラテス・プラトンの哲学を通して見えてくるのは，何かの「答え」を知っている賢者というよりは，いまだ明らかでないその答えを「問う」人，その問いに魅了され，「問わずにはいられなくなってしまった人」という哲学者像です。これについて，プラトン中期の対話篇『饗宴』[*3]を見てみましょう。

　詩人アガトンの酒宴に集まった人々は，代わる代わる愛の神エロースについての考えを述べ，愛の本質を探求します。そんな賢者や詩人の話に続いてソクラテスは，——かつて賢者であり巫女であるディオティマから聞いた話としてですが——，自分の考えを述べ始めました。曰く，愛（エロース）とは，自分が所有していない何かを欲求するもの（こと）である——，なぜなら人は，すでにもっているものを欲しがりはしないからです。ただし，本当は自分に必要だが欠乏している何かがあることを自覚しない人は，そもそも欠乏を感じることができません。ですから愛とは，自分がまだ何かを所有していないことに自

＊2　ちなみに，プラトンの多くの著作は，彼自身の哲学を直接語るものではなく，師ソクラテスを主人公とした「対話篇」の形式をとっている。そしてここに，私たちにとっては厄介な問題がある。実は，そもそも本章でいう「ソクラテスの哲学」なるものは，ソクラテス自身が書き残したものではなく，弟子のプラトンが自身の著作のなかで，「ソクラテスはこう言った」と伝えたものである。そしてプラトンは，ほとんどの著作をソクラテスを主人公とする「対話篇」形式で書いており，どこまでがソクラテスの哲学で，どこからがプラトンの哲学かを厳密に分けることは，事実上不可能なのである。よって本章では，慣例に倣って便宜的に，比較的ソクラテスの哲学をそのまま描いていると思われるプラトンの初期著作をソクラテスの哲学として，中期以降をプラトンの哲学として紹介しておきたい。
＊3　プラトン，中澤務（訳）『饗宴（光文社古典新訳文庫）』光文社，2013年。

覚的で，それゆえにそれを欲しがること，といえます。

　ここで重要なのが，この愛をめぐる対話において，他者を求めるということ（恋愛）と，知を渇望し求めるということ（哲学）が，さも当たり前であるかのように同一の主題（愛）に属することとして展開している点です（先に述べた学びと恋愛の類比性は，ここに依拠しています）。美しい他者を求めることと，真理——それは古代ギリシア人にとって善きものであり，かつ美しいものでした——を求めることは，同じ種類の活動だという考え方を，ソクラテスや饗宴の参加者たちは自然に共有しています。

　この話から導かれるのは，哲学者なるものが，誰かへの恋に落ちてしまった人とちょうど同じように，真理（世界の本当の在り方）を知ることに恋い焦がれ，渇望している人であるということ，これです。それは，古代ギリシア語で哲学を意味する philosophia が，sophia（知）と philein（愛）の合成語であることからもうかがわれます。「勉めを強いられる」苦役としての勉強は，その純粋な理念型，すなわち何かを知りたいという欲求にまで純化・昇華されたとき，恋愛とその本質を同じくするということです。[*4]

2 「恥ずべき無知」から「不知の自覚」へ

1 知らないと思うこと

　まるで恋のような，えもいえぬ甘美で狂おしい経験としての，知の探求——，そんな経験をするには，また，自分自身のみでなく他者（子どもたち）をそんな経験へと導くためには，いったいどうすればよいのでしょうか。ソクラテスは，少なくともその第一の条件でありスタート地点にあたるものを，私たちに

---

*4　ただし愛という概念は，歴史的・文化的に多様であり，ヨーロッパの文化史に限っても，いくつかの分類がなされている。本章で焦点となるのは，価値あるものへ向けた上昇やそれとの合一を求めるエロース的愛だが，ほかにも，キリスト教における全知全能の神が人間へ向ける無条件の愛であるアガペーやカリタス，友への愛を意味するフィリアなど，その性質に応じた細かい区分がある。いわゆる教育愛については，その本質をエロース的なものとみなすか，それともアガペー的なものと考えるかということが，しばしば議論される。

教えてくれています。すなわち，一般に「無知の知」と呼ばれる考え方，正確には，自分は真理（本当のこと）を知らないということを，そのとおり知らないと思うこと，自覚すること（不知の自覚）です。

　この点に関わるもっとも有名なテクストは，やはり，プラトンの初期対話篇『ソクラテスの弁明』（以下『弁明』）でしょう。『弁明』は，アテナイの有力者たちの恨みを買って公開裁判にかけられたソクラテスが，聴衆に向かって，自分に向けられた嫌疑（不敬神の罪）を弁解するという筋立てになっています。このプロセスのなかでソクラテスは，自身がアテナイ中の知者を訪ね歩いたきっかけを，彼の友人（弟子）カレイフォンがデルフォイの神殿で授かったという神託（神のお告げ）に求めます。

　この世にソクラテス以上の知恵ある者は存在するのか，というカレイフォンの問いに，神殿の巫女が答えて曰く「より知恵ある者は誰もいない」。ソクラテスは非常に困惑しました。彼には，自分が何かの真理を知るような知者だとは，どうしても思えなかったからです。しかし，神が嘘をつくはずはありません。この不可解な謎を解くために，ソクラテスは知者の誉れ高い人々と対話を重ねました。その結果悟ったのが，〈自分は何か真理を知っているとは思っていないが，しかし，本当は真理を知らないにもかかわらず知っていると思い込んでいる人たちに比べて，そんな思い込みに囚われず，知らないことを知らないと思っている（自覚している）分だけ，彼らよりも知者である〉ということでした。

　それはつまり，知への愛（エロース）を発揮するうえでの最大の敵は，「自分は○△を知っている」という思い込みだ，ということです。ソクラテス（プラトン）に言わせれば，それは無知のなかの無知，もっとも恥ずべき，もっとも厄介な無知です。この厄介な無知は，私たちの身近なところでいくらでも見出すことができるでしょう。

　たとえば，受験勉強でたくさんの知識を暗記した受験生が，100点満点をとったからといって「自分の日本史理解は完璧だ」と思ったとしましょう。彼の

***

＊5　プラトン，納富信留（訳）『ソクラテスの弁明（光文社古典新訳文庫）』光文社，2012年。

勉強はそこで終わりです。彼は「日本史の勉強は多くの知識の暗記に過ぎない」という悟り（わかったという思い込み）とともに，日本史を本当の意味で学び考える楽しさや喜び，価値から隔てられてしまいます。残るのは，自分は勉強という苦役をやり遂げた，という空疎な満足感だけかもしれません。

　また立場を変えて，教師の仕事を例に考えてみましょう。教師になったあなたが，クラスの子どもが授業の内容をまったく理解できない理由を「意欲がないからだ」と考えているとしましょう。それはつまりあなたが，その子が勉強しない理由を「知っている」と考える（思い込む）ことを意味します。しかし一見して「意欲がない」ように見えるその子の行動の理由は，より深く探求しようと思えばいくらでもできるものです。もしかしたらその子は，体調が悪いのかもしれません。家庭や友人関係に問題が生じて，勉強に身が入らないということもあり得ます。もしかすると，いまだ気づかれていない学習障害の傾向があるのかもしれません。しかしそのような可能性は，あなたが「この子は単に意欲がないのだ」と思い込んでいる限り，明らかになることはありません。その分だけあなたは，真の教育から隔てられ続けることになります。

　そんな困難を乗り越えるためには，「自分はまだこの子のことを知らない」と自覚することが，第一の条件になるでしょう。それは，「子どもをもっと知りたい」という意味での「子どもへの愛」，そしてまさしく「教育愛」にほかなりません。つまり，「教育愛」の第一の条件は，「子どものことを知っているという思い込みを排すること」といえます。

2　「本当のことを知りたい」の危険さを愛する

　この「不知の自覚」がもつ価値は，測り知れません。何しろソクラテスによれば，この「不知の自覚」は，彼をして，人間にとっての普遍的な問題である，死の恐怖をも克服させ得るものでした。どういうことでしょうか。

　死を恐れるというのは，知らないことを知っていると思い込むことにほかならない——『弁明』のソクラテスはそういいます。死はもしかすると人間にとっての最大の善であるかもしれないのに，みな死というものをまるで最大の

悪であると知っているかのように恐れている，というのです。事実，ソクラテスの考えを受け入れるなら，私たちが感じる死の恐怖とは，単なる思い込みの産物にすぎないことが少なくありません。私たちが死の恐怖と呼んでいるものは，しばしば実際には，正しく死そのものについての恐怖ではなく，死ぬときの痛みや苦しみ，死後の世界（？）で味わう苦しみを想像することによって感じている恐怖であったりします。ソクラテスの徹底的で健全な探求心は，人間の普遍的な問題である死の恐怖の，その幻想性をすら明らかにしてしまいます。

　もっとも，なんでも疑ってみる，自分自身で考えてみるという態度は，共同体の秩序を破壊することもあります。実際ソクラテスは，共同体の敵として死刑になりました。彼が語る「不知（私たちは実は何も知らないのではないか）」という問題提起は，伝統的な道徳や宗教を――したがってそれを基盤にして成り立っているアテナイ共同体の権威を――傷つけるものでした。また，ソクラテスにやりこめられた弁論家（ソフィスト）たちにとって，ソクラテスは，自分の生業を台無しにする破壊者だったに違いありません。プラトンの見事な作品を読むと，つい私たちはソクラテスを擁護したくなりますが，別の見方をすれば彼は，「本当のことを知りたい」という欲求のままに生きることによって，平穏に均衡が保たれていたアテナイの秩序を破壊する，大変な危険人物にほかならなかったともいえます。そのことはソクラテス自身も自覚していたようで，彼は自分のことを，ポリスという眠りこけた巨大な馬を刺すことによって目覚めさせる「虻（あぶ）」のようなものと考えていました。

　そうして見ると，「恥ずべき無知」を癒し，「不知の自覚」，すなわち自分と他者とを共に探求的な学びのスタート地点に立たせる技術は，ある種の危険さ，不穏さのイメージを帯びています。ですから，ソクラテス的な，つまり「本当のことを知りたい」という欲求を何より大事にするクラス，教師も子どもも共に真理に向けて探求しているクラスというのは，静ではなく動，平穏よりは不穏・緊迫，秩序よりも混沌といった形容が似合うかもしれません。そこでは教

＊6　一般に日本語の「善」は道徳的な価値としてのよさという意味合いが強いが，ここでいう古代ギリシアの善とは，道徳的ということにとどまらない包括的な価値を意味し，またその本質それ自体が哲学的探求の対象となっていた。

師は，知識を伝えるというよりは，学習者と対話的に関わり，その理解を「ゆさぶり」，ときに挑発することで学習者の学ぶ意欲を引き出し，その子自身が知に辿り着くことを媒介するという役割を担うことになるでしょう。ですからそこでは，子どもたちの探求心（「なんで？」「どうして？」）が何よりも尊重されます。それはときに授業を脱線させ，教室の秩序を脅かすかもしれませんが，そうであればこそ，「勉めを強いられる」勉強は，恋愛（エロース）としての学びという本質を取り戻すことになります。

3 正しい愛の道筋

　以上のように，ソクラテス（初期プラトン）では，真理（本当のこと）を知りたいという知的な欲求を徹底的に肯定し，これを哲学（学ぶこと，知ろうと欲すること）の基礎に置きました。それは現代においても，理想の教師像，授業や教室の在り方についてのある種の理念型を表しているように思われます。他方，中期以降のプラトンの対話篇は，有名な「イデア」についての理論や「洞窟の比喩」の形で，真理を知るとはどのようなことか，それはいかにして可能かといった，教育と教育学にとっても重要で切実な問題について，より洗練された形で語っています。次にそちらを一瞥してみましょう。

▉1▉　洞窟を出てイデアを観る

　まずは，プラトン中期以降の哲学説として名高いイデア論について説明しましょう。『パイドン』[*7]おいてプラトンは，学ぶということの本質を「思い出すこと（想起，アナムネーシス）」であると主張します。彼によれば，そもそも魂は永遠不滅であり，その魂は人間として生まれる以前に，天上の世界（イデア界）においてすでにさまざまな真理を知っていたといいます。そうすると，今世においてさまざまな真理を知るということは，実は，生まれる以前に魂が把

---

*7　プラトン，岩田靖夫（訳）『パイドン』岩波書店，1998年。

握していた真理を思い出す，ということになります。

　たとえば「美」という真理について考えてみましょう。私たちはしばしば，美しい花，美しい歌声，美しい人間，美しい行為を目の当たりにします。これらはすべて相互に似ていませんが，すべて美しい。それはつまり，これらの事物に共通する「美そのもの」という真理を私たちが認識していることを意味します。では，その「美そのもの」を私たちはどこで学んだのでしょうか？

　あるいは私たちは，一冊の本，一人の人間，一つの国という概念を理解することができます。しかし私たちは，「1」という数そのものを見たことはありません（「1」という数字を見たことはあるでしょうが，数字は数ではなく，それを表す記号にすぎません）。にもかかわらず私たちはなぜか，一冊の本，一人の人間，一つの国という概念を理解できます。なぜでしょうか？

　プラトンによれば，これらはすべて，イデア論を用いれば解決します。つまり私たちは生まれる前，天上界で，「美そのもの」や「1という数」のイデアを目の当たりにしていたのです。私たちはそれを，今世に生まれ落ちるときに忘れてしまっていたのですが，この世界を生きるなかで，不完全にせよ美を帯びているもの，1のイデアに与っているものを見ることで，「美そのもの」や「1という数」を思い出す，というわけです。

　このイデア論は，中期プラトンの主著『国家』[*8]に収められた「洞窟の比喩」という有名な物語において，教育（パイデイア）と無教育（アパイデイア）[*9]が説明される文脈でも登場します（図4-1）。プラトンによれば，人間は地下の洞窟に住んでいます。恐ろしいことに彼らは，子どもの頃からずっと，洞窟の奥へ顔を向けて縛られたまま生きてきました。彼らの後方，つまり洞窟の外には真の実在の世界があるのですが，縛られた人間たちは振り返ることができず，洞窟の奥に映る事物の影を，実在と信じ込んで生きています。これが，この世界の人間の在り方だというのです。

＊8　プラトン，藤沢令夫（訳）『国家（上・下）』岩波書店，1979年。
＊9　パイデイアは，もともと「幼い子どもの養育」を意味したが，プラトンらによって「徳（アレテー）を目指した教育」「単なる職業人ではなく，人間としての完成を目指す教育」，その意味での「教育」あるいは「教養」という意味を付与されたと考えられている。

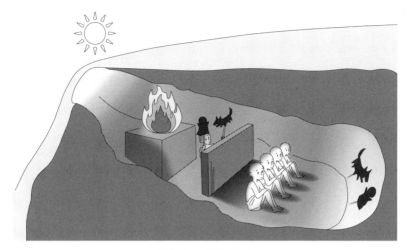

図 4 - 1　洞窟の比喩

　だとすれば，私たちが為すべきは，なんとかして自分の目を真の実在の世界へと向け変え，真理（イデア）を知ること，無教育から教育の状態へと移行することでしょう。しかしそれは簡単にはいきません。

２　哲人王への道

　プラトンは，もし彼らのうちの一人が縛めを解かれ，外界へと歩み出たとしても，彼の目はまだ太陽の輝きに慣れておらず苦痛を感じるだろうし，よく事物を見定めることもできないだろうといいます。そこには，真理の探求（学び）というものの困難さが象徴されているのでしょう。したがって，人が外界やそこで輝く太陽（善のイデア）を認識するためには，一定の順序を辿って，外界を見ることに慣れていかなければならない——，そうプラトンはいいます。ここには，真理を学ぶことの困難と同時に，その困難な真理の探求においては，適切な順序（シークエンス）が考えられるべき，ということが示されています。

　この点に着目するならば，プラトンの『国家』は，現代の教育学における「**カリキュラム（教育課程）**」の発想を備えているといえるかもしれません。実

際，『国家』の別の箇所では，教育は，音楽・文芸の教育と体育から始められ
なければならないとされます。学習の主体である人間の魂は，「理知的部分」
「気概的部分」「欲望的部分」からなっているのですが，音楽・文芸と体育はそ
れぞれ相俟って，美しい言葉と学習によって「理知的部分」を引き締め育み，
調和とリズムによって「気概的部分」を穏和に宥(なだ)め弛(ゆる)めることで，相互を協調
させるからだというのです。そうして調和した「理知」と「気概」は，「欲望」
を正しく監督できるようになります。それが済むと教育は，「前奏曲」（補助的
な準備科目），すなわち，数と計算，幾何学，立体幾何学，天文学，音楽理論の
学習へ進みます。そして，これらの科目の習得によって，真実在への階梯を登
っていった者に，ソクラテスが実践していた哲学的問答法（ディアレクティケ
ー）が課されます。

　人間の魂とその成長の見通しをもって，成長の各段階に，それに相応しい音
楽・文芸・体育・数学・天文学・音楽理論，そして哲学という学習内容を準備
する──，これがプラトンの考える**「哲人王」**育成のカリキュラムでした。ソ
クラテス（初期対話篇）においては，学びを挑発することが教師の仕事だった
といえますが，プラトン（中期対話篇）における教師は，学習者の魂の状態や
成長の筋道に即して適切な学習内容を組織するという，教科指導の技量を求め
られるようになった，ともいえそうです。

　もっとも，教えるべき内容や順序を意識するといっても，学びの主体はあく
まで学習者だということを，プラトンは忘れてはいませんでした。再び「洞窟
の比喩」に戻れば，たとえ洞窟に生まれついたとしても，人間の魂は，真理を
知るための器官をもともと備えているとプラトンはいいます。そうすると人々
が真実在（イデア）を認識するために必要なのは，魂にその外側から真理を見
るための能力を植えつけられるといったようなことではなく，ただその魂を，
真実在（イデア）のほうへ向け変える，ということです。そして教育とは，そ
の魂を真実在（イデア）の方向へ向け変えさせる，**「向け変えの技術」**なのです。
そのような「向け変えの技術」の探求は，現代の私たちにとっても，リアルな
課題であり続けているといえます。

まとめ ……………………………………………………………………………………

　「勉めを強いる／強いられる」ものとしての勉強は，その理想的な形態として，「知への愛」としての学びという側面をもちます。それを体現していたのが，ソクラテスやプラトンといった古代ギリシアの哲学者たちでした。彼らにとって真理を求めるということは，恋愛にも似た，それ自体に目的や価値を内在させた活動でした。そんなソクラテスやプラトンにとって，最大の敵は「無知」，すなわち何かを知っているかのように思い込むことでした。さらに彼らは，魂が真理に到達するプロセスについても考察しましたが，その発想は現代の教師論，教科指導，カリキュラム論の発想とも重なります。

…………………………………………………………………………………………………

 さらに学びたい人のために

○廣川洋一『ギリシア人の教育──教養とはなにか』岩波書店，1990年。
　　教養あるいは教育とも訳される，古代ギリシアの「パイデイア」概念について解説しています。本章で論じたプラトン（ソクラテス）と，同時代の弁論家イソクラテスの主張を比較しながら進む本書からは，古代ギリシアの教育（パイデイア）の広がりや深さを学ぶことができます。

○納富信留『哲学の誕生──ソクラテスとは何者か』筑摩書房，2017年。
　　本書は，人口に膾炙している「無知の知」というフレーズが，ソクラテス・プラトンの哲学理解として誤っている，というスリリングな主張を展開します（本章もこれを尊重して，「無知の知」という表現は避けています）。高校までの学習内容が学問的に覆されるという，大学の学修の醍醐味が味わえます。

第5章

宗教と教育

・・・・　学びのポイント　・・・・

- 中世との比較からルネサンスのヒューマニズム教育の特徴を知る。
- キリスト教的人間観と人間の人間による教育可能性についての議論を知る。
- すべての人にすべてのことを教える（すべての人が学ぶべきである）という考え方がどのように成立したのかを知る。

WORK　世界について学ぶための教科書をつくる

　下の図は17世紀にコメニウスという人が書いた『世界図絵』の１ページです。『世界図絵』は世界初の子どものための「絵入り教科書」として位置づけられてきました。この一冊で子どもたちが世界の主要な事柄とその名前を同時に学べるように工夫されています。コメニウスは世界を150の項目に分け，それらをすべて図絵で示し，その図絵のなかに数字をふって，説明の文章のなかの言葉と対応させて示すという手法をとりました。下の図は「２世界」という項目のページです。この構成で150の項目が説明されていきます。項目としては，たとえば，１神，２世界，３天空，４火，５空気，６水，７雲，８大地，９大地の作物，10金属，11石，12樹木……そのあと，植物関係，動物関係，虫，魚，人間，人間社会の仕事諸々，学術関係，勤勉・勇気・節制といった内面性，親族関係，都市生活，戦争，諸宗教とそれぞれ細かく項目分けされたあと，149神の摂理，150最後の審判で終わります。

　さて，もしもあなたが小学校１年生を対象に，今のこの世界について学ぶためのただ一冊の教科書をつくるとしたら，どんな教科書をつくりますか？　その教科書は，何から始まり，何に終わる教科書でしょうか。その教科書の中心となるものは何でしょうか。

２　世界

天は火，つまり星をもっています。

雲は上空にただよっています。
鳥が雲の下を飛んでいます。
魚が水中を泳いでいます。
大地には山，森，畑があり，動物，人間がいます。
このように世界というおおきな身体は四つの要素からなり，居住者で満ちています。

注：＊ここで述べられている四つの要素とは，火，空気，水，大地のことです。
出所：J. A. コメニウス，井ノ口淳三（訳）『世界図絵』ミネルヴァ書房，1988年，p. 12。

● 導　入 ● ● ● ● ● ● ●

　書物を読むことが教養を深めることや人間形成に資するといった考え方は，私た
ちにとってもなじみのものかもしれません。こうした考え方の一つの典型を，ルネ
サンス期のヒューマニズム教育に見ることができます。書物を通して優れた著作家
の精神と対話することは，自分自身を豊かにするというイメージがそこにはありま
す。また，書物といえば，私たちが学校で受けてきた教育は「教科書」という書物
に満たされていたと捉えることもできるでしょう。そこでは体系づけられたさまざ
まな知識に遭遇しつつ，それらを獲得していくことが人間にとって必要であると考
えられているようです。本章ではルネサンス・宗教改革・17世紀において展開され
た宗教と教育との関係について，書物と人間の教育可能性という観点から考えてみ
たいと思います。

● ● ● ● ● ● ● ● ● ●

1　ルネサンスの人文主義（ヒューマニズム）

　ルネサンスは一般には14世紀後半にイタリアから始まり，おおむね16世紀頃
にかけてヨーロッパ各地に広がりその影響が続いた文化運動として理解されて
います。

　ルネサンスと聞くと，ダ・ヴィンチやミケランジェロ，ラファエロといった
綺羅星のごとき名前とともに，まさに芸術が花開いた画期的な時代であったこ
とを思い浮かべる人が多いかもしれません。また，ペトラルカをはじめとして
文芸復興のイメージがある人もいるでしょう。

　この際ルネサンスで復興されたのは，古代ギリシア・ローマ時代の作家たち
の文学，歴史，道徳哲学等に関する著作でした。しかも，そうした著作は翻訳
ではなく，古代の作家が使用した言語（ギリシア語やラテン語）で読むことこそ
が重要だとみなされました。その理由は第一に，作家が使用した言語こそ，作
家の優れた精神をあますことなく表現すると考えられたからであり，第二に，
その人間がどう考え，どう生きたかを知ることが，読み手である自分自身の**人
間性**を深めることにつながると考えられたからです。

　もちろん，それ以前の**キリスト教**中世においても，古代作家の作品は読まれてはいました。しかしながらその読まれ方は，あくまでもキリスト教神学に沿うかたちで内容が解釈されるというものでした。中世の学問は神学を頂点としており，知識の到達目標は何よりもキリスト教の信仰理解にありました。そしてあらゆる書物の頂点に位置づけられていたのは，書物のなかの書物と呼ばれた『聖書』です。中世の教育の特徴として有名なスコラ学は，この『聖書』の解釈をめぐって異なる立場をとる者同士が徹底的に討論し合いながら，真の解釈へと向かう学問でした。その論戦のなかで有効な根拠として利用されたのが，神学者たちの著作や古代の権威ある著作家たちの書物でした。ガレン（Garin, E.）というルネサンス研究者は，その読み方を次のように表現しています。「ウェルギリウス[*1]のうちにキリスト降誕の告知を読み取ったり，アリストテレス[*2]のうちにヘブライ・キリスト教的な人格神についての証明を読み取ったり，プラトン[*3]にモーセを見出したりする」[*4]。中世では著作家たちの作品は，ギリシア語ではなく翻訳で構わないとされていました。重要なのは，著作家が作品全体を通して何を言わんとしているかを知ることではなく，むしろ神学的な根拠となりそうな真理が記されていると思われる部分のみであったからです。

　それに対して，ルネサンス期に重要視されたのは，その作家が使った言語（ギリシア語やラテン語）そのもので読むことでした。今でいうところの，いわゆる原典講読です。アリストテレスやプラトンはもちろんギリシア語で読むことが推奨され，そのことは哲学の刷新につながり，またキケロ[*5]やセネカ[*6]は人間性に優れた美しいラテン語の使い手として再評価されることになります。

＊1　**ウェルギリウス**（Publius Vergilius Maro；前70-前19）：ローマ最大の詩人。代表作に『牧歌』『農耕詩』，特にトロイアの英雄アエネアスによるローマ建国の物語『アエネイス』が有名。

＊2　アリストテレスについては，本書第4章の脚注（＊1）参照。

＊3　プラトンについては，本書第4章参照。

＊4　エウジニオ・ガレン，近藤恒一（訳）『ルネサンスの教育——人間と学芸との革新』知泉書館，2002年，p. 70。

＊5　**キケロ**（Cicero, M. T.；前106-前43）：ローマの政治家，雄弁家，哲学者。古代ギリシアの哲学上の諸概念をラテン語に翻訳した功績は大きい。著書に『目的について』『トゥスクルム談義』，また，雄弁術の学習に関する『弁論家について』等。

＊6　**セネカ**（Seneca, L. A.；前1?-65）：ローマの政治家，ストア派の哲学者，詩人。第5代皇帝ネロの幼少期の家庭教師。代表作に『寛容について』『人生の幸福について』『人生の短さについて』『道徳論集』等。悲劇作家としても有名。

　さて，書かれたものをその書かれた言語そのもので読むことは，それが誰によっていかなる言語で書かれたのか，その言語はどの時代にどの辺りで使われていたのかといったことも含めて歴史認識をもたらします。さまざまな書物について，いつ誰によって書かれたのかを明らかにしていく文献学が展開し，『聖書』もまたその検討対象となっていきます。このことには大きな意味がありました。中世までは，『聖書』といえばヒエロニムス[*7]のラテン語訳聖書でした。それが，文献学によって『旧約聖書』のヘブライ語原典や，『新約聖書』のギリシア語原典が読めるようになりました。ここからカトリックの正統とする解釈とは異なる聖書の理解や解釈が開かれ，宗教改革に大きな影響を与えることになります。

　教育について考えるとき，この時期の特徴の一つとして，**ヒューマニズム**があげられます。ヒューマニズムという言葉そのものは，19世紀にドイツの教育学者であるニートハンマー（Niethammer, F. I.）によってつくられたものとされています。その言葉は，ルネサンス期の文芸や学問分野において重視されていたある傾向を汲み取っています。その傾向とは，人文学（studia humanitatis）の重視でした。その中核には，上述したギリシア語・ラテン語で古代の作家の優れた作品を読む，ということが置かれていました。ラテン語で humanitas（フマニタス）は，英語の humanity にあたります。このフマニタスという言葉は大きく二つの意味をもっていました。一つは「人間性」，もう一つは「**教養**」です。人文学とは人間を人間たらしめる教養である，ゆえに**人間形成**にきわめて高い価値があると捉える立場を，ここではヒューマニズム（人文主義）として理解しておきましょう。そして人文主義者たちは，文学作品のなかに普遍的な人間性の表現や，人間形成的な価値を見出しました。

　さて，ここで素朴な疑問が生まれます。人間を人間たらしめるということは何を意味しているのか，という問いです。

＊7　**ヒエロニムス**（Hieronymus, S. E.；340頃-420）：ラテン教父の一人。彼が旧約部分をヘブライ語原典から，新約部分をギリシア語原典から，それぞれラテン語に翻訳した『聖書』（ウルガタ）は，その後西方教会における代表的なラテン語訳聖書となった。

2 ルネサンスの人間観(1)：中世との比較から

　どのような存在として人間を捉えるのか。このことは，教育を考えるうえで
とても重要です。ルネサンスヒューマニズムの人間観は，それ以前の長いキリ
スト教中世における人間観とは異なることが指摘されてきました。では，どの
ように異なるのでしょうか。

　中世の間，人間はおおむねキリスト教的な人間理解に沿う形で捉えられてき
ました。『聖書』の「創世記」には，神が自らをかたどり，自らに似せて人間
を創造したこと，そして人間以外の他の被造物一切を支配させようとしたこと
が描かれています。ここから，人間とは他の被造物とは区別された特別な存在，
「**神の像**（imago Dei）」，あるいは「**神の似姿**（similitudo Dei）」である，という
人間観が出てきます。その一方で，同じく『聖書』では，最初の人間であるア
ダムとイヴが，エデンの園において神が食べることを禁じた知恵の実を食べて
しまったこと，その結果，楽園を追放され厳しい地上での生活を営まざるを得
なくなったことが描かれています。ここから，人類の源流である二人が神に背
いて犯した罪を「**原罪**」とし，以降の人間はみな罪のもとにある罪深い存在，
原罪をもつ存在とみなす人間観が出てきます。人間とは，一方で神の像・似姿
でありつつも，他方で原罪を抱える存在である。こうした人間観においては，
人間が最終的に目指すところは堕罪前の「神の像」や「神の似姿」の再生・回
復であるとされ，そこに人間は至ることができるのか，できるとしたらいかに
してなのかという問いに，教育についての考え方が関わることになります。

　そして，ルネサンス以前のキリスト教中世においては，**アウグスティヌス**[*8]以
来の教育思想，すなわち，人間は神の像や似姿へと変わっていくことを目指す
ものの，人間が自力のみでなんとかすることは不可能であり，おおむね神の恩
寵によって変えられていくにすぎないのだという受動性を重視する傾向があり

＊8　**アウグスティヌス**（Augustinus, A.；354-430）：ヒッポの司祭。ラテン教父の伝統における最
　　大の神学者，哲学者であり，「西欧の父」とも称される。代表作に『告白』『三位一体論』『神
　　の国』『教師について』等。

ました。

　古代の教父であるアウグスティヌスは，キリスト教的人間観に基づく教育思想の出発点に位置づけられます。アウグスティヌスによれば，人間が何かを知ったり，それが何であるかがわかったりすることは，教師やほかの人間によって教えられて為されることではなく，その人が自分のなかで何かを想起したり，何かと何かをつなげたりしながら，自分のなかの「内なる神」や真理に相談することによって発見され，可能になるとされます。つまり，人間は人間によって何かを教えられるのではない。人間の教師はあくまでも，言葉を使いながら真理の探求に誘う存在にすぎず，真の教師は神のみである。神の恩寵によって，私たち人間は神の似姿へと変えられていくのだ，と考えます。

　こうした教育におけるキリスト教的な受動性の観点そのものは，ルネサンス，宗教改革を経た17世紀のコメニウス（本章の6節以降で詳述）においても引き続き見られます。ただ，ルネサンスのヒューマニズムにおいて強調されるのは，こうした原罪を宿す罪深き人間というよりもむしろ，神に息吹かれた善さをもまた人間は有していること，人間の尊厳や**自由意志**を積極的に評価することでした。

3　ルネサンスの人間観(2)：フィチーノ，ピコ

　マルシリオ・フィチーノ（Ficino, M.；1433-1499）は，プラトンのギリシア語原典を翻訳しラテン語のプラトン著作集を出したことで有名な学者です。彼はキリスト教とプラトン哲学を調和させ，独特の思想を展開させました。フィチーノは，世界を構成する五つの原理を上から順に神，知性（天使），霊魂（人間の魂），質，物体（量）に区別したうえで，人間の魂はまさに中間にあって，神や天使（天の世界）と結びつきながら，質と物体（量）（地の世界）を支配していると捉えました。人間はまさに世界の絆として，宇宙の真ん中に置かれ，重要な位置にあるとされました。

　こうしたフィチーノによる人間の捉え方は，ピコ・デッラ・ミランドラ（Pico della Mirandola；1463-1494）によってさらに先鋭化させられました。ピコ

は『人間の尊厳について』(1486) のなかで，人間はそもそも世界のどこか特定の固定された場所に定められているのではなく，自分自身の自由意志によって，どのような存在になるかを選び取れるのだと主張しました。天使は天使でしかない，獣もまた獣でしかないけれども，この世界で人間のみが，自由意志によって獣にも天使にもなり得るというところに，ピコは人間の尊厳を見出しました。

　後世の歴史家たちは，ピコにルネサンスの人間中心主義，人間賛歌の頂点を見ています。それは，中世においての罪深く原罪を抱える存在としての人間というイメージとは，一線を画すものだったからです。

　とはいえ，フィチーノもピコも，文芸復興によって再評価された古代の著作の異教的伝統（キリスト教から見た，古代ギリシアの神話や宗教的な伝統）やプラトン哲学に造詣が深いからといって，キリスト教を批判しているわけではありません。しかしながら人間の自由意志を認めるか否かについては，神の恩寵を重視する立場との熾烈な論争がありました。言い換えれば，問われたのは人間の主体性や自律についてであり，この時代においては神との関係においてそれをどのように認め得るのかが大きな問題だったのです。

4　自由意志をめぐる論争：エラスムスとルター

　ルネサンスと宗教改革をどのように関係づけて捉えるかについてはさまざまな解釈があります。たとえば，キリスト教思想史研究者の金子晴勇によると，イタリアではヒューマニズムに立脚してキリスト教を受容する傾向（フィチーノやピコ）があったのに対し，同時代でもキリスト教の影響が非常に強いアルプス以北のヨーロッパでは「キリスト教的な」ヒューマニズムという形態をとっており，ロッテルダムの**エラスムス**[9]がその代表であるとされます。[10]そして，

＊9　**エラスムス**（Erasumus, D.；1466-1536）：オランダに生まれる。ルネサンス期最大の人文主義者として名高い。代表作に『痴愚神礼賛』。ギリシア語新約聖書の最初の校訂版をラテン語の翻訳と注釈とをつけて出版した。教育に関する著作としては『子どもたちに良習と文学を教えることについての主張』『礼儀作法についての覚書』『教育的勧告』等。
＊10　金子晴勇『教育改革者ルター』教文館，2006年参照。

キリスト教的ヒューマニズムの傾向が強かった土地で起こるものが，ルター[*11]を
はじめとする宗教改革の運動である，と位置づけています。たしかに，ルター
もまた，自らがルネサンス的な人文主義教育を受けた一人であったことは有名
です。そして彼の協力者であったメランヒトン[*12]もまた，教養ある人文主義者で
した。16世紀の自由意志論争は，エラスムスとルターの間で起こりました。

　エラスムスは，『自由意志論[*13]』（*De libero Arbitrio*, 1524）のなかで，自由意志
を特に堕罪後の人間のみに限定して語ってはいません。自由意志とは「それに
よって人間が永遠の救いへ導くものへ自己自身を適用させたり，あるいはそこ
から離反したりしうる意志の力」であるとして，人間が自分自身について選択
する主体性を認めるものだといえます。もちろん，神の恩寵が多大であること
は間違いないが，という留保付きではありますが。彼は，アダムの原罪によっ
て人間の自由意志は弱く小さくなったかもしれないが，無ではなく確かに存在
すると主張します。彼は『聖書』にも人間には善悪に対する選択の余地がある
ことが書かれていると指摘し，その余地が与えられているのは，人間が善悪ど
ちらにも向かい得る自由な意志をもっているからだ，と主張します。もちろん，
神の恩寵が偉大であることはいうまでもないけれども，善悪の選択の余地があ
るからこそ，人間には道徳的責任が生じ，善く生きることを求めることで，恩
寵に助けられながら善をなしうるのだと考えました。

　他方ルターは，『奴隷意志論[*14]』（*De servo arbitrio*, 1525）のなかで，自由意志
をアダムの堕罪以降の人間がもつ意志の状態として捉えます。人間は徹底的に
堕落したがゆえに，うちなる神の像はすでに完全に破壊されている。彼は人間

＊11　**ルター**（Luther, M.；1483-1546）：ドイツの宗教改革者。代表作に『キリスト者の自由』。エ
　　ラスムスが校訂したギリシア語の新約聖書をドイツ語に翻訳して，新約聖書を出版，その後旧
　　約聖書もドイツ語訳して出版した。また彼の『ドイツ市参事会員にあててキリスト教的学校を
　　設立し，維持すべきこと』『子どもたちを学校へやるべきであるという説教』は義務教育の思
　　想の源流に位置づけられる。
＊12　**メランヒトン**（Melanchton, P.；1497-1560）：ドイツの宗教改革者，人文主義者。ヴィッテン
　　ベルグ大学のギリシア語教授でルターの協力者。彼の『神学要覧』はルター派によるプロテス
　　タント神学初の体系的な教義学書として有名。
＊13　エラスムス，山内宣（訳）『評論 「自由意志」』聖文舎，1977年。
＊14　ルター，ルター著作集編集委員会（編）「奴隷的意志について」『ルター著作集（第1集第7
　　巻）』聖文舎，1966年。

の中心に，自己愛という我欲を追求する意志，神に背く意志を見ました。では
いったいどのように，人間において「神の像」は再生すると考えられるのでしょうか？　ルターによれば，自己愛に傾いた欲深い人間の本性を自ら認識し，徹底的に自分に絶望して，いったん自分のすべてを完全に否定することが必要とされます。この自己否定については，人間はかろうじて能動的でいられるのですが，しかしそこからは，どうあがいても人間は人間の力のみでは再生することは不可能であり，ただ神への信仰のみ（sola fide）がその道を開き得る——つまり，人間は神の力に対して受動的になることで，「神の像」へと再生されるとしています。ここに人間の主体性や自発性は認められません。

　エラスムスの自由意志論や，ピコの人間の尊厳についての思想は，人間を自由意志のある存在として，自分で自分を律し得る理性的存在として捉えるものだといえます。人間の主体性を積極的に認めることは，人間が人間に対して行う教育の積極的意味づけや，人間形成の価値を高く評価することにつながります。人間の**教育可能性**や必要性を認識すること，また，子どもの主体性や自発性を認識するといった（私たちにとってはなじみ深い）近代的教育観は，ルネサンスにその一つの源泉をもつといえます。

5　誰もが『聖書』を読むことの意味：ルター

　さて，人間の自由意志を認めないルターは，人間の回復には必ず神（キリスト）との出会いが必要であると考えます。では，人間はいったいどこで神と出会うことができるのでしょうか。それは，神やキリストについて啓示された唯一の書物である『聖書』において，というのがルターの答えでした。人間は文字を媒介として神と出会うがゆえに，ルターが何よりも必要だと考えたのは，それぞれの人が自分自身で『聖書』を読むことでした。ルターにとって「神の像」の再生にはその人が文字を読めるということが大前提となっているのです。

　一般に宗教改革は『聖書』に戻る運動であったといわれます。プロテスタントは神と人の間に『聖書』を媒介として置きます。批判された側のカトリックは人間と神の間に媒介として，教会や神父を置いてきました。『聖書』はラテ

ン語で書かれているがゆえに，ラテン語の読み書きができる聖職者の言葉をそのまま神の言葉として人々は聞いていました。それはカトリックが正統とみなした信仰の教義や解釈をひたすら肯定し聴くことを意味しました。

　ところが，宗教改革においては，その媒介そのものが批判されることになります。啓示に満たされた『聖書』が文字で書かれているならば，それを直接読むことこそが真に神との出会いにつながるのではないか。ルターが進んだのは，この道でした。

　ルターのきわめて強い宗教的な関心が，しかしながら，ルネサンスのヒューマニズムが成し得なかった道を開きます。それは，庶民のための初等教育を，という現実的な義務教育の要求と，**読み書き**する個人という存在の拡充です。

　もちろん，ヒューマニズムが教育に大きな考え方の転換をもたらしたのは確かです。人間の尊厳や自由意志についての思想は，すべての人間の普遍的な人間形成を謳うものでしたし，ヒューマニズムの影響を受けた諸学校や寄宿学校も多く設立され，文献研究により大学の学問も刷新されました。とはいえ，ヒューマニズムそのものは，当時の社会の上層部に位置した知識人たちの間で醸成され，ヒューマニズム教育もまた，現実的には王侯貴族や政治家の子弟や，将来的に彼らの教師となるような人たちに向けたハイレベルの中等教育という側面があり，基本的には少数のエリートのための教育として行われたことは否めません。

　ルターが目指したのは，庶民の子弟に開かれた初等教育（読み書き教育）の配備でした。しかも，庶民の子弟に初等教育を受けさせるように統治者が強制するべきだと彼は論じます。ルターにとって教育は絶対的な義務でした。なぜなら，すべての子どもたちが学校に通い，文字の読み書きを学び，キリスト教の教養と信仰をもつことこそが，キリスト教世界の改革・改善につながると考えたからです。

　ルターはラテン語で書かれていた『聖書』を，ドイツ語訳したことで有名です。この大仕事は，博学な人文主義者であるメランヒトンの協力あってのことでした。ドイツ語訳『聖書』については歴史的にもさまざまな評価がありますが，教育に引きつけて捉えれば，文字を学んだ子どもたちが母国語で『聖書』

が読めるということには大きな利点があったといえます。もちろん,『聖書』
を読むには,『教理問答書』(カテキズム)等でキリスト教の基本をしっかり学
んでからとされ,各人が好き勝手に『聖書』を読んで自由奔放に解釈すること
は許されません。ルターが望ましいとみなす信仰と教義に基づいて読むことが
推奨されるとはいえ,社会の上層の人々のみならず,庶民一人一人が教育の対
象であり,読み書きする主体として位置づけられていることは注目に値します。

　さて,ルターの著作を読み,キリスト教国における義務教育に賛同しつつも
いまだそれが実現されていないことを指摘し,またエラスムスやその他のルネ
サンスのヒューマニストたちの著作を読み,人間による教育の必要性を積極的
に語る人物が現れます。ヨハネス・アモス・コメニウス(Comenius, J. A.; 1592
-1670)。彼は17世紀の今でいうチェコの人で,フス派の流れをくむプロテスタ
ントの牧師兼教師でした。

6 すべての人に：コメニウスの人間観と教育可能性

　「すべての人に,すべてのことを教授する普遍的な技法」——これは,コメ
ニウスの『大教授学』[*15](*Didactica Magna,* 1657)の副題です。彼は,年齢に即し
た段階的な学校のシステムや一斉教授,学年編成やカリキュラムの考案,学校
で使用する教科書の作成等々,その後の近代教育において展開した学校教育の
枠組みを構想した人物として近代教育学の祖として位置づけられてきました。
特に,先にあげた「すべての人にすべてのことを」という言葉は,まさに万人
に開かれた普通教育の理念として高く評価されてきました。以下では「すべて
の人に」という部分と「すべてのことを」という部分,それぞれが何を意味し
ているのかを見ていきましょう。

　まず,「すべての人に」という観点についてです。コメニウスもまた,これ
まで見てきた「神の像」「神の似姿」というキリスト教的な人間観をベースに
していますが,人間の教育可能性を自然的なものとして強調するところにその

＊15　コメニウス,鈴木秀勇(訳)『大教授学(1・2)』明治図書出版,1962年。

特徴があると考えられます。

　コメニウスは述べます。神は人間を「神の似姿」として創造された。ゆえに人間は他の被造物に比べて卓越した存在であり、人間の究極目的は神と共にある永遠の幸福にほかならない。人間は、この世界での一生をそのための準備期間として、ある役割とともに与えられている。神が人間に与えた役割とは第一に、あらゆるものを知るものとなること、第二に、諸事物と自分を支配するものになること、第三に、万物の源泉である神に自分自身とあらゆるものを還すものとなること。これら三つは、それぞれに学識、徳行、敬神と言い換えられ、人間にはこの三つの種子が生まれながらに自然に備わっている、とコメニウスは考えました。なお、ここで語られる自然には、二重の意味が付与されています。一つには、アダムの堕落以前に人間がもっていた特性、もう一つは、神の摂理です。

　とはいえ、人間に与えられた種子はそのままでは展開しない、というのがコメニウスの立場です。種子は耕された土に播かれ、水を与えられることで、初めて芽を出すことができる。それはほかならない人間の教育という仕事とされます。「教育されなくては、人間は人間になることができないのです[*16]」。ここから、「すべての人に」教育が必要だという理念もまた導かれるでしょう。永遠なる神と死すべき人間という根源的な関係から眺めれば、人間社会の区分として存在する階級差や貧富の違い、男女の性別や個人のなんらかの能力差、身体的な違いといったものはいずれも大差ないものとして捨象されていきます。求められるのは、いずれの人間にも教育を施し神に与えられた種子を十分に展開させること、人間を人間へと形成すること以外にはありません。

7　学校のプラン：人間の生の段階に合わせて

　では、どこでどのように教育は与えられるのでしょうか。学校において段階的に、というのがコメニウスのプランです。

---

*16　コメニウス、鈴木秀勇（訳）『大教授学（1）』明治図書出版、1962年、p. 81。

　この学校という言葉については少し説明が必要です。コメニウスには，この地上の世界そのものが神によって人間に与えられた学校であるという発想があります。人間は，生まれてからこの世を去るその日まで，この世界という学校のなかで学び続ける存在です。そして最高の学びとは，この世ではなく天上において神から直接に教えを受けることでした。ゆえにこの世界での一生は，そこに至るための準備期間であるとされます。晩年の著作のなかでは生誕期の学校，幼児期の学校，少年期の学校，青年期の学校，若者期の学校，壮年期の学校，老年期の学校という表現で人生の諸時期と学校が重ね合わせて示されています。そのなかでも厚みをもって論じられているのが，誕生後から若者期にかけての，いわゆる学校教育についてです。「神が人間に青少年期を与えたのは，人間をまさに人間性（humanitas）にむかって形成するためでありました[*17]」。

　コメニウスは，1歳から24歳までを6年ごとの4段階に区切って学校のプランを立てました。そして各学校段階では，人間の自然な成長に見合った諸能力の訓練がなされるといいます。

　1歳から6歳までは，各家庭における養育期で，さまざまな事物を見たり触ったり聞いたり味わったりと「外部感覚」を使用し，対象を識別する能力をつけるようにすることを推奨します。7歳から12歳は，初等学校あるいは母国語学校で文字の読み書きや絵画，歌唱や数の計算を通じて，「内部感覚（写像力や記憶力）」の訓練を行うことが勧められます。13歳から18歳はラテン語学校やギムナジウムで，これまでの外部感覚と内部感覚で集めた事物について，「それは何か？　そうなるのはなぜか？」と問いながら認識能力と判断力を磨くことが目指されます。そして，19歳から24歳は大学で，調和を保つ意志を培うこと（たとえば，神学で魂の調和を，哲学で精神の調和を，医学で体の生命機能の調和を保つ等々）が望まれました。では，人間が生まれもった能力を十分に展開していくために，各学校段階ではいったい「何を」学ぶのでしょうか。──「すべてのことを」。これがコメニウスの答えでした。

---

*17　前掲書（*16），p. 90。

8　伝統的社会から近代社会への移行期の課題：読み書き教育

　コメニウスが生きた17世紀という時代は，さまざまな意味で過渡期でした。教育を考えるときに重要な時代の特徴として以下の 2 点があげられます。一つ目は，伝統的な職業身分制社会から近代社会へと社会構造の変化が起こりつつあったということ。二つ目は，印刷技術の発展によって書物の流通が大幅に拡大しつつあったことです。

　17世紀に至るまで，ヨーロッパでは多くの学校は職業身分制に沿う形で存在していました。聖職者養成のための教会附属学校や，貴族の子弟や富裕層のための学校では，宗教・政治・学問に携わる人々のためのラテン語教育が軸となっていました。一方で，証文作成や取引の記録や，取引物の重さや長さの計測の技術が必要な人々には，職業上のスキルとして，母国語の読み書きや計算が教えられる学校が開かれていました。伝統的な身分制社会のなかでは，それぞれの人が生まれた家の職業を継ぎ，その職業技術に習熟し，その階級の価値観や身の振り方や道徳性を身につけ，立派に一人前になって仕事をすることが目指されていたといえます。

　印刷術の発展以前は，さまざまな職業における技術や知識は，まさに徒弟修業のように，基本的には直接的に話し言葉によって伝えられて記憶されたり，実際に仕事をやってみて体が動きに慣れていくなかで次第に獲得されていきました。しかしながら，印刷技術の発展によって，各地で話されていた土地言葉（母国語）での出版が進むと同時に，それぞれの土地言葉が書き言葉として確立されていきます。そのことは，徐々に職業的な知識や技能を声による直接的な伝達から文字による記録に置き換えていくことに貢献するものでした。こうした流れのなかで文字の読み書きは一定の社会階層や職業にのみ必要な事柄ではなくなります。ここから，すべての人を対象とした母国語の読み書き教育の必要性が出てきます。

9 すべてのことを：『世界図絵』という書物

　伝統的な身分制社会から近代社会への移行には，教育を考えるときの大きな変化をもう一つ見ることができます。伝統的な身分制社会の場合は，自分が属する職業身分の事柄に精通し，仕事ができればよかったという意味で，一人の人間が知るべき事柄や獲得すべき技能，考えなくてならない事柄は限定的なものでした。しかも，それらはおおむね口頭での伝達や生身の経験によって直接的に得られるものでした。ところが，近代社会は職業身分制と異なり，生まれによってその人が何を職とするかは決まっていません。この社会がいったいどうなっているのか，どのような職業があるのかをまずは全体的に知ったうえで，個人個人が最終的にどの仕事に就きたいか決めていくことになっています。すべての人に向けられた普通教育の思想が登場します。考えてみれば，これは途方もない企てです。自分の生活世界や直接的な経験を超えた事柄も含めてひとまずこの世界について全体的に知ることが必要なのだとすれば，いったいどうやってそれを知ればよいのでしょうか。まずは教科書という書物を通じて，というのが近代教育学の道だったとするならば，その端緒に位置づけられてきた書物が，コメニウスの『世界図絵』[*18]（*Orbis sensualium pictus,* 1658）でした。では，『世界図絵』とはいったいどのような書物だったのでしょうか。

　『世界図絵』は，学校のプランでは母国語の読み書きを学ぶ段階の子どもたちが使用する教科書として位置づけられています。最初のほうに動物の絵とその鳴き声の説明から発音とアルファベットを学ぶページがあり，文字と発音を学んでから，150の項目で構成される世界の事柄の学習へと進みます。この本は母国語とラテン語の対訳になっており，一冊で母国語のみならずラテン語の学習も容易にできるよう工夫されていました。学習のためのその工夫は，各項目について絵（事物）と言葉を数字で対応させて説明する，というやり方にも見てとれます。たとえば，「2　世界」という項目では，丸い枠のなかの上の

---

*18　J. A. コメニウス，井ノ口淳三（訳）『世界図絵』平凡社，1995年。

ほうに星空，雲，その下に鳥が描かれており，その絵にそれぞれ，「1」「2」「3」と数字がふられています。さらに，説明文のなかにある天，雲，鳥それぞれの単語の横にも，同じように「1」「2」「3」と数字がふられており，数字で絵と文字を対応させることで，その描かれている事物と言葉を並行して学べるようにつくられています（WORK 参照）。

　とはいえ，『世界図絵』の最大の特徴は，その百科全書的な構成にあるといえるかもしれません。「1　神」にはじまり「150　最後の審判」で閉じられる一つながりのなかに，天空，大地，水，自然の動植物や人間の身体，人間の諸職業や勇気，忍耐などの内面性，学問に関する事柄，家政関係，都市の生活，政治，宗教等が項目に分けられ順に並べられています。世界のすべてを見て学ぶという発想は，ルネサンス期のカンパネッラ（Campanella, T.）の『太陽の都』（*La città del sole,* 1623）や，ベーコン（Bacon, F.）の『ニューアトランティス』（*New Atlantis,* 1627）にも描かれており，外壁に描かれたさまざまな事柄を順に眺めて学ぶというユートピアにおける百科全書的教育の理想としても有名です。ここで注目したいのは，百科全書的理想においては，世界のすべてはバラバラに存在するものとしてではなく，すべてが何らかの秩序によって体系づけられ，意味をもつゆえに，そのようなものとして教えることができると把握されている点です。

　コメニウスにとってその秩序の中心は，神でした。世界は神の知恵の学校であるとコメニウスが考えていたことは先に述べました。ではなぜ学校なのでしょう？　そこにはすでに学ぶべきものが与えられているから，というのがその理由です。与えられているのは，神が創造したこの地上世界そのもの，神の似姿である人間，そして神の言葉が記された聖書とされ，この三つをコメニウスは神の三書と呼びました。この神の三書に書かれていることは，言い換えれば，自然の事柄も人間についての事柄も信仰に関する事柄も，その書き手は同じであるがゆえに体系的に秩序立てられるものであり，調和的であるはずです。この神の三書を読み，まさにすべてを知ることが，すべての人の共通の理想とされます。とはいえ，この世に存在する事物という事物をあまねく知りそこに隠された神の御業を探求しながら，さまざまな人間の内面的な特性や在り様をお

85

しなべて深く考察し，さらに，難解な『聖書』を読み解き信仰の礎とすることを，一人の人間が為すのは容易なことではありません。コメニウスが「この小さな百科全書」と呼ぶ『世界図絵』とは，神を中心とした秩序に則り体系的に要点を網羅したものであり，文字が読めればまさに誰もが読むことができるように，神の三書を書き換えたものだったと考えることができます。

　コメニウスにとって「すべてのこと」は，神を中心とした世界観に基づいて選ばれた「すべて」でした。とはいえ，神と共にほかならない人間が人間の教育を行うべきだという姿勢は『世界図絵』冒頭の「入門」からも読み取れます。そこには，向かい合った教師と生徒の絵とともに二人の会話が書かれています。「かしこくなるとはどんなことですか？」と問う生徒に対して，教師は「必要なすべてのことを正しく理解し，行い，語ることだよ」と答えます。「誰がそれを教えてくださるのでしょう？」という生徒の問いに，教師はこう答えます。「私が，神の助けによってだよ^{*19}」。

まとめ ・・・・・・・・・・・・・・・・・・・・・・・・・・・・・・・・・・・・・

　本章では，大きく以下の2点を考えてきました。第一に，人間の自由意志や教育可能性という考え方は，今では教育を考えるうえでの必要不可欠なものとなっていますが，こうした考え方はキリスト教における人間の捉え方の葛藤のなかで出てきたこと。第二に，ルネサンス期における古典の再読，ルターにおける聖書を読むことの重視，コメニウスにおける教科書といった例から，文字の読み書きや書物への態度が，それぞれの時代の教育思想を特徴づけていたこと。さて，コメニウスの『世界図絵』は，その後，各国語に翻訳され，項目も時代に即した内容に大幅に書き換えられながら19世紀まで連綿と出版され続けます。世界を示すというコメニウスの試みは，現代においても私たちに教育についてのある問いを，問い続けているように感じます。「あなたにとって，世界とはどのようなものですか？　次世代にはその世界の何をどのように伝えるのですか？　そのときあなたが選びとる事柄の妥当性は，いったい何に支えられているのでしょうか？」。
・・

＊19　前掲書（＊18），p. 20。

さらに学びたい人のために

○エウジニオ・ガレン，近藤恒一（訳）『ルネサンスの教育——人間と学芸の革新』知泉書館，2002年。

　　ルネサンス研究の碩学による一冊です。「人間的」教育がいかに模索されたのかを中世の教育との比較や，宗教改革との関係，初期近代における実学のながれをおさえつつ明らかにしている名著です。

○金子晴勇『教育改革者ルター』教文館，2006年。

　　ルターの教育思想と彼が目指した教育改革，そして宗教教育について詳しく論じられています。宗教とヒューマニズムとをどのように関係づけて考えるのかについてヒントを与えてくれる一冊です。

○J. A. コメニウス，井ノ口淳三（訳）『世界図絵』平凡社，1995年。

　　世界初の絵入り教科書として有名。150の項目の図版と説明は17世紀の世界観に満ちています。この本で何を子どもに伝えようとしたかを考えると興味は尽きません。教育の歴史に思いを馳せつつ眺めて楽しめる一冊です。

第6章

近代教育の思想

・・・・ 学びのポイント ・・・・

- 近代教育の代表的な思想家であるルソー，ペスタロッチ，フレーベルの教育
  についての基本的な考え方を理解すると同時に，今日の教育観の基盤を成す
  「子どもの自然の歩み（発達段階）に沿った教育」の思想的背景を知る。
- 学校教育制度や公教育の黎明期やその前夜に，それらについてどのような考
  え方があったのかを理解する。
- これらの学びを通して，教育思想と社会や歴史とがどのように関わり合って
  いるかを知り，今日の教育について考えるための観点をつかむ。

WORK　思想と実践との連関について考えてみよう

　　今日のさまざまな教育実践は，教育についてのさまざまな考え方や捉え方，つまり「教育思想」との連関のなかで生まれてきたものです。WORKを通して，このことについて考えてみましょう。

　　フレーベルは「恩物」と呼ばれる子どものための遊具を，第一恩物から第六恩物まで六つ考案しました。

　　以下に写っている第四恩物は，立方体を八つの直方体に分割した積木です。この第四恩物を用いて子どもたちはどのように遊ぶことができるか，「子どもの自然の歩み（発達段階）に沿った教育」という観点から考えてみましょう。

画像提供：（株）フレーベル館。

● 導　入 ● ● ● ● ● ● ● ● ●

　今日，社会において課題とされているものへの対応を，私たちは往々にして，
「学校教育」に求めようとします。このような態度は，昔から自明のものだったの
ではなく，「近代」と呼ばれる時代と社会に現れたものでした。あるいは，社会的
課題への対応が学校教育に収斂され，社会がいわば「学校化」されることで「近代
社会」は本格的に始動したといってもよいかもしれません。

　このような時期に前後して登場する思想家が，本章で取り上げるルソー，ペスタ
ロッチ，フレーベルです。彼らは近代教育の代表的な思想家とされ，社会や歴史の
大きな変革期のなかで生じるさまざまな課題に教育はどのように応え得るのかをそ
れぞれに思考しながら，近代教育思想を形成していくことになります。彼らはいず
れも，子どもの自然の歩み（発達段階）に沿った教育という考え方を提唱し，今日
の教育観の基盤を整えた一方で，学校教育や公教育をめぐっては対照的な態度を取
りました。本章では，私たちの教育観の源流を探訪すると同時に，社会や歴史の状
況がどのように教育思想を生み出すのか，翻って，教育思想がどのように社会や歴
史の新たな局面を開拓していくのか，その「現場」を追体験してみましょう。

　　　　　　　　　　　　　　　　　　　● ● ● ● ● ● ● ● ● ●

1 近代の幕開け：社会の「学校教育化」と自然主義教育

　グローバル化する世界への対応，IT（情報技術）の進歩への対応，多様化す
るメディアリテラシーの育成，環境問題，食育 etc.，今日，社会的課題とされ
ているものへの対応を，私たちは往々にして，教育に，とりわけ「学校教育」
に求めようとします。しかし，このような事態は，昔から自明であったわけで
はなく，西洋の18世紀末から19世紀，「近代」と呼ばれる時代から生じた現象
であるといえます。この時期に，教育という営みは学校に専有されることにな
り，「教育」とは「学校教育」そのものであるという認識が確立します。さら
に，学校教育は近代国家構築の要とされ，その制度化と充実化が喫緊の課題と
なり，公教育と義務教育の整備として具体化されていきます。そうして学校教
育は社会の在り方自体にも影響するようになり，学校教育を基盤に構築される
「近代社会」が本格的に開幕することになります。

　この時期に前後して登場するのが，ルソー（Rousseau, J.-J.；1712-1778），ペスタロッチ（Pestalozzi, J. H.；1746-1827），フレーベル（Fröbel, F. W. A.；1782-1852）です。彼らは，従来，近代を代表するもっとも重要な教育思想家あるいは教育実践家とみなされてきました。彼らは，「子ども」を単なる「小さな大人」ではなく，「大人」とは異なる「固有の価値を有する存在」だと捉え，「子どもの教育」の重要性を主張します。そして，その具体化として子どもの「自然の歩み（発達段階）」に沿った**「自然主義教育」**を提唱し論じました。このような考え方は，今日の教育観の中核を成すものです。では，なぜ，ルソー，ペスタロッチ，フレーベルは，このような考えに至ったのでしょうか。

2 「個人」としての人間教育：ルソーの教育思想

　ルソーについては，『社会契約論*1』（*Du Contrat Social,* 1762）を著し，フランス革命に大きな影響を与えた人物として有名です。彼は，1712年6月28日に，現在のスイス南西部に位置するジュネーヴに生まれました。当時のスイスは独立した「邦（オルト）」から成る「盟約者団」という政治的同盟でしたが，ジュネーヴはそこに加わらない独立共和国でした。ルソーは，この共和国の「市民（シトワイヤン）」であった両親の間に次男として誕生しました。唯一公職に就くことができ，参政権を有する「市民」であることを，ルソーは誇りに思っていました。しかし彼は，16歳で祖国を捨て，長い旅路に就きます。その後フランスのパリに行き，知識人たちと交流し，フランスの都市ディジョンのアカデミーが主催した懸賞論文で賞を得た『学問芸術論*2』（*Discours sur les sciences et les arts,* 1750）によって知識人として認知され，著述家として人生を歩むことになります。

　『社会契約論』の著者としてのイメージが強く，ほかにも多くの政治的著作を残したルソーですが，政治の領域以外でも，文学，歴史哲学，音楽など，実に多種多様な領域で著作を残しています。加えて，音楽教師としてそのキャリアを出発させ，長きにわたり写譜を生業としたルソーは，オペラや独白音楽劇

＊1　ルソー，桑原武夫・前川貞次郎（訳）『社会契約論』岩波書店，1954年。
＊2　ルソー，前川貞次郎（訳）『学問芸術論』岩波書店，1968年。

など数々の曲も作曲・編曲しています。後半生では植物の採集・標本の作製など，植物学の研究や執筆に没頭します。

　このようなルソーの多芸多才な人生は，『告白』（*Les Confessions,* 1770）や『孤独な散歩者の夢想』（*Les Rêveries du promeneur solitaire,* ルソーの死後1782年に刊行）[*3]等の自伝的著作で味わいのある文章で綴られています。ルソーは，実は学校教育をほとんど受けたことがなく，生涯に及ぶ「独学」を通して自らを形成し自らの思想を練り上げた人でした。『告白』にはその自己教育の内実が克明に記されており，ルソーの教育論として読むこともできる著作です。

1　家庭教育による「個人としての人間」の形成

　幅広い領域で活躍したルソーは，教育も論題としました。彼のまとまった教育論としては『エミール』[*4]（*Émile, ou De l'éducation,* 1762）がもっとも知られています。この著作は，理想的な家庭教師である「私」が，生徒エミールを，彼の誕生から結婚までずっと傍らで教育し育て上げるという，小説のような形式で書かれた作品です。その第1編でルソーは，「人間をつくるか，市民をつくるか，どちらかにきめなければならない。同時にこの両者をつくることはできないからだ」[*5]と記し，この著作のなかで論じられるのは「人間の教育」であることを繰り返し強調しています。そしてそれは，学校や公教育を通してではなく，「家庭教育」を通して行われる「個人としての人間」の教育なのです。

　これまで，『エミール』の人間教育の目的は，日本の概説書や入門書などでは，同年に出版された『社会契約論』と関連づけて理解されてきました。つまり，『エミール』の人間教育は，『社会契約論』で提示された理想的な民主政治を担い得る「市民」としての人間の育成を目指したものであるという理解です。さらに日本では，学校教育や教員養成の課題と結びつけて教育思想を理解しよ

＊3　ルソー，桑原武夫（訳）『告白（上・中・下）』岩波書店，1965・1965・1966年；ルソー，今野一雄（訳）『孤独な散歩者の夢想』岩波書店，1960年。
＊4　ルソー，今野一雄（訳）『エミール（上・中・下）』岩波書店，1962・1963・1964年。なお，ルソーの『エミール』については，本書第1章も参照のこと。
＊5　ルソー，今野一雄（訳）『エミール（上）』岩波書店，1962年，p. 27。

うとする傾向が強く，エミールの家庭教師は，学校教師や教師を目指す学生が理想とすべき教師像として捉えられてきました。しかし，『エミール』において目指されているのは，政治共同体をいわば分母とする「分子のような市民」ではなく，「分割不可能な個人」つまり「整数としての人間」の育成でした[*6]。さらにそれは，学校教育ではなく家庭教育（私教育）を通して行われるのです。ルソーは『エミール』のなかで，当代における公教育の存在をきっぱり否定し，学校教育を痛烈に批判しています。『エミール』の教育は，公教育や学校教育とは結びつけ難いという点には，十分に注意する必要があります。

2　近代家族の形成と「子どもの教育」の誕生

　『エミール』はまた，大人とは異なる存在としての「子ども」や「子ども期」に固有の価値を見出し，「子どもの教育」を論じたものでもあります。それゆえルソーは「子どもを発見した」といわれることもあります。しかし，ルソーは，子どもを発見したというよりも，新しい社会がすでに子どもに抱いていた関心を代弁し，人々に子どもを発見させ得たのだ，とフランスの歴史家アリエス（Ariès, P.）は指摘しています[*7]。この新しい社会とは近代社会であり，人々とは子ども期を人生の重要な時期だと考えわが子に愛情を注ぐ親たちです。近代とは，学校の時代であると同時に，このような親と愛情を注がれる子どもが成す近代家族ないしは家庭の時代でもあります。近代以前には，子どもたちは，次世代を担うものとして，むしろ地域共同体や血縁共同体のなかで成長しました。しかし，中世末から17世紀頃に子どもに愛情を注ぐという態度が徐々に現出し，近代，特に18世紀後半に入ると，子どもたちは，愛情に満ちた親によって家庭で，そして親の要望に応える学校で，教育され成長することになります[*8]。そして『エミール』の熱心な読者層も，主として母親たちなのでした。

＊6　福田歓一『ルソー』岩波書店，2012年，p. 165。
＊7　P. アリエス，中内敏夫・森田伸子（訳）『〈教育〉の誕生』新評論，1983年，p. 187。
＊8　天野智恵子『子どもと学校の世紀――18世紀フランスの社会文化史』岩波書店，2007年，pp. 131-175参照。

3　なぜ消極的教育なのか？

　ところで，ルソーは，自分が提起するのは「**消極的教育**」だと述べています。それは，子どもを急に大人にすることなく，社会や世間から子どもを遠ざけ守ることに徹する教育であるため「消極的」とされるのです。このような教育観の前提には，ルソーの思想の根幹を成す「人間の本源的善性」と「弁神論（神義論）」というキリスト教の立場があり，それは『エミール』第1編の有名な冒頭文「万物をつくる者の手をはなれるときすべてはよいものであるが，人間の手にうつるとすべてが悪くなる[*9]」に簡明に示されています。

　私たちが生きる世界や私たちの周囲には「悪」と呼ばれるものが存在していますが，この世界を創った神が善なる存在であるならば，善なる神が創造した世界に悪が存在するという矛盾をどのように説明すればよいのでしょうか。世界における悪の原因を神に帰せず，このような矛盾はないとする立場を弁神論といいます。ルソーはこの立場を貫き，悪の原因は神にはなく，神が創ったままの人間の本性にも悪の原因を帰すことはできないといい，「人間の本源的善性」を主張します。そうして，悪は人間がつくった「社会」によってもたらされたのだ，と考えます。『**人間不平等起源論**[*10]』（*Discours sur l'origine et les fondements de l'inégalité parmi les hommes*, 1755）では，本源的に善である人間がいかにして「文明社会」をつくることになり，悪をもたらすことになったのかが，克明に描き出されています。

　このような見解から，万物をつくる者（神）の手を離れて誕生したばかりの子どもの善なる本性が，悪をもたらす文明社会によって損なわれないように，子どもを社会から引き離し守り抜くことで育んでいくという，消極的教育の立場が帰結することになります。

＊9　前掲書（＊5），p. 23。
＊10　ルソー，坂倉裕治（訳）『人間不平等起源論　付「戦争法原理」』講談社，2016年。

4　自然主義教育──「欲求」と「力」との均衡

　文明社会から子どもを引き離す消極的教育は，人間の自然の歩み，すなわち「自然の発達段階」に従い，「欲求」と「力（能力）」とが均衡するように注意するなかで，具体化されていきます。ルソーは，自己保存に必要な欲求とそれを満たすことのできる力をもった人間こそが，文明社会によって変質され悪化する以前の「自然人」だと考えました。自然人は，自分だけで満足でき，他人を求めず依存することもないがゆえに，自由で強い存在であり，他人と争うこともないがゆえに幸福でした。『エミール』では，子どもをこのような自然人に育てあげることが，人間の教育の目標として設定されるのです。

　ルソーは，従うべきこの自然の発達段階を三つに区分しています。「①感覚の段階」では，外的世界からの刺激を五つの感覚器官によってきちんと受け取ることのできる力を育てることが課題となります。「②感覚的理性の段階」では，「子どもの理性」すなわち感覚器官を通じて受け取った外的刺激がもたらすさまざまな感覚を総合して単純観念をつくる力の育成が課題となり，「③知的理性の段階」では，「大人の理性」すなわち複数の単純観念を総合して複合観念をつくりあげる力の育成が課題となります。『エミール』は，誕生〜乳児期は感覚の段階（第1編），幼年期は感覚の段階から感覚的理性の段階への移行（第2編），少年期は感覚的理性の段階の完成（第3編），思春期〜青年期と青年後期は感覚的理性の段階から知的理性の段階への移行（第4編・第5編）という順に構成されています。では，欲求と力との均衡という観点から，それぞれの成長・発達段階の課題はどのように具体化されるのでしょうか。

5　子どもの発達段階に沿った教育

　誕生から幼年期（第1編・第2編）の子どもは，純粋に肉体的な欲求しかもたないにもかかわらず，それさえも自分で満たすことができないほど無力な存在だとされます。したがって，子どもがもともともつ「自然の欲求」以外の欲求が生じて過大にならないようにすることと同時に，感覚器官を鍛え子どもに身

体的な力を身につけさせ強くすることがこの段階の課題となります。しかし，それでもなお子どもの力は弱いため，大人は子どもの力の「代わり」となって欲求と力の均衡状態をつくり出してやる必要があります。こうしてつくり出された均衡状態によって子どもは自由な存在となることができますが，それは，大人によってつくり出された「人為的な自由」であるともいえます。

　少年期（第3編）になると，鍛えられた身体的な力はやがて自然のものに抑制された欲求を上回るほどに増大します。この余剰の力は，「好奇心」という新たな欲求を生み出します。「それは何の役に立つのか」を基準に生徒の好奇心を制御しながら有用な知識を身につけさせ，それによって善悪の判断を生徒自身でできるようにさせることがこの段階の課題となります。

　思春期（第4編）は，欲求が力を大きく超え，両者の不均衡によって人間がもっとも弱い存在となる時期です。それは子どもが「人間」になる時期でもあり，本当の教育が始まるときだとルソーは述べます。一方では思春期に出現し人間の内に愛情をもたらす「性的欲求」と，他方では「**自己愛**（amour de soi-même）」（自己の生存と幸福のみに向かう愛）から変質した「**利己愛**（amour-propre）」（他者を意識し他者との比較によって自己を認識させる愛）とを，他者を「愛する力」へといかに導くか，他者と依存関係に陥らずに結合することで子どもが道徳的存在としての真の「人間」になれるようにいかに導くか，これが思春期から青年期（第4編・第5編）の教育の課題となります。ここでルソーは，それまでもっとも危険視し抑制してきた「想像力」を用います。想像力は人間を自己の外へ連れ出し他者へと向かわせる力ですが，この危険な力をいかに制御しながら，人間を自己へと然るべく回帰させ，かつ上記のように他者と結合させるか，それが『エミール』においてもっとも教育の真価が問われる局面です。なぜならば，自然の発達段階に従って育てられたエミールは，先に述べたように，『社会契約論』の理想的な民主社会を構築し民主政治を担う「市民」ではなく，既存の文明社会で生きなければならない「人間」だからであり，悪をもたらす社会のなかで堕落することなく「自然人」として生きなければならない彼にとっては，上に見たような他者との関係を自力で実現し得ることは，このような社会で幸福であるためには不可欠であったからです。

3 学校教育による子どもの救済：ペスタロッチの教育思想と実践

　ペスタロッチは，教育思想家であると同時に教育改革の担い手として，学校経営者として，そして教師として，教育実践に携わった人でもありました。彼は，1746年１月12日に現在のスイスに生まれます。ルソーが当時は独立共和国であったジュネーヴの出身であり，さまざまな土地で過ごす生涯を送ったのに対して，ペスタロッチは盟約者団の有力な邦であったチューリヒで誕生し，生涯のほとんどをスイスで過ごします。彼は，激動期にあったスイスの社会的・政治的状況がもたらす諸問題に対峙するなかで自らの教育思想を練り上げ，これらの問題を教育によって解決すべくさまざまな実践を試みたのでした。[11]

　ペスタロッチは，市民権を有しチューリヒを統治する階級であった「市民」の家系に生まれますが，父親は早くに亡くなり経済的には楽ではない家庭に育ちます。彼は，牧師を目指し，コレギウム＝カロリヌム（カロリナ大学）に入学し，ここでルソーの『エミール』に出会い，大きな影響を受けます。その後，牧師になることを断念して大学を退学し，ゲルベ＝ヘルヴェチア協会および愛国者団という政治結社に加入して社会改革の実践に参加するようになります。そのなかで，都市と農村の政治的不平等，社会の工業化がもたらす格差など，農民の深刻な生活状況を知り，同時に重農主義思想の影響をも受け，農場経営と教育を通して貧しい人々を救済しようと考えるようになり，実際に農場経営に乗り出します。結果的に農場経営は破綻し，残った農場と家屋を使って始めた貧民学校も失敗しますが，貧しい子どもたちを救済するという取り組みはペスタロッチの人生の導き糸となり，その後の著作活動を経て，シュタンツ孤児院における本格的な実践に結実するのです。

---

*11　ペスタロッチの教育実践については，本書第12章も参照。なお，彼の生涯や教育実践の概要については，村井実『ペスタロッチーとその時代』玉川大学出版部，1986年や，長尾十三二・福田弘『ペスタロッチ（新装版）』清水書院，2014年が参考になる。

1　人間の本質と自然の歩みの探求

　シュタンツ孤児院で教師として本格的な教育実践が始まるのはペスタロッチ
が50歳を過ぎてからであり，農場経営と貧民学校の失敗を経てからの約20年間
は思索と著作活動の時期でした。彼は，手元に残ったわずかな農地を耕しなが
ら暮らすかたわら，教育思想や人間観を熟成させていき，それは『隠者の夕
暮』（*Die Abendstunde eines Einsiedlers,* 1780），『リーンハルトとゲルトルート』
（*Lienhard und Gertrud,* 1781-1787），『人類の発展における自然の歩みについて
のわたしの探求』（*Meine Nachforschungen über den Gang der Natur in der Ent-
wicklung des Menschengeschlechts,* 1797）等の著作に結実します。[12]

　①『隠者の夕暮』・『リーンハルトとゲルトルート』

　「玉座の上にあっても木の葉の屋根の蔭に住まっても同じ人間，その本質か
らみた人間，一体彼は何であるか。何故に賢者は人類の何ものであるかをわれ
らに語ってくれないのか。何故に気高い人たちは人類の何ものであるかを認め
ないのか」[13]。この名高い冒頭文をもつ『隠者の夕暮』は小編ですが，そこには，
その後のペスタロッチの教育思想のあらゆる萌芽を見出すことができます。

　ペスタロッチは，あらゆる人間関係および社会関係の基盤と教育関係の出発
点を，母親（および父親）と子どもとの関係に見出します。子どもの教育，つ
まり人間の本質とは何かを知るための道のりは，ここから始まります。彼は，
人間の生活圏を，家庭を中心にして国家へと同心円的に次第に広がるものとし
て捉えました。子どもの生活圏は，家庭から学校，地域社会，職業生活の場，
国家へと次第に拡大し，それに従って，子どもの知識や能力，自由や責任も拡
大するのが自然の道であり，この道のりに従って教育は進められるべきだと，
ペスタロッチは考えます。これが「自然の教育法」であり，人間の本質を知る
ための真の教育なのです。この生活圏の思想は，同時に，人間の内側にも向か

---

*12　ペスタロッチの著作については，以下の全集を参照。ペスタロッチー，長田新（編）『ペスタ
　　ロッチー全集』平凡社，1959-1960年。『隠者の夕暮』（同全集第 1 巻，1959年），『リーンハル
　　トとゲルトルート』（同全集第 2 巻・第 3 巻，1959年），『人類の発展における自然の歩みにつ
　　いてのわたしの探求』（同全集第 6 巻，1959年）。
*13　ペスタロッチー『隠者の夕暮』，同上書，p. 369。

い，人間の内面の深奥にある信仰に行きつきます。信仰，つまり神の存在への確信の獲得も，ペスタロッチの教育目的の核を成すものです。

このように，個人および家庭と国家とを一続きのものと捉えるペスタロッチは，善き個人や家庭が善き社会や国家を構築すると考え，同時に為政者たちが自らの社会的・政治的責任を自覚し善き政治を行えば家庭教育や民衆教育の改善は実現されると考えます。そこで彼は，為政者たちに民衆教育の改革の希望を託し，彼らの啓蒙を目指すべく民衆小説『リーンハルトとゲルトルート』を著します。一人の優れた母親と為政者によって民衆が救われる様を描いたこの小説は，大変な好評を博しました。ただし，為政者たちは勧善懲悪的なストーリーに満足するばかりで，自らの社会的・政治的責任を自覚することはなく，彼らの啓蒙というペスタロッチの企図が実現されることはありませんでした。

②『人類の発展における自然の歩みについてのわたしの探求』

ペスタロッチの探求は，『人類の発展における自然の歩みについてのわたしの探求』において，人類の発展という観点からさらに深められます。彼は，人間および人類の状態として，「自然状態」「社会的状態」「道徳的状態」の三つを想定します。動物的存在としての人間の状態である「自然状態」は，さらに，純粋な本能に導かれて感性を楽しむ「純粋な自然状態」と，欲求の増大に反してそれを満たす力を欠いた「堕落した自然状態」とに分けられます。純粋な自然状態は，人間が誕生する瞬間にしか存在しないけれども，人間が常に回帰すべき原点でした。堕落した自然状態に陥った人間と人類は，自らの諸欲求を充足すべく集まり，法的協定を頼りにそれを実現しようとして，社会的状態に移行します。しかしこれは，堕落した自然人の利己的本性の力によって支配されている状態であり，人間はこの状態には満足できず，道徳的存在として自分が「自分自身の作品」であることを人間は望むとペスタロッチは考えます。それが契機となり，ついに「道徳的状態」へと至るのです。

以上三つ（ないし四つ）の状態は，自然状態から出発し社会的状態を経て道徳的状態へ到達する人類および人間の発達段階（自然の歩み）として構想されつつ，他方で，人間において絶えず混在しているともペスタロッチは考えました。これらの状態は人間の内に同時に存在し，人間の矛盾として顕在するので

すが，このような矛盾もまた人間の本質であるとして，彼は，人間存在を有機的に捉えました。

2　教育方法「メトーデ」とその実験としての教育実践

　このような人間観や教育思想を土台にペスタロッチは教育実践に乗り出しますが，それには当時のスイスの社会的・政治的状況が深く関わっていました。

　先に述べたように，それまでのスイスは独立した邦からなる政治同盟でしたが，フランス革命勃発後，フランス革命政府の強力な後押しによって，1798年4月1日にスイスで最初の中央集権国家「ヘルヴェチア共和国」が誕生します（その後わずか5年で崩壊）。フランス革命を支持しヘルヴェチア共和国政府に期待を寄せていたペスタロッチは，新政府による国民学校教育制度創設の取り組みに，特にカリキュラムの構築とそのための教科書作成に，自ら進んで協力します。これは「メトーデ（die Methode）」（ドイツ語で「方法」）と呼ばれる彼の教育方法論として結実します。『ゲルトルートはいかにその子を教うるか』[*14]（*Wie Gertrud ihre Kinder lehrt*, 1801）で構想が示されるメトーデは，人間の「自然の歩み」に沿って隙間なく系列化された教授法で，子どもの「直観」を出発点として，直観がもたらす感覚的印象を概念化し，この概念を順次明晰なものへと展開しながら知識を獲得していくというものでした。

　一方，ペスタロッチは，学校経営者や教師としても教育実践に携わります。反革命運動（反ヘルヴェチア政府）の拠点とみなされていたウンターヴァルデン州の都市シュタンツは，1789年9月9日にフランス軍に鎮圧され，多くの子どもたちが孤児になるという大惨劇が生じます。ヘルヴェチア政府は子どもたちを救済するためにシュタンツに孤児院あるいは貧民学校を開設することを決定し，ペスタロッチがその運営と教育とを担うことになります。彼は，戦争に翻弄され悲惨な状況に置かれた子どもたちを救済すると同時に，その実践（ペスタロッチは「教育実験」と呼びました）を通して自らのメトーデの一般化と簡略化

---

*14　ペスタロッチー『ゲルトルートはいかにその子を教うるか』長田新（編）『ペスタロッチー全集（第8巻）』平凡社，1960年。

を目指し，すべての母親がメトーデを用いて子どもたちを教育できるよう，その普及を図ろうとしました。

　シュタンツでの実践は実質的に約5カ月間と短期間でしたが，その記録は『シュタンツ便り』[15]（*Brief an einen Freund über seinen Aufenthalt in Stanz*, 1799）としてまとめられ，今日なお不朽の教育実践録として読み継がれています。その後，ペスタロッチの教育実践はブルクドルフ，イヴェルドン（いずれもスイスの都市）において，生涯の終わりまで続いていくことになります。

4 幼児教育の探求：フレーベルの教育思想と実践

　ペスタロッチのイヴェルドンの学園に二度にわたり滞在し，ペスタロッチの教育実践を目の当たりにしながら，自身も教師としてその実践を担ったのがフレーベルでした。彼は，自然の歩みに即したカリキュラムというメトーデのアイディアに触発され，それを自らの幼児教育学の理論と実践へと展開させていきます。彼は，「幼稚園（Kindergarten）」の命名者として，そして幼児教育実践の礎を築いた人物として，世界中に知られています。ルソーやペスタロッチよりも今日の教育実践への影響は大きいといえるかもしれません[16]。

　フレーベルは，1782年4月21日，現在のドイツ中部に位置するテューリンゲン州で，牧師の息子として誕生します。母親は彼を出産後まもなく亡くなり，父親とは折り合いが悪く，彼は放任されて成長します。他方，一人で過ごすというこの経験が，自己省察・自己教育という傾向性，自然を観察し分析する態度，および自然への感受性を育むことにもなります。そして，牧師の父親に反発しつつもその父親から受け継がれたキリスト教信仰も相俟って，後のフレーベルの教育理論と実践の礎が形成されることとなるのです。

　イエナ大学での勉学（中退），測量技師や農場での会計整理などの仕事を経

＊15　ペスタロッチー『シュタンツ便り』長田新（編）『ペスタロッチー全集（第7巻）』平凡社，1960年。

＊16　フレーベルの生涯や教育実践の概要については，H. ハイラント，小笠原道雄・藤川信夫（訳）『フレーベル入門』玉川大学出版部，1991年や，小笠原道雄『フレーベル（新装版）』清水書院，2014年が参考になる。

て，フレーベルは，1805年にフランクフルト＝アム＝マインの模範学校の教師
に，翌1806年にはホルツハウゼン家という貴族の家庭教師になり，教育実践に
携わるようになります。彼がペスタロッチのイヴェルドンの学園に二度にわた
って滞在するのは，この頃です。その後，再び勉学の道に戻った後，1816年に
彼自身の学校「一般ドイツ学園（カイルハウ学園）」を創設します。そこでの教
育実践とその考察をもとに著されたのが彼の主著『**人間の教育**』[*17]（*Die Men-schenerziehung,* 1826）です。

■1■　『人間の教育』──人間存在の本質と使命の探求

　教授や教育の方法は教育実践の主軸であると一般に捉えられていますが，フ
レーベルは，そもそも教育方法は「教育の目的」から導出されるべきであると
考えます。さらに，この「教育の目的」自体は，人間存在の本質とその使命に
根拠づけられなければならないとされます。

　フレーベルは『人間の教育』において，人間存在の本質と使命について探求
するために，まず，それらを規定している世界とはどのようなものかを問うこ
とから出発します。「すべての天地間の万物の中には，一つの永久不滅の法則
が存在し，これが万物を生かし，しかもこれを支配」しており，「万物を支配
するこの法則の根底には，あまねく万物に通じ，自ら明瞭な，生きた，自覚的
な，したがって永久に存在する統一者が必然的に存在」し，この「統一者とは
すなわち『神』である」[*18]と，彼は述べます。では，このような神によって統治
された世界は，人間存在の本質と使命をどのように定めているのでしょうか。

　フレーベルによると，神という統一者が統治する万物のそれぞれの内に神が
働いており，この内なる神の働きによって万物は存在できるのですが，この
「内なる神性」こそが万物の本質だということになります。このような本質を

＊17　フレーベル『人間の教育』小原國芳・荘司雅子（監修）『フレーベル全集（第2巻）』玉川大学
　　　出版部，1976年。なお，この著作は同全集では，『人の教育』というタイトルがつけられてい
　　　る。
＊18　同上書，p. 11。

有する万物のなかにあって，人間は，知的で理性的な存在であり，信仰をもち，唯一自由に考え判断できる存在です。したがって，自らの内なる神性を信仰と自由な思考によって自覚し，これを自らの生活において実現することが人間の使命である，とフレーベルは考えます。このような人間存在の固有性と使命ゆえに人間には教育が必要なのであり，この使命こそが教育の目的なのです。

　フレーベルは，この教育の目的に到達するための「表現の教育」と「認識の教育」という二つの道を示します。前者から後者へと子どもの発達段階に沿って教育は進んでいくのですが，その後のフレーベルの関心は，幼児期の教育へと移行します。

2　子どもの自己認識の媒体としての遊具──「恩物」の考案

　幼児期の教育に向けられたフレーベルの関心は，とりわけ子どもの「遊び」に集中します。人間の精神は，自らを表出することを通して自己認識へと，つまり自らの内なる神性の自覚へと上昇するのですが，子どもにおいては遊びがその手段であるとフレーベルは考えました。そうして彼は，子どもが自由に遊べる場として「幼稚園」を，自己表出と自己認識の媒体として「恩物（die Gabe）」（ドイツ語で「贈り物」を意味する）と呼ばれる遊具を考案します。恩物は，万物を支配する神の永遠の法則を象徴しており，フレーベルは，紐のついた6色の羊毛の小さなボール（第一恩物），球と円柱と立法体（第二恩物），8個の立方体に分割された立方体（第三恩物），8個の直方体に分割された立方体（第四恩物），第三・第四恩物と同じ立方体をさらに細かく分割したもの（第五・第六恩物），という六つを考案しました。これらを用いた遊びを通して，子どもは，神の法則を知ると同時に，内なる神性を自らの活動を通して表現することにもなり，そうしてそれが内なる神性の自覚へとつながっていくのです。[19]

---

*19　フレーベルの恩物については，本書第12章も参照。

5　子どもをどこで・どのように教育するか：学校教育と公教育

　ここまで，ルソー，ペスタロッチ，フレーベルそれぞれの生涯や教育をめぐ
る考え方と実践を確認してきました。彼らは，いずれも，「自然の歩み（発達
段階）」に即した子どもの教育と人間の教育を提唱し，それゆえ同系列の教育
思想家として受容されてきました。ある面ではそのとおりだといえます。しか
しながら，彼らの教育思想を仔細に検討すると実は相違点があり，とりわけ，
公教育・学校教育・国家と教育という観点からは，これら三者の間には相容れ
ず対立さえする部分も多々あるといえます。特にルソーとペスタロッチでは，
立場や主張，考え方の相違が顕著な部分があります。

　先述のとおり，ルソーは『エミール』と『社会契約論』に別々の議論の場を
設定し，教育論と政治論とを明確に区別して論じました。もう少し正確にいう
と，彼は政治論のなかで教育について言及してはいます。しかし，たとえば
『政治経済論』（*Discours sur l'économie politique*, 1755年に『百科全書』（*Encyclo-
pédie*）において発表）で示されるのは，子どもの内に祖国愛を育み政治共同体
の「分子」としての人間形成を目指す公教育であり，[20]『エミール』の教育とは
異なります。『エミール』では学校批判という立場を明示し，社会から隔離さ
れた環境で家庭教育を通して育成されるエミールが到達するのは，理想的な社
会・政治制度を目指して変革を担い得るような人間ではなく，既存の文明社会
のなかで人間（自然人）として生きることのできる人間でした。ルソーが教育
論と政治論とをあえて接続しなかったのは，教育と政治の一筋縄ではいかない
緊張関係を彼が十分に自覚していたからだといえます。この自覚が，彼を，教
育の理論家であると同時に，政治の優れた理論家たらしめているのです。

　一方，ペスタロッチは，彼の生活圏の思想が象徴するように，「個人・家庭」
と「社会・国家」とを一続きのものと捉え，為政者などの支配層に家庭や個人
の教育改善と救済の希望を託し，自身もヘルヴェチア共和国という国家による

＊20　ルソー，河野健二（訳）『政治経済論』岩波書店，1951年，pp. 36-40。

公教育の整備・改革に携わりました。見方によっては，教育と政治とを接続させるペスタロッチの教育思想は，日本の家族主義国家観とも発想が重なる生活圏の思想に支えられた国家主義的特徴を内包しています。とはいえ，このような教育思想を基盤とする彼の教育実践は，当時のスイスの社会的・政治的状況や，民衆や子どもたちが置かれていた状況のなかで見るときには，別の側面もまた見えてきます。彼は，戦争の惨禍に翻弄され悲惨な状況に置かれた眼前の子どもたちをなんとか救おうと，その手立てを学校教育に求めました。さらに，産業化する社会のなかでそれに対応できる知識や技能を習得できず置いて行かれる民衆の子どもたちに対し，学校教育によってそれらを身につけさせ，自助能力を育成し，なんとか貧困から解放できないかと模索しました。

　このような，公教育・学校教育・国家と教育をめぐるルソーとペスタロッチの相違は，彼らが対峙した社会や歴史的状況の違いを背景としたものだといえます。フランス革命前夜を生きたルソーは，末期状態の国家にあって，もはや真っ当な公教育は存在し得ないと指摘し，社会から子どもを徹底的に隔離し，学校ではないところで子どもを教育することで，既存の社会・国家体制のなかで生き抜ける人間を育てようとしました。フランス革命後の世界を知り，革命後の時代をも生きたペスタロッチは，その影響のもと成立したヘルヴェチア共和国と，そのもとでの公教育とそれを実践するための学校教育に期待を寄せ，貧困に置かれている眼前の子どもたちを救済しようとしました。それは，社会が学校教育化されるなかで見出し得た救済の手立てであり，同時にそれがまた，社会の学校教育化に拍車をかけることにもなったといえるでしょう。

まとめ

　ルソー，ペスタロッチ，フレーベルは，いずれも，子どもの自然の歩み（発達段階）に沿った教育という考え方を提唱し，今日の私たちの教育観を枠づけている近代教育思想の礎を築きました。他方で，彼らは，学校教育や公教育をめぐっては，異なる考え方を展開しました。このような相違に着目することは重要です。なぜなら，これらの相容れなかったり対立する部分にこそ，実は，彼らがそれぞれに生きた時代や社会の教育課題に対峙し対応しようとした真摯な姿を見出すことができるからです。彼らの生き方や教育思想を探訪して浮き彫りになったのは，教育思想や

教育実践とは，思想家たちや実践家たちが，それぞれに生きた時代や社会の課題に真摯に対峙し取り組むなかで練り上げられたものだということです。

　このような観点から教育思想や実践を理解しようとすることは，教育学の学びにおいては重要です。ルソーの政治的著作を邦訳してその思想を日本に紹介した中江兆民（1847-1901）は『三酔人経綸問答』（1887）のなかで，思想を「種子」に，脳髄を「畑」に喩え，「人々の脳髄は，過去の思想の貯蓄場」であり「社会の事業は，過去の思想の発現」だと述べます。そして，「思想が事業を生み，事業がまた思想を生み，このようにして，変転してやまないこと，これが，とりもなおさず進化の神の進路」だと主張します。これに倣えば，学びを通して「私たち（畑）」に蒔かれた「教育思想（種）」は，やがて芽を出し，社会での私たちの教育実践へと結実し，さらに，この「教育実践（実）」から再び新たな種となる教育思想が生まれ，新たな教育実践の芽が出ることになるのです。

 さらに学びたい人のために

○今井康雄（編）『教育思想史』有斐閣，2009年。

　　もう少し教育思想について学んでみたいという方におすすめです。ルソー，ペスタロッチ，フレーベルはもちろん，古今東西のさまざまな思想家や教育思想が，それぞれの歴史的・社会的・文化的文脈のなかで丁寧に描かれており，多様で多彩な教育思想の世界に誘ってくれます。人間のさまざまな生き方と出会い追体験するという，教育思想を学ぶ醍醐味も味わうことができる良書です。

○坂倉裕治『〈期待という病〉はいかにして不幸を招くのか──ルソー『エミール』を読み直す』現代書館，2018年。

　　ルソーの教育思想の最新の研究動向を踏まえながら『エミール』の重層的で複雑な構造を丁寧に読み解き，この作品が実は現実社会の「悪＝病」を診断するための実験装置であったことを明らかにすることによって「理想的な教育を描いた古典」という従来のイメージを一新する刺激的な好著です。

＊21　中江兆民，桑原武夫・島田虔次（訳・校注）『三酔人経綸問答』岩波書店，1965年，pp. 99-100。

コラム①
ヘルバルトとヘルバルト派教授学
〜教室の「型」をつくる〜

ヨハン・フリードリッヒ・ヘルバルト（Herbart, J. F.；1776-1841）は，ドイツの哲学者・心理学者であり，とりわけ，教育学を科学として位置づけた先駆的な人物です。その主著『一般教育学』（1806）において，教育の目的を倫理学（道徳的品性陶冶）に，教育の方法を心理学に求める枠組みを提示しました。ヘルバルトは具体的な教授法として四つの段階（明瞭—連合—系統—方法）に即して区分することを主張しました。前二者を専心（対象に没入する段階），後二者を致思（専心により獲得したものを既知のものと統一すること）と大きく二つの思考の段階として捉えました。この枠組みがヘルバルトの弟子たちに大きく影響を与え，発展を見ることになります。

数多くいるヘルバルトの継承者のなかで重要なのが，ツィラー（Ziller, T.；1817-1882）とライン（Rein, W.；1847-1929）です。この二人により，4段階教授法は5段階教授法としてより精緻化されることになりました。ラインの5段階教授法は，ヨーロッパにとどまらず，19世紀末のアメリカや明治中期の日本にも受容されていきます。5段階教授法とは，既有知識をもとにして未知の概念や知を獲得する「統覚作用」という当時の心理学理論をベースにしており，予備—提示—比較—総合—適用の各段階からなります。形式段

階説とも呼ばれます。「予備」は既有の観念の確認，「提示」は新しい教材の導入，「比較」は新旧観念の比較，「総合」は新旧を統合する形での一般化，「適用」は体系化された知識等を具体的に応用していく段階になります。形式段階説は瞬く間に科学的根拠に基づく教授法として普及しました。一斉教授の効率性を向上させることにも貢献し，知の注入には最適な手段として歓迎もされました。

しかし，形式段階説による授業の定型化・形骸化は，ドイツのみならずアメリカや日本でもほどなく批判の対象となり，進歩主義教育運動が立ち上がっていく際に悪しき教授法の典型とみなされていくようになったのです。

ヘルバルト派教授学は教育方法論にとどまらず，中心統合法などのカリキュラムの編成原理についても大きな足跡を残しました。特にアメリカでの継承者マクマリー（McMurry, C. A.；1857-1929）は形式段階説からカリキュラム編成論やタイプ・スタディ（典型学習）などの単元構成論へと力点を移し，それに基づく教員養成や教師教育の重要性を主張していきました。ヘルバルト派の枠組みは進歩主義教育との緊張関係をもちながらも20世紀以降の学校教育（とりわけカリキュラムと授業の「型」）に多大なる影響を及ぼしているのです。

第7章

新教育の思想

● ● ● 学びのポイント ● ● ●

- 新教育の基本的な理念を理解する。
- ヨーロッパやアメリカで展開された新教育の実践について理解する。
- 新教育のもつ現代的意義と課題について考える。

WORK　生活を通して子どもはいかに学ぶのか？

　以下の写真を見てみましょう。

　写真Aは，モンテッソーリが開発した教具であり，モンテッソーリ教育を行う幼稚園や保育所で使われています。子どもたちは，これらの教具を使って遊びます。

　写真Bは，デューイが導入した生活を通じた学びである「仕事（オキュペーション）」の風景を写しています。

　それぞれの遊びや学びは，子どもたちにどのような力をどのようにして身につけることを目標としているのでしょうか。

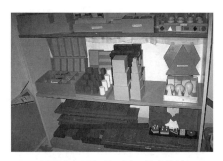

写真A　モンテッソーリの教具

出所：Montessori Materials（https://www.flickr.
com/photos/rossmenot/351510597/）

写真B　「仕事（オキュペーション）」と呼ばれる学び

出所：K. C. メイヒュー ＆ A. C. エドワーズ，小柳正司（監訳）
『デューイ・スクール──シカゴ大学実験学校：1896年〜
1903年』あいり出版，2017年，p. 110。

● 導　入 ● ● ● ● ● ● ● ● ● ●

　学校での授業を想像するとき，どのような場面を思い描くでしょうか。教師が教壇に立って，教科書を読み，黒板にひたすら文字を書きながら，知識を説明する授業でしょうか。それとも，子どもたちが体験や経験をもとに，調べ学習や探究活動に取り組み，活発な議論やグループ討論をする授業でしょうか。

　この章では，新教育運動に注目して，その基本的な思想の特徴と学校改革の実践について学びます。新教育が開花した19世紀末から20世紀前半の欧米や日本では，産業化，都市化，機械化，テクノロジー化，大衆社会化など，社会が大きく変化しました。そうしたなかで，教師や教科書を中心とする「旧教育」に代わって，子どもの個性や生活を尊重する「新教育」が普及しました。「子ども中心」，「学習者中心」の教育の誕生です。

● ● ● ● ● ● ● ● ● ●

1 新教育とは

　学校とはどのような場所でしょうか。教育とはどのような営みを指すのでしょうか。学校で必要とされるのは，教師が教える知識や技術，教科書に書かれた内容をしっかりと覚えることでしょうか。あるいは，子どもたちの個性や関心を中心に，活動したり表現したり探究したりすることが大切にされるべきでしょうか。そもそも教科と子どもとは，どのように関係するものでしょうか。教科の勉強のなかで，子どもたちの生活や経験はどのように位置づけられるでしょうか。教師と黒板を前にした一斉授業方式と，体験や話し合い，課題発見型の学びとは，どのような形で取り入れられるべきでしょうか。

■1■ 「旧教育」から「新教育」へ

　19世紀末から20世紀前半にかけて，ヨーロッパやアメリカ，日本をはじめ，世界の多くの国々で教育を問い直す動きが広がり，学校の教育方法やカリキュラムの改革が行われました。一般に，「新教育」と呼ばれるこの運動は，従来

の書物や知識の注入に傾倒する教育を「旧教育」と呼んで批判し，子どもの個性や興味・関心を重視する視点から，活動的で表現的な学びや，生活経験，自然な成長に基づく生き生きとした教育実践を展開しようとしました。主に，ルソー，ペスタロッチ，フレーベルらの自由主義的な教育思想を継承して，「子ども（児童）中心」の教育を意図したことから，「子ども（児童）中心主義」と呼ばれることもあります。

2　エレン・ケイの「児童の世紀」

　1900年に，スウェーデンの女性思想家であるエレン・ケイ（Key, E.；1849-1926）によって『児童の世紀』（*Barnets Århundrade*）が刊行されました。20世紀は「児童の世紀」になるという，強固でわかりやすいメッセージを唱えた彼女の本は，各国の言語に翻訳されて，大きな反響を呼びました。ケイによれば，「いまの学校」が生んでいるのは「脳の力の消耗であり，神経の衰微であり，独創力の阻止であり，進取性の麻痺であり，周囲の真実に対する観察力の減退である」と批判しています。彼女は，児童労働や女性の権利，児童体罰の問題に積極的に関わると同時に，子どもの自由や権利を尊重し，「子どもから」，「子ども中心」というスローガンで表される「未来の学校」の必要性を訴えました。

　ケイの主張は，1924年の「ジュネーヴ宣言」，1948年の「世界人権宣言」，1959年の「児童権利宣言」を経て，1989年の「児童の権利に関する条約（子どもの権利条約）」の採択へと継承されています。彼女の思想は，適者生存の進化論と優生思想を基礎としており，母性原理と科学主義を強く信奉する側面をもち合わせてもいましたが，世紀転換期の欧米や日本の新教育運動を牽引し，学校のカリキュラムと教育方法を変革する大きな役割を担いました。

＊1　ルソー，ペスタロッチ，フレーベルについては，本書第6章参照。
＊2　E. ケイ，小野寺信・小野寺百合子（訳）『児童の世紀』冨山房，1979年。
＊3　同上書，p. 239。

2 ヨーロッパの新教育運動

　19世紀後半，ヨーロッパの各国では義務教育の制定が進み，多くの子どもが学校に通えるようになりました。しかし，一斉教授の形式で教えられる学校の勉強は，必ずしも生活に直結した内容ではないことから，子どもの生活に即した学びの機会を設けようとした取り組み（「**新教育運動**」）が始まりました。

　あらかじめ新教育運動の特徴をまとめると，「学びの場」「学ぶ内容」「学び方」という三つの変化に着目して説明することができます。「学びの場」に関して，椅子に座って教科書を読んでいた子どもたちは教室を離れ，工作室や自然のなかで身体を動かしながら学ぶようになりました。また，古典語を中心に教えていた学校では，現代外国語や歴史，科学といった生活に関連した教科も教えるようになったほか，実業系の学校では将来の労働に役立つ授業を行うようになるなど，「学ぶ内容」も変化しました。さらに，教師が書物を用いて生徒に知識を伝えるという従来の学び方とは異なり，子どもたちが自身の経験や関心をもとに，日々の生活に関する課題を見つけ，話し合いを通じてその課題を解決していくという「学び方」も現れました。

　ここでは，新教育運動がヨーロッパの各国でどのように発展し，学校教育はいかに変わってきたのかを詳しく説明していきます。みなさんがこれまで受けてきた教育との違いを考えながら読んでいきましょう。

１　新教育運動のはじまり——レディによるアボッツホルム・スクール[*4]

　新教育運動の原型は，イギリスの**レディ**（Reddie, C.；1858-1932）が1889年に創設した**アボッツホルム・スクール**とされています。当時のイギリスで伝統的な中等教育機関であったパブリック・スクール[*5]では，ギリシア語やラテン語を

＊4　C.レディ，財満寿子・三笠乙彦（訳）『指導者を育成する学校』明治図書出版，1989年参照。
＊5　**パブリック・スクール**：中世のラテン語の文法学校を起源とするイギリスの寄宿制の私立中等学校のことで，11歳ないし13歳から18歳の生徒が通っている。

学ぶ古典教育とスポーツ万能主義が教育の中心となっていました。レディは，このような伝統的な紳士教育に代わって，国語（英語）のほかにドイツ語やフランス語といった現代外国語，歴史や科学を重視した新しい紳士教育を行う寄宿学校を創設したのです。学校の日課は，午前の授業と午後の自由な活動に分かれており，午後の活動には遠足や芸術活動などが含まれていました。

　以上の活動を通じて，子どもたちが近代社会で必要とする知識・能力を育成することを目標に掲げたアボッツホルム・スクールは，イギリスの中等教育に新たな風を吹き込むとともに，ヨーロッパの新教育運動の萌芽となりました。

2　フランスにおける新教育運動──書物以外からの実践的な学びの導入

①ドモラン

　フランスのドモラン（Demolins, E.；1852-1907）は，新教育運動の先駆者として知られ，また，世界的に知られる「新教育」という名称を初めて用いた人物です。イギリスに滞在し，レディのアボッツホルム・スクールの教育に賛同したドモランは，『新教育──ロッシュの学校[*6]』（*L'Éducation nouvelle, L'École des Roches*, 1898）のなかでフランスにおける新しいタイプの学校を提言しました。

　フランスの中等教育機関であるリセ（lycée[*7]）やコレージュ（collège[*8]）で行われている古典語中心の教育を批判したドモランは，古典語に代わって，フランス語，英語，ドイツ語といった現代語や，地理，歴史，数学，自然科学の諸教科を教育課程に配置したロッシュの学校を，1899年にパリ郊外のノルマンディー地方に開校しました。ロッシュの学校では，午前中は上述の教科を中心とした学習が行われ，午後にはレディのアボッツホルム・スクールと同様に「実地

＊6　E. ドモラン，原聡介（訳）『新教育──ロッシュの学校』明治図書出版，1978年。
＊7　当時のリセは，大学入学資格である「バカロレア」の取得を目標に，前期中等教育（現在の日本の中学校の課程に該当）と後期中等教育（現在の日本の高等学校の課程に該当）を一貫して行う7年制の国立の中等学校であった。リセは1975年のアビ改革によって，3年制の後期中等教育機関に変わり，残りの4年間の前期中等教育は，次に述べるコレージュで行うようになった。
＊8　当時のコレージュは，リセと同じ教育課程をもつ中等学校だったが，国立のリセとは異なり，こちらは公立・私立の学校だった。上述のとおり，1975年以降，コレージュは4年制の前期中等教育を行う学校になった。

活動」やスポーツが行われました。子どもたちが書物から理論的に学ぶだけで
はなく，書物以外からも実践的に学ぶことで，多様な知識を獲得することを目
指したのでした。

②フレネ[*10]

　当時，私立学校で展開されていた新教育運動の実践を，フランスの公立小学
校で取り組むという功績を残した人物が，**フレネ**（Freinet, C.；1896-1966）です。
フレネは，子どもたちを散歩に連れ出し，そこで子どもたちが気づいたことを
学校に戻って話し合い，板書し，作文にまとめ上げていく活動（「**自由作文**」）
を行いました。話し合いのなかで子どもたちはお互いの考えに共感し，新たな
知識を吸収していきました。また，フレネは作文を印刷機で印刷することで，
教科書として用いたほか，印刷した作文を他の学校に送ることで学校間の交流
（「**学校間通信**」）を図りました。

　フレネの教育のさらなる特徴として，学習の個別化をあげることができます。
生徒一人一人が毎週の時間割を自分でつくり，各教科の学習カードや資料を活
用して学習を行います。一斉教授法が中心である日本の学校とは異なった授業
風景が，ここに見られるのです。

３　ドイツにおける新教育──労作活動とシュタイナー教育の展開

　「**改革教育学**（Reformpädagogik）」と呼ばれるドイツの新教育運動では，**ケルシ
ェンシュタイナー**（Kerschensteiner, G.；1854-1932）の労作学校や，レディの影響
を受けた**リーツ**（Lietz, H.；1868-1919）の田園教育舎のほか，**シュタイナー**（Stein-
er, R.；1861-1925）の自由ヴァルドルフ学校といった取り組みが知られています。

①ケルシェンシュタイナー[*11]

　1854年，商人の息子としてミュンヘンで生まれた**ケルシェンシュタイナー**は，

＊9　「実地活動」は，「園芸・工作」「木工・金工」「農場・工場見学，鉱物・植物・動物採集，測
　　量・測図，等」の三つに大きく分かれる。
＊10　É. フレネ，名和道子（訳）『フレネ教育の誕生』現代書館，1985年参照。
＊11　藤沢法暎・山崎高哉「G. ケルシェンシュタイナー──労働の価値の再発見者」天野正治（編）
　　『現代に生きる教育思想（第5巻）』ぎょうせい，1982年，pp. 131-162参照。

1883年にニュルンベルクのギムナジウム（Gymnasium）の助教師として赴任す[*12]ると，教科書を用いた知識・記憶主義的な従来の授業は行わず，生徒自身が自ら探究，発見し，知識を得ることができるような授業を行うことを心がけました。そして，1895年にミュンヘン市の視学官に任命されると，次の二つの学校教育改革に着手しました。

　一つは，当時，郷土科，地理，歴史，理科を総称して呼ばれていた国民学校の「実科」ないしは「世界科」の教科課程の改革でした。当時主流であったヘルバルト学派は，宗教，歴史，文学といった「情操科」を中心に，他の教科が[*13]従属することで全教科の統合を図ろうとする考えを推し進めていました。しかし，彼は，子どもの興味は身近な自然や生活にあるとし，教育の重点を情操科から実科ないしは世界科に移行すべきだと主張したのでした。

　もう一つの改革は，ミュンヘン市の実業補習学校の改革でした。彼は，工作[*14]室での実践的労働を授業の中心に置いた，職業別に構成された補習学校を設置することにしました。同時に，初等教育を行う国民学校においても，各学校に工作室や実験室，水槽や飼育小屋を設け，調理，木工・金工，物理，化学や図工などの授業を行うこととしました。ここに，彼が提唱した「**労作学校**」の概念が生まれたのです。労作学校の教育には，労働への意欲と技能を生徒に身につけさせるという目的のみならず，集団での**労作活動**を通じて，労作共同体の一員としての自覚を生徒にもたせ，国家を支える公民を育成するという目的がありました。

　②リーツ[*15]

　レディの教育思想をイギリスからドイツにもち帰り，改革教育学として発展

---

*12　**ギムナジウム**：大学入学資格である「アビトゥーア」の取得を目指す9年制（当時）の前期・後期中等教育機関。

*13　**ヘルバルト学派**：ドイツのヘルバルト（Herbart, J. F.；1776-1841）の教育学理論を発展的に継承して，「5段階教授法」や「中心統合法」「相互関連法」「文化史段階説」などを提唱した。ヘルバルトについては，本書コラム①参照。

*14　当時の実業補習学校には国民学校を卒業した大部分の子どもたちが通っていたが，生徒の「一般的人間陶冶」が目指されており，職業能力の育成は考慮されていなかった。そこで，ケルシェンシュタイナーは同校の改革に着手し，現在の職業学校のいしずえを築いた。

*15　川瀬邦臣「H. リーツの教育改革の思想」H. リーツ，川瀬邦臣（訳）『田園教育舎の理想──ドイツ国民教育改革の指針』明治図書出版，1985年，pp. 11-95参照。

させた人物がリーツです。彼は1892年にイエナ大学での勉学を終えた後，イエナ大学附属実習学校で研鑽を積んだほか，1896〜97年にはレディのアボッツホルム・スクールで教師として働きました。帰国後の1898年，リーツはレディのものと同じような理想の学校をつくりあげるべく，ハルツ地方のインゼンブルクに8歳から16歳までの生徒を対象とした全寮制の学校を設立し，「**田園教育舎**」と名づけました。

　リーツが構想した田園教育舎の教育課程では，諸教科の学習やスポーツのほかに，**ケルシェンシュタイナー**の学校と同様に**労作活動**が重視され，農業や木工・金工といった活動が行われます。また，情操教育の観点から，芸術活動も重視されていました。さらに，家庭を意識した共同生活では，他者と協力して社会を築き上げる人間の育成を目標に，子どもたち自身で規律を考えることや，共同生活で生じた問題を解決することが促されました。

③シュタイナー[*16]

　20世紀初頭に，頭と心と体が調和した発達を目指し，芸術活動を取り入れた全人的教育を構想した人物が，**シュタイナー**です。彼は，1861年，オーストリア帝国（現在のクロアチア領）の自然豊かな村に生まれ，幼い頃から目に見えない霊的世界に興味をもって育ちました。1879年に実科学校を卒業後，ウィーン工科大学で自然科学を学ぶ間（1879〜83年），**ゲーテ**の世界観に興味をもつとともに，霊的世界に対する関心をも深めていきました。その後，神智学協会[*17]での活動を経て，1912年からは人智学運動[*18]を始め，その活動範囲は芸術，建築，農業，医療，教育などにも広がりました。

　そして1919年，最初のシュタイナー学校となる**自由ヴァルドルフ学校**をシュトゥットガルトに開設したのです。同校の教育の目標は，自然や世界に対する子どもたちの畏敬の念を育むとともに，子どもたちを，自ら考え，行動する自

---

*16　子安美知子『シュタイナー教育を考える』学陽書房，1983年参照。シュタイナーの教育実践については，本書第12章も参照。
*17　**神智学協会**：1875年のアメリカで結成された神秘思想団体で，既成宗教にとらわれず，人種，信条，性別，階級などの違いを超えた宗教的真理の追究を目指した。
*18　**人智学運動**：シュタイナーによって開始された運動。「人智学」は，ドイツ語のアントロポゾフィー（Anthroposophie）の訳で，ギリシア語のアントロポス（anthropos，人間）とソフィア（sophia，叡智）に由来する。1913年に人智学協会が創設された。

由な人間に育てることです。独自の教育の主な特徴として，以下の4点をあげ
られます。第一に，12年一貫教育のうち第1学年から第8学年までの8年間，
同じ担任教師のもと，同じクラスで学ぶことで，教師との信頼関係を築きます。
第二に，4週間程度連続して毎朝約2時間，同じ教科を学ぶ「エポック授業」
を通じて，一つの教科を集中して学びます。第三に，芸術と関連した独自の授
業として，さまざまな線や形を描く「フォルメン」や，言語，音楽，身体活動
を組み合わせた「オイリュトミー」があります。第四に，試験で高得点を取る
ことを目指し，成績を競い合うような教育は望ましくないという考えから，数
値で表す成績表は存在せず，代わりに，学校生活の様子を綴った記録を教師が
作成します。

　シュタイナー学校は世界に広がり，2018年時点で世界に1,150校，日本には
7校存在し，日本の2校は学校法人としての認可を受けています。

4　幼児教育における新教育の実践の展開——モンテッソーリ[*19]

　新教育の実践は初等中等教育にとどまらず，幼児教育にも広がっています。
イタリアの小さな町で中産階級の家に生まれた**モンテッソーリ**（Montessori,
M.；1870-1952）は女性でしたが，小学校卒業後，男子を対象とする技術学校と
技術高等学校に進み，やがて医学の道を志すようになりました。

　当時は男性の世界であった医学部で学ぶという困難に打ち勝ち，1896年に医
学部を卒業したモンテッソーリは，ローマ大学医学部附属精神病院の助手とな
って働くうちに，知的障害のある子どもへの教育に興味をもつようになりまし
た。1900年に開設された国立特殊教育師範学校では，障害児が手や感覚を使っ
て学ぶ方法を実践することに彼女は成功しました。

　1907年，ローマのスラム街の一角に「子どもの家」が開設され，両親が働き
に出ている貧困家庭の2歳から6歳までの子どもが通うようになります。施設

[*19]　阿部真美子「モンテッソーリ——子どもの権利を求めて」松島鈞・白石晃一（編）『現代に生
きる教育思想（第7巻）』ぎょうせい，1982年，pp.297-341参照。なお，モンテッソーリの実
践については，本書第12章も参照。

の指導を任されたモンテッソーリは，子どもたちが自由な雰囲気のなかで生活し，さまざまな活動を経験することで学べるように，備品や教具を用意しました。たとえば，子どもの背丈，体重，力に見合った大きさのテーブル，椅子，棚を配置しました。また，洋服のボタンの掛け方・外し方を学ぶ「着衣枠」や，それぞれ大きさが異なる10個の穴に，太さや高さが同じ円柱をはめこむ「円柱さし」のほか，五感を用いて正しい使い方を発見することを促す教具を用意しました。子どもたちは，自ら好きな教具を選び，自分の好きな場所で集中して作業をすることで，感覚が鍛えられるとともに，知的にも人格的にも成長していくことになるのです。モンテッソーリの教育法は，日本の一部の幼稚園でも採用されています。

５　ヨーロッパの新教育運動の取り組みと日本の学校教育の共通点

　以上，ヨーロッパの各国における新教育運動を見てきましたが，みなさんが経験した教育との違いはどうだったでしょうか。みなさんも学校の教室を飛び出して，自然や街のなかで調べ学習を行い，まとめた結果を発表し，話し合いをしたことがあったかと思います。新教育運動の取り組みは，日本の学校教育に取り入れられてきた学習法，たとえば，総合的な学習の時間や教科横断型授業，あるいは「アクティブ・ラーニング」などと共通点が見られるのです。

　他方で，子どもたちの生きる力や思考力を育むことに適しているとされるこれらの学習法が，受験勉強には効果的ではないと考え，従来の教科中心カリキュラムを重視する人々も存在します。もっとも，入学試験の内容が思考力を重視する方向に近年変化していることから，入試改革との関連を考慮に入れながら，学校教育をどのような形で改善していくのかを考える必要があるでしょう。

3 アメリカと日本の新教育運動

　新教育運動の波は，アメリカにも押し寄せます。「**進歩主義教育**（progressive education）」と呼ばれるその動向は，19世紀末から20世紀初頭のアメリカの学

校やカリキュラム，学習様式の大規模な改革をリードすることになりました。

1　アメリカの公教育の成立と発展

　もともとアメリカの公教育制度は，1810年代から20年代にかけて，人種や民族，階級，性差を超えて，すべての子どもたちに就学機会を提供することとして構想されました。マサチューセッツ州の初代教育長であるマン（Mann, H.；1796-1859）は，コモン・スクールの成立に力を注ぎ，1852年に州の義務教育法を整備しました。1890年頃までには，95％の子どもが1年のなかで数カ月は学校に通うようになりました。

　19世紀後半のアメリカでは，産業革命が実現し，自由放任による熾烈な市場競争が展開されていました。独占資本が集中する一方で，経済的な貧富の格差が拡大しました。20世紀に入ると，産業主義の発展によって大量生産と大量消費の時代が開始するとともに，科学的な管理による経営の合理化と効率化が進みました。また，社会が豊かになるにつれて，人々は映画，ラジオ，ジャズ，ベースボールなどの娯楽を享受し，大衆文化の発展へとつながりました。進歩主義教育は，そのような状況のもとで大きなうねりとなる運動を形成しました。

2　進歩主義教育

①ホール

　アメリカの進歩主義教育を牽引した一人として，ホール（Hall, S.；1844-1924）がいます。ホールが唱えたのは，子どもの発達と学習を自然主義的な観点から捉えることでした。特に，都市化と産業化のなかで，子どもたちが「自然」と接する経験が失われていることを嘆いたのです。ホールが共鳴したのは，ルソーの『エミール』で展開された「自然主義」の考え方でした。[20] そして，文明社会がもたらす弊害から子どもの「自然の善性」を守り，子どもの内側にある自

---

*20　ルソーの『エミール』については，本書第1章および第6章参照。

然な本性や欲求を尊重しようとしました。このような**ホール**の主張は，子ども
の発達や学習を自然科学的な学問として成立させる契機となり，児童心理学や
発達心理学の発展に寄与することになりました。

②デューイ

アメリカの進歩主義教育のもう一つの系譜として，**デューイ**（Dewey, J.;
1859-1952）の教育思想と学校改革があります。

デューイは，ミシガン大学，ミネソタ大学で教鞭を執り，1894年にシカゴ大
学の教授に就任しました。そして，1896年に，シカゴ大学附属小学校（1902年
に実験学校と名称を変更）を創設しました。デューイは，『学校と社会』[21]（*The
School and Society*, 1899）のなかで，「旧教育」は「重力の中心が子どもの外部」
にあったのに対し，今日の変化は「コペルニクスによって天体の中心が，地球
から太陽に移されたときのそれに匹敵するほどの変化であり革命」であり，こ
のたびは「子どもが太陽」となり，「子どもが中心となり，その周りに教育に
ついての装置が組織される」と述べています。シカゴ大学実験学校では，「**仕
事（オキュペーション）**」と呼ばれる，活動的で探究的な学びのカリキュラムが
導入されました[22]。そして，学校と社会生活との「有機的な結びつき」を形成し，
学校を一つの「コミュニティ」として組織しようとしました。さらに，民主主
義と教育が相互的な関係にあると考えました。彼において，民主主義は「生き
方の問題」であり，「ともに生きる作法」でした。

デューイの思想は，**進歩主義教育**の豊かな実践の創造に多大な貢献を果たし
ましたが，その一方で，彼は行き過ぎた新教育の動きや子ども中心の教育に対
する警告もしています。彼が意図したのは，学校の教科やカリキュラムが本当
の意味での豊かさや真正さを伴って学ばれることでした。デューイはまた，ア
ートの教育にも力を入れ，表現的な活動や想像性の教育を積極的に支援しまし
た。こうした活動によって，学校をコミュニティとして組織し，民主主義と公
共性を基盤とする学校改革を提唱しました。

＊21　J. デューイ，市村尚久（訳）『学校と社会・子どもとカリキュラム』講談社，1998年。
＊22　デューイの「オキュペーション」については，本書第12章も参照。

③キルパトリック[*23]

デューイはコロンビア大学に異動しますが，そのときの同僚で，彼の教育思想から示唆を受けたのが，**キルパトリック**（Kilpatrick, W. H.；1871-1965）です。

1916年から19年にかけて，キルパトリックは，コロンビア大学の実験学校においてホーレス・マン・スクールの教師たちと教育実験を行い，それを「**プロジェクト・メソッド**」として定式化しました。「プロジェクト・メソッド」は，「目的」「計画」「実行」「判断」の4段階から構成され，子どもの主体的で能動的な活動や問題解決のプロセスを重視する学習法として広く浸透しました。

④パーカースト[*24]

パーカースト（Parkhurst, H.；1887-1973）もまた，アメリカの進歩主義教育を代表する一人としてあげることができます。

1920年にパーカーストは，マサチューセッツ州のドルトンのハイスクールで，「**ドルトン・プラン**」と呼ばれる教育法を考案し実施しました。「ドルトン・プラン」で目指されたのは，「自由」と「協同」の原理に基づく学校づくりでした。そこでは，「ハウス（ホームルーム）」と「アサインメント（学習計画の契約）」と「ラボ（実験室・研究室）」の三つを柱にした教育実践が展開されました。パーカーストによれば，ドルトン・プランはシステムや方法やカリキュラムではなく，教師と子どもが協同する「協力的なコミュニティ」でした。

3　日本の新教育

日本でも，大正期の自由主義的な風潮を反映して，**新教育運動**が展開されました。[*25]従来の教育が画一的であり，試験偏重で，子どもたちの個性を軽視していると批判され，子どもの自主的な活動や生活経験，個性，興味と関心を重視する教育への転換が意図されました。

[*23]　W.キルパトリック，村山貞雄・柘植明子・市村尚久（訳）『教育哲学（1）』明治図書出版，1969年参照。キルパトリックの「プロジェクト・メソッド」については，本書第12章も参照。

[*24]　H.パーカースト，赤井米吉訳・中野光（編）『ドルトン・プランの教育』明治図書出版，1974年参照。

[*25]　日本の新教育運動の展開については，本書第13章参照。

4 新教育運動の現代的意義

　19世紀末から20世紀前半のヨーロッパ，アメリカ，日本で浸透した新教育運動は，教師と教科書を中心とした「旧教育」に対して，子どもたちの個性や感性，興味と関心，生活経験や体験を積極的に取り入れた「子ども中心」「学習者中心」の教育を展開しようとしました。教師が書物を使って一斉授業方式で知識を伝えていた学校は，子どもたちの興味や経験，生活により深く関連づけられる形へと再編され，活動的で表現的な教育方法が導入されました。学びの場は教室のなかだけにとどまるのではなく，工作室や調理室，自然環境へと広がり，学び方においても生徒たちが課題を解決したり，実験的な作業に取り組んだり，話し合いをしたりするものへと変化していきました。

　新教育は，ドイツでは「**改革教育学**」，アメリカでは「**進歩主義教育**」，日本では「**大正自由教育**」「**大正新教育**」などとも呼ばれるように，全体として何か一つのまとまった運動を展開していたのではありません。教育の方法や内容，カリキュラムの構成においても，試験や書物による勉強をすべて廃止して，伝統的な教育を根底から否定しようとするものから，従来の教育の教科や教材の枠組みを維持したまま，それらをより生きた形で学ぶことを促そうとするものまで多様な実践を含んで成立していました。

　新教育運動は，第二次世界大戦後の日本でも，生活教育や経験主義の学びとカリキュラムを再考する文脈で脚光を浴びました。しかし，1950年代後半以降，新教育は学力低下の原因とされ，辛辣な批判にさらされます。学習の系統化，教科の構造化，教材の精選が提唱され，基礎学力の充実や科学技術教育の向上，能力主義の導入に基づく「教科カリキュラム（学問中心カリキュラム）」への転換が促されました。その一方で，1990年代以降，子どもの個性や関心，生活，経験を重視する教育の動きや，探究型，課題解決型，プロジェクト型の学習，思考力や汎用力，対話的なコミュニケーション，教科横断型のカリキュラム，コミュニティとしての学校などが再び注目され，「子ども中心」や「学習者中心」を標榜した新教育運動が再評価される傾向にあります。

このように，ヨーロッパやアメリカ，日本で席巻した新教育運動は，100年
の時間を経てもなお多くの豊かな実践の痕跡を残しています。

 まとめ ．．．

　新教育は，19世紀末から20世紀前半のヨーロッパやアメリカ，日本で普及した運
動です。それ以前の知識中心の教育や，試験による競争に傾斜した教育を「旧教
育」と呼んで批判し，子どもの個性や自由，生活，経験に根差した教育実践の創造
を探索しました。新教育運動は，必ずしも一つのまとまった主張を展開していたわ
けではありません。「新教育」という名称も，ドイツでは「改革教育学」，アメリカ
では「進歩主義教育」，日本では「大正自由教育」や「大正新教育」などと呼ばれ，
その内容や実践の在り方も多様性に富んでいます。こうして，世界の多くの国や地
域で，子どもを中心とする教育への転換が図られ，学校の学びとカリキュラムの変
革を促す動きが拡大しました。

．．

 さらに学びたい人のために

○ D. マイヤー，北田佳子（訳）『学校を変える力──イースト・ハーレムの小
　さな挑戦』岩波書店，2011年。
　　ニューヨークのイースト・ハーレムで試みられた進歩主義的な学校改革の実
　践について知ることができます。人種や宗教，文化の違いをめぐってさまざま
　な対立や困難が生じるなかで，子どもたちの知性を信じ，教育への希望を語り
　続けるマイヤー（Meier, D.）の挑戦は，教育学を学ぶうえで多くの示唆を与え
　てくれます。

○堀真一郎『ニイルと自由な子どもたち──サマーヒルの理論と実際』黎明書房，
　1999年。
　　イギリスのニイル（Neill, A. S.）がサマーヒルで展開した自由教育の原理と
　その実際について知ることができます。自由学校の精神とはどのようなもので
　あり，その理想をどのように実現していくのかを考えるヒントが見つかります。

コラム②
自主性を重視したニイルのサマーヒル学園
～授業への出席が自由で，規則を話し合いで決める学校～

新教育運動をイギリスで展開したもう一人の著名な人物として，ニイル（Neill, A.S.：1883-1973）があげられます。

1883年，スコットランドに生まれたニイルは，小学校の校長であった父親のもとで，厳しいしつけを受けて育ちました。子どもに抑圧や恐怖を感じさせるしつけへの反発が，彼の子ども観と教育観を形成するきっかけとなりました。

14歳のときから，父親の学校で見習い教師として働き，子どもたちと交流する喜びを感じたニイルは，19歳（1902年）のときに教員免許を取得し，三つの学校に勤めました。そして1908年から1912年の間，エディンバラ大学に学び，1914年にはスコットランドの小さな村の小学校の校長となりました。その後，1917年から1年間の軍隊生活のかたわら，不良児救済のための施設を経営するホーマー・レイン（Lane, H.：1875-1925）に出会い，子どもの心理の理解に精神分析学が役立つことを学びました。除隊後，レインの施設で働こうとしたニイルでしたが，その施設はすでに閉鎖されていたことから，当時イギリスにおける新教育運動の中心校であったキング・アルフレッド校の教師になりました。さらに1921年には，ドイツのドレスデン郊外にヘレラウ国際学院を開設しました。しかし，教師間で子どもの自由に関する理解の不一致が生じ，また学院があるザクセン地方で社会情勢が悪化したことから，学校経営は行き詰まりました。ニイルはイギリスに帰国し，1924年にイングランド南部ライム・リージスに**サマーヒル学園**を開校しました。

5歳から17歳までの生徒が在籍する全寮制のサマーヒル学園の教育の主な特徴は以下の3点です。①授業への出席の自由によって，子どもたちに対する一方的な強制や抑圧を排除し，子どもたちの学びたいという意思が表れるのを待ちました。また，②全校自治会は土曜日の夜に開かれ，学校生活の規則などが生徒と教職員の話し合いによって決められます。5歳の生徒もニイルを含めた教師も，参加者全員が等しく一票をもつことで，参加者全員の平等が尊重されるとともに，相互に対する理解を考えることが促されたのです。③プライベート・レッスンでは，特に問題を抱えた生徒に対して，個別のカウンセリングが行われ，心の抑圧を解放することが目指されました。

サマーヒル学園の実践は，アメリカのサドベリー・バレー校や日本のきのくに子どもの村学園などの教育に影響を与えています。

コラム③

パウロ・フレイレ

~生涯学習の一過程としての学習の運動~

　パウロ・フレイレ（Paulo Freire）は1921年，ブラジル北部の古都レシーフェで生まれました。極貧労働者・農民労働者のための教育センターで約15年間，教師として，また教師の長としての経験を積みました。しかし，そこでの経験を彼は基本的には負の体験として捉えています。教育は，人間を支配の対象として非人間化する営みであり，学校も学校外の貧民教育機関もそのテクニカルな効率性を競争的に誇示するものでしかありませんでした。

　1950年代末から1960年代の初め，ブラジルでは「民衆文化運動」と呼ばれる文化運動が起こります。支配体制の下で人間であることを否定された民衆が世界を対象化し，それに働きかけていく主体として自らを回復する政治的な文化運動ですが，フレイレはその一端を担いながら，成人識字運動に取り組むようになります。識字とはいっても，それは単に文字の読み書きを覚えるだけの行為ではなく，仲間と対話しつつ自らの経験と向き合い，問うべき対象とそれに関わる鍵となる語（生成語）を民衆自身が選び出し，その語との関わりを通して世界との対話と関与を深めていく行為です。この試みは識字教育としても，また識字をバネとして自分たちの意識を活性化する社会運動としても，大きな実効性を発揮し，国内的にも国際的にも注目を浴びるこ

とになります。しかし，1964年に軍事政権クーデタが起こり，フレイレはその後15年間，故国から追放されて亡命生活を送ることになります。

　故国で実践し，故国でのそれを阻止されたフレイレは亡命生活のなかで自らの実践とその理論の深化を追求し，60年代末にはチリで『被抑圧者の教育学』と『伝達か対話か』を執筆します。抑圧と被抑圧の関係性を前提として踏まえ，それを再生産するような仕方での「人間化」を追求する西欧型・ヒューマニズム型の「教育」の背理を暴きながら，それと対立する人間化の論理と方法を追求したこれらの著書はラテンアメリカの民衆教育運動に大きな波紋を投じました。

　その後もジュネーブの世界教会評議会を舞台にしてアフリカやラテンアメリカ諸国での言語教育の深化にコミットし，フレイレの教育思想とその言行はますますもって世界的に注目の的になっていきました。

　曲がりなりにも帰国が実現した1980年以降，彼は同国の同士たちと共にそこでの教育の再生を運動に取り組むことになります。89年にはサンパウロ市で労働者党の女性市長が登場し，フレイレは92年まで同市の教育長となって生徒・教師・住民が主体となった教育内容とその運営制度の形成に尽力することになります。1997年死去。

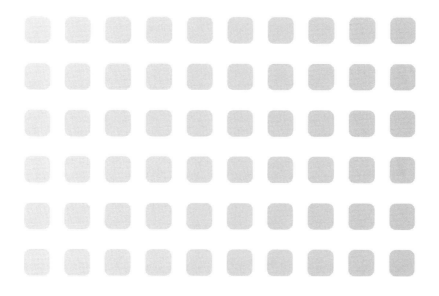

第Ⅲ部　学校はどのようにつくられ，存在してきたか

第 8 章

近代学校の誕生と展開

・　・　●　　学びのポイント　　●　・　・

- 近代になって，教育のための特別な空間と時間としての学校が出現した社会的な背景を探る。
- 市民革命を成し遂げたのち，国家は学校教育に何を期待したか。また，イギリスとアメリカではどのような違いがあったかを確認する。
- 学級を基礎とした一斉授業が19世紀に始まり，普及した理由を考える。

WORK　近代学校の教室

　下の図は，19世紀初め頃のアメリカの教室です。教師が前に座って多く
の生徒に向かって読み方を教えていて，教師の前には数人の生徒がつま先
を揃えて立っています（つま先を揃える（toe the line）は，規則を守るとい
う意味もある）。子どもの年齢はいろいろで，座っている方向もまちまち
です。真剣に本を読んでいるらしい生徒もいれば，居眠りしていたり，ひ
そひそ話をしたりしている生徒もいます。もし，あなたが教師だったら，
この教室と学級をどのように「改善」しますか。また，一人一人の生徒に
どのような「注意」をしますか。想像してみてください。そして，なぜそ
のような「改善」や「注意」をするのか，友達と話し合ってみましょう。

19世紀初頭の教室

出所：William Ladd Taylor (1908). *Our
Home and Country, Pictured by W.
L. Taylor*, New York: Moffat Yard &
Company, p. 87.

　第Ⅱ部では，古代から現代まで，西洋における教育思想の流れを辿り，教育がどのように捉えられてきたかを確かめてきました。第Ⅲ部では，学校に焦点をあわせていきます。

　現代ではほとんどの国で義務教育制度が確立しています。子どもが学校に行かないとすれば，「不登校」として問題視されますし，もしも，親が子どもを小学校に行かせないとすれば，「児童虐待」が疑われるかもしれません。子どもが学校に行かないで大人になることは，いまでは想像するのも難しいことです。

　このような義務教育制度ができたのは，いつ頃でしょうか。たしかに，教師と生徒がいて，教材があり，教える場所と時間が設定されているという条件を満たすものを学校というならば，その起源は古代メソポタミヤや古代ギリシアにまで遡ることができます。けれども，一部の人々だけが学ぶのではなく，すべての子どもが就学することを前提にした学校——これを近代学校と定義することにします——が普及したのは19世紀になってからのことでした。

　近代学校は，日常生活や労働とは切り離された場所（校舎と教室）をもち，子どもは特定の時間，しかも相当な長時間をそこで過ごします。学校には，学級と教室があって，一つの教室では一人の教師が，大勢の生徒に対して，時間割に従って，一斉授業をするのが一般的です。

　本章では，時代的には本書第7章（新教育の思想）より前にあたりますが，イギリスとアメリカを例に，近代学校が出現し，普及する19世紀末までを見ていき，近代学校の特質を確かめてみます。

　　　　　　　　　　　　　　● ● ● ● ● ● ● ●

1 産業革命と近代学校の誕生：能率と秩序の追求

1 過酷な児童労働

　近代学校が誕生した背景には，産業革命に伴う社会の変化がありました。18世紀末に世界で最初の産業革命を経験したイギリスは，農業中心から工業中心の国になりました。都市部では，家内工業に代わって機械制大工場が出現し，多くの児童が労働者として雇われるようになりました。子どもは，かつては家

族と共にする仕事を通して，あるいは親方の下で徒弟として，生活に必要な知識や技術だけでなく，しつけや道徳教育を受けていました。けれども，工場で長時間労働に従事するようになると，家庭でも職場でも十分な教育を受けられないまま，劣悪な環境のもとで生活するようになりました。貧困児童の高い死亡率がその状況を如実に示しています。1842年の調査では，健康的な田舎の地域でも5歳になる前に死亡する児童が28％おり，都会ではその数字は50％を超えるところもありました。1日12時間の児童労働は当たり前で，繁忙期には17時間以上も働くことがありました。それでも共有地の囲い込みが進んで農地を失った人々が次々に都市に移住していたので，都会の労働力は絶えず補給されていました。[*1]

2 日曜学校と助教法

このような悲惨な状況にあった児童に対して，慈善団体が主催する**日曜学校**がつくられました。日曜学校は1780年代に国教徒の**レイクス**（Raikes, R.；1735-1811）が始めてから広がったもので，一部の工場主が自分の工場内に設置しました。その目的は「下層階級に勤労と敬虔の習慣を教え込むこと[*2]」でした。レイクスは1785年に大英帝国日曜学校支援振興協会を組織して，運動を展開し，その結果，1787年までには，イングランドとウェールズで23万4,000人の子どもが日曜学校に通っていたと推計されています。1818年の議会報告書によると，5,463校の日曜学校が存在し，47万7,225人の生徒がいました。[*3]

しかし，子どもが置かれた厳しい現実に対しては，週一日の教育では不十分でした。そこで，できるだけ多くの子どもを収容し，能率的に教育するための学校が必要になりました。その課題に取り組んだのが，**ランカスター**（Lancaster, J.；1778-1838）と**ベル**（Bell, A.；1753-1832）でした。ランカスターは非国教

＊1 D.ウォードル，岩本俊郎（訳）『イギリス民衆教育の展開』協同出版，1979年，pp. 75-77, 87。
＊2 J.ローソン & H.シルバー，北斗・研究サークル（訳）『イギリス教育社会史』学文社，2007年，p. 295。
＊3 Cubberley, E. P. (1920). *The History of Education*, Houghton Mifflin Company, p. 618.

図8-1　助教法（ランカスター式）
出所：Cubberley（1920），p. 626.

図8-2　助教法（モニターによる個別指導）
出所：Cubberley（1920），p. 627.

徒であり，ベルは国教会の牧師であり，別々に活動をしていましたが，二人と
も1800年前後に，**助教法**（モニトリアル・システム）と呼ばれる授業法を始めま
した。ランカスターの方法は**内外学校協会**を通して，ベルの方法は**全国貧民教
育促進協会**（全国協会）を通して広がっていきましたが，その原理は同じです。
大きな教場にすべての生徒を集めて，全体を監視できる教員を一人置きます。
そのうえで，生徒を，助教（モニター）を中心とする10人ないし20人くらいの
能力別集団に分割します。助教は自分の受け持ちの集団に対して，自分が教師
から教え込まれた内容を教えます。図8-1はランカスター式の教場です。図
には，助教法で365人の生徒を一つの教場で教えることができると説明があり

133

ます。この方法は，一人の教師が大勢の生徒を指導できる点で能率的です。図
8-2は，生徒がドラフトと呼ばれる小集団に分かれて，助教が授業をしてい
る状況を示しています。能力に応じた集団であれば，能率向上も秩序維持も同
時に可能になると考えられていたのです。

　生徒を秩序ある集団にするには，生徒の管理を厳格にしなければなりません
でした。そこで，授業のすべての過程は「賞罰によって規制され，それ自体で
道徳的訓練の一環と見なされ[4]」ました。生徒相互の競争を促して，優秀児には
ご褒美を与え，うそをついたり，喧嘩をしたりする不良児には馬鹿帽子をかぶ
せてさらし者にするなどの罰が加えられました。そうすることで，能率的に生
徒を管理し，効果的なしつけをしようとしたのです。また，助教にはのちに教
師となっていくことが期待されていました。

　助教法はイギリスでは19世紀を通して広く普及しましたが[5]，助教法を採用し
た学校のほとんどは民間の団体によって設置，運営されていました。イギリス
では慈善団体や宗教団体が学校を設置し，公的機関は学校教育には積極的に関
与しないという姿勢（ボランタリズム）が19世紀半ばまで続きました。

2 国家形成と近代学校の誕生：アメリカのナショナリズム

1 共和国形成のための学校

　アメリカで学校が普及した経緯は，イギリスとはかなり異なっています。ア
メリカは1783年にイギリスから独立を認められ，新しい国家建設に取り組んで
いました。まずは，国家を支えるリーダーを育成することが急務でした。後に
第3代大統領となるジェファソン（Jefferson, T.；1743-1826）は，1779年にヴァ
ージニア州知事として議会に「**知識普及法案**」を提出して，暴政を防ぐために
「民衆一般の知性をできるだけ実際的に啓蒙すること[6]」を強調し，能力ある子
どもは良い教育を受けて国家の指導者になれるように，**単線型**の学校制度を提

＊4　前掲書（＊2），p. 300。
＊5　前掲書（＊1），pp. 130-131。

案しました。また，アメリカ哲学会の有力会員であり，独立宣言に署名した一人であるラッシュ（Rush, B. : 1745-1813）も，「われわれの学校は，一つの普通的・統一的な教育制度を生み出すことによって民衆を一層同質的にし，それによって彼らを統一的・和平的な政治に容易に適合させる[*8]」ことが必要であると訴えました。これらは建国期には実現しませんでしたが，学校教育への大きな期待を表明したものでした。アメリカでは，新しい共和国をつくるために，学校教育の普及に積極的な州や都市が多かったのです。

2　コモン・スクール

　アメリカで義務教育制度が実現に近づいたのは，建国から約50年経った頃からでした。その背景にあった社会的変化として 3 点を指摘することができます。

　①工業化

　一つは，アメリカでも工業が発展し，児童労働が広がって，家庭教育や徒弟制のもとでのしつけや教育が難しくなったことです。そのため，特に都市部では，できるだけ多くの子どもに，きちんとしたしつけをし，道徳を教え，子どもを管理する必要が生じました。1805年にランカスター式の助教法がニューヨーク市に導入されたのはそのためでした。助教法は1830年代までいろいろな都市で採用されていました[*9]。

　②平等の追求

　もう一つは，アメリカでは，学校教育によって貧しさを克服し，社会の平等を実現しようとするコモン・スクール運動が盛り上がったことがあります。1837年にマサチューセッツ州の初代教育長に就任したホーレス・マン（Mann,

---

＊6　ジェファーソンほか，真野宮雄・津布楽喜代治（訳）『アメリカ独立期教育論』明治図書出版，1971年，pp. 9-10。

＊7　ここでいう単線型とは，庶民もエリートも，初等学校から大学まで共通の学校で学ぶような学校制度をいう。庶民とエリートが別々の学校で学ぶ場合が，複線型である。なお，単線型と複線型については，本書第11章の図11-2も参照。

＊8　前掲書（＊6），pp. 45-46。

＊9　Kaestle, C. F.（1983）. *Pillars of the Republic : Common Schools and American Society, 1780-1860,* Hill and Wang, pp. 40-44.

H.；1796-1859）は，1848年の教育長報告書のなかで「教育は，人間が考え出した他のあらゆる工夫にまさって，人々の状態を平等化する偉大な働きをするものである。教育は社会という機械の平衡輪である。（…中略…）教育は富める人々に対する貧しい人々の敵意をとりのぞくだけではない。教育はそもそも貧しくあることをやめさせる[*10]」と述べています。コネチカット州教育長のヘンリー・バーナード（Barnard, H.；1811-1900）は，1839年に州議会で「古い，荒れ果てた，不便な校舎は，新しい魅力的な，そして広く住みやすい建物に変えられるでしょう。今までの学区の学校よりも充実した学校が，一学区だけでなく，より広い社会の少年少女を吸収するでしょう。コモン・スクールは，もはや貧乏人だけが行く，安い，劣ったものゆえに，コモンとみなされるのではなく，すべての者に開放され，すべてのものに享受されるゆえに，光や空気と同様な意味におけるコモンとなるでしょう[*11]」と演説をしました。彼らは，教育を普及させることで新しい民主的な社会を建設しようとする意欲をはっきりと表明していたのです。この点で，アメリカの**コモン・スクール運動**は，ボランタリズムの強いイギリスとは大きな違いがありました。

③国民化

　さらにもう一つ重要なことは，学校教育によって移民をアメリカ人にすることが社会的課題であったことでした。移民はさまざまな文化的背景をもってアメリカに入ってきました。19世紀前半にはアイルランド系の移民（多くがカトリック）が流入しました。先にアメリカに住みついてアメリカを独立に導いたのは，白人のアングロ・サクソン系でプロテスタントの人たち（White Anglo-Saxon Protestant; WASP）でした。彼らは，新しく入ってきた移民にWASPの文化を教えることで，社会の安定を維持しようとしました。そのために公立学校が必要だったのです。公立学校でよく使用された国語の読本が**マクガフィー・リーダー**でした。これは，1836年から1920年までに1億2,200万部が売られ，半数以上の生徒が読み，その影響力は聖書とウェブスターの辞書に次ぐと

＊10　Cremin, L. A.（1957）. *The Republic and the School : Horace Mann on the Education of Free Man*, Teachers College Press, p. 87.

＊11　Barnard, H.（ed.）（1855）. *American Journal of Education*, Vol. I, pp. 661-662.

いわれています。そのなかでは，規律，勤勉，正直などの大切さや，それらが経済的成功につながることなどが強調され，同書はアメリカ人としての道徳的規範を示すものとなりました。[*12]

　こうして，アメリカでは19世紀の後半には，公立学校が都会だけでなく田舎にも普及し，ナショナリズムと道徳心を育てるのに貢献したのです。20世紀になる頃にはほとんどの州で義務就学が立法化されました。

3 教育の国家管理のはじまり：イギリスにおける出来高払い制

1 国庫補助と査察制度

　イギリスにおいても，19世紀半ばになると，ボランタリズムを前提にしつつも，国庫補助もするという形で，国家が教育に関与し始めます。資本主義を発展させるために，労働者を維持，確保しなければならなかったからです。また，1830年代からチャーティスト運動[*13]が盛り上がり，労働者が自らの教育を受ける権利を要求するようになっていたことも一つの契機でした。[*14]

　国家が教育に関与するようになった経緯を見てみます。児童労働を制限するための工場法が1802年に制定され，その後数度にわたって改正されて，工場経営者には児童を教育する責任が課せられるようになりました。1833年に，教育費の国庫補助として2万ポンドが[*15]，学校視察を条件として，全国協会と内外学校協会を通して配分されるようになりました。1839年には枢密院教育委員会が設置され，ケイ゠シャトルワース（Kay-Shuttleworth, J.P.；1804-1877）が事務局

長に就任すると，彼は勅任視学官による査察制度を始めました。その後，彼の努力により補助金が徐々に増額され，1849年には12万5,000ポンドに上りました。[16] ケイ゠シャトルワースは教師の質を高めるために，1840年にバターシー師範学校を設立して教員養成制度の確立に努力しました。特に，「機械的要素は人格的要素に置きかえられるべきである[17]」として，助教法に代えて教員見習い方式の導入を図って，教員の専門性を高めようとしました。

2　出来高払い制

　国庫補助と査察制度がはじまったことは，国家が教育の内容や方法にも関与する契機になりました。枢密院教育委員会は，査察を通して監督する立場になり，国家的な教育制度をつくることができるようになったのです。それを決定づけたのが，1862年の改正教育令でした。これは，枢密院教育委員会副議長**ロウ**（Lowe, R.；1811-1892）がいくつかの教育令を一括して公布したものです。この法律は，国庫補助金の額を**出来高払い制**にしたところが特徴です。すなわち，勅任視学官が，児童の読み，書き，計算の試験を実施して，その成績が悪いと補助金の額を減らすという方法が採用されました。したがって，学校では試験の点数を上げるために，授業では読み，書き，計算が重視されることになりました。

　また，この法律により，補助金が教師に支払われるのではなく，学校管理者に支払われることになったので，教師の公務員としての地位が不安定になりました。「教師は学校管理者との間に一般的な雇用―被雇用（労使）関係を結び，その給与は需要―供給の市場原理にゆだねられ[18]」たのです。その結果，生徒の成績によって教師の給料が決められ（出来高払い），教師は学校管理者の厳しい監督下に置かれました。市場原理と出来高払い制により，授業の方法は暗記や教え込みが中心となり，教師の自由は厳しく制限されることになりました。

＊16　前掲書（＊15），p.308。
＊17　前掲書（＊15），p.153。
＊18　大田直子『イギリス教育行政制度成立史』東京大学出版会，1992年，p.60。

4 校舎と教室：学級と進級試験の出現

　校舎や教室や授業の形態は，近代学校が出現してからどのように変化したの
でしょうか。アメリカを見ると，この変化は19世紀に起こりました。もう一度，
本章冒頭の WORK の図を見てください。19世紀初めまで，ほとんどの校舎は
大きな教場が一つしかなく，そのなかに年齢や学力の異なる多様な生徒が雑然
と収容されていました。教師は生徒を一人一人自分の前に呼び出して個別に指
導するという形が通常でした。しかし，この方法は教場の秩序維持の点からも，
授業の能率追求の点からも不十分でした。そこで，19世紀の初め頃から，校舎
や教室に明確な秩序をもたせようとする動きが起こりました。「秩序は神が定
めた最初の法則である」という言葉がいくつかの影響力の大きい教授法書で引
用されていますが，それは学校を秩序ある空間にしようとする思想の表現でし
た。[19]

1　秩序を求めて

　では，どのようにして学校と教室に秩序をつくろうとしたのでしょうか。コ
モン・スクール運動の指導者の一人であったヘンリー・バーナードが『学校建
築』(*School Architecture,* 1848) のなかで示している校舎が図 8-3 です。屋根
の上には尖塔と鐘があり，教会をモデルにしていることがわかります。建物の
入口が，B（男子用）と G（女子用）に分かれており，大きな教場もそれに対応
して，T が男子用，S が女子用です。机は二人掛けで，整然と並べられていま
す。図中の d は教卓，P は教壇です。教師は一段高いところに立って生徒を監
督することができます。[20] 生徒をよく管理し，教室の秩序を維持することが教師
の仕事であり，教師は神の代理としての権威をもっていました。[21]

＊19　宮本健市郎『空間と時間の教育史』東信堂，2018年，p. 138。
＊20　Barnard, H.（1848）. *School Architecture : Contributions to the Improvement of School-
　　houses in the United States,* A. S. Barnes & Co., pp. 240-243.

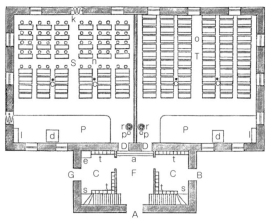

図8-3　教会モデルの校舎

出所：Barnard（1848），pp. 241, 243.

2　能率を上げるために

　19世紀後半になると，学校が多様な子どもを収容しつつ，教場の秩序を維持するために，子どもを能力に応じた学級に分類することが始まりました。その際，教育内容すなわちテキストを，易しいものから難しいものへと等級づけておくと，生徒がどの等級のテキストを学習しているかによって，その生徒の所

---

*21　前掲書（*19），pp. 17-18。

属すべき学級もただちに決められます。生徒がある等級のテキストを習得すれ
ば次の等級のテキストを学習するために進級します。先に見たマクガフィーの
読本も等級別に作成されていました。こうすることで，教師が教えるのも，生
徒が学ぶのも，無駄な繰り返しがなくなります。つまり，教材に等級をつける
ことが，教場にいる生徒を能力に応じた学級に振り分け，学校に秩序をつくり，
授業の能率を高める効果をもっていたのです。

　等級ができると，次は，進級の可否を決めるために，生徒の学力を測定する
必要が生じます。そこで開発されたのが**筆記試験**です。19世紀半ばまでは，試
験は教師が実施する**口頭試問**によることが一般的でしたが，その方法では，た
くさんの生徒を対象にすることはできませんし，客観的な評価ができるのか疑
問が残ります。そこで，短時間で，大人数を対象に実施できる筆記試験が利用
されるようになりました。アメリカで最初に筆記試験をして生徒の学力を見た
のは，1845年のボストン市といわれています。マサチューセッツ州教育長であ
った**ホーレス・マン**は，ボストン市で実施された筆記試験に注目し，それが客
観的，公平であり，記録の保存が可能など，多くの利点があることを強調しま
した。[22] 進級を決めるための筆記試験は，19世紀後半に紙や鉛筆を子どもが自由
に使えるようになってから，いっそう普及しました。進級を前提として，生徒
を能力に応じて学級に分類することが近代学校の特徴となったのです。

　等級をもつ教材が発明され，学級に分割された学校が出現すると，次に，学
級に対応する教室がつくられるようになりました。19世紀末には，工業化と都
市化が急速に進み，できるだけ多くの子どもを学校に収容しなければなりませ
んでした。特にアメリカには，この時期に東欧や南欧から大量の移民が流入し
ていましたから，学校教育を通して彼らをアメリカ人にすることは喫緊の課題
でした。その結果，大都市には，高層式で，多数の教室をもつ大規模な校舎
（工場モデルの校舎）が次々に出現しました（図8-4）。子どもたちは年齢や学力
試験によって学級に分類され，自分の所属する教室に振り分けられるようにな
りました。これらの校舎では，壁で仕切られた一つの教室を，一人の教師が担

---

*22　Caldwell & Courtis (1923). *Then and Now in Education, 1845-1923*, World Book Com-
　　pany, pp. 43-44.

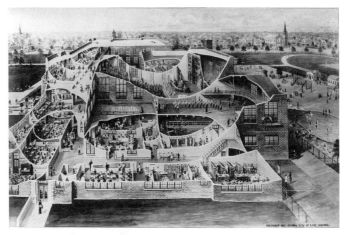

図 8-4　工場モデルの校舎
出所：Wirt, W. A. (1937). *The Great Lockout in America's Citizenship Plant,*
printed by students of Horace Mann School in Gary, p. 5.

当するのが通例でした。この形式が現代にも受け継がれているのです。

5 授業と時間割：一斉授業のはじまり

　生徒集団が学級に分割されたからといって，すぐに一斉授業が始まったわけ
ではありません。先に見た助教法は，大きな教場のなかで，生徒を能力別の学
級に分けたので，学級の起源の一つと見ることができますが，助教（モニター）
は個別に一人一人を指導していましたから，必ずしも一斉授業とはいえません。
それでは，なぜ一斉授業がはじまったのでしょうか。

　教育史家のハミルトン（Hamilton, D.）は，19世紀後半に一斉授業が普及した
背景に，共感や模倣を重視する思想があったことに着目しています[23]。実は，助
教法がイギリスで流行していた1830年代から1840年代にかけて，厳しい競争や
監視を重視する助教法を批判して，授業のなかでの子ども相互の共感を重視す
る授業法を開発した人がいました。その一人が，**オウエン**（Owen, R.；1771-

---

*23　Hamilton, D. (1989). *Towards a Theory of Schooling,* The Falmer Press.

図 8-5　ギャラリー授業

出所：Wilderspin, S.（1840）. *A System for the Education of the Young*, in Hamilton（1989）, p. 101.

1858）でした。彼は1816年に性格形成学院を設置し，「友達がお互いに模倣し，仲間と一緒に前に進む」ことで，学級が集団になることを目指しました[*24]。

　オウエンの思想を受け継ぎ発展させたのが，**ストウ**（Stow, D.；1793-1864, グラスゴー師範学校校長）と**ウィルダースピン**（Wilderspin, S.；1791-1866, ロンドン幼児学校協会）でした。彼らが提唱したギャラリー授業は，仕切りのない大きな教場のなかで，階段状の長い椅子に座った大勢の子どもたちを対象に，一斉授業をする方法でした（図 8-5）。一斉授業を可能にしていたのは，子どもたちの共感でした。「教師が学習者全員の注意を引きつけること，また，学習者自身がみな，お互いに共感しているという経験をもつ[*25]」ことが重視されていました。ウィルダースピンの幼児学校では，生徒の注意を集中させるために，教師が質問をランダムにしたり，子どもに手を挙げさせたりしていました。教師の問いに実際に答えるのが少数の子どもだとしても，他の子どもも一緒に考え，模倣し，学ぶことが重要な意味をもっていました。多くの仲間と共感することが，よい学習になると考えたのです[*26]。

＊24　前掲書（＊23）, p. 85.
＊25　前掲書（＊23）, pp. 104-105.
＊26　前掲書（＊23）, pp. 106-109.

このように，19世紀後半の学校教育の実態を見ると，助教法に代表されるような秩序と能率を重視した授業と，共感と模倣を重視した授業という2種類の授業があったことが確かめられます。授業のなかで能率と秩序を重視すべきか，あるいは，共感と模倣を重視すべきか。20世紀の授業改革は，この問題をめぐって展開することになります。

 まとめ ···

　市民革命と産業革命を経験した西洋社会では，すべての国民が就学することを前提にした学校がつくられました。これが近代学校です。そのねらいは，できるだけ多くの児童がよき国民かつよき労働者になるように教育することでした。国家や州は，教育の能率を上げるために，公教育制度の構築に積極的に関与するようになりました。その結果，公教育に対する国庫補助がはじまり，教員養成制度もつくられました。それと同時に，学校の校舎，教室，教育内容，等級制・進級制，さらには，授業形態も整備されて，現代の学校でよく見られる一斉授業が一般化しました。

　本書第7章で学んだ新教育の思想は，実は，本章で見てきた近代学校の制度や教育方法に対する批判としてはじまったのです。では，具体的にどのような改革を実施したか，本書第12章以下で見ていきます。

···

 さらに学びたい人のために

○宮本健市郎『空間と時間の教育史──アメリカの学校建築と授業時間割からみる』東信堂，2018年。

　　近代学校の校舎と授業時間割の変化を，アメリカを事例として辿っています。校舎には，教会モデルの校舎，工場モデルの校舎，家庭モデルの校舎があったこと，授業時間割は，秩序重視，能率重視，個人のリズム重視という三つのモデルがあったことを示しています。

○宮野安治・山﨑洋子・菱刈晃夫『講義　教育原論──人間・歴史・道徳』成文堂，2011年。

　　山﨑は，産業革命後のイギリスにおける，助教法，ギャラリー授業，一斉授業などの実態を，図や写真を用いて紹介しています。そして，教員養成，学校査察，カリキュラム，学校建築にも目配りをしながら，イギリスの国民教育制

度がつくりあげられる過程を示しています。

○熊井翔太『学級の教授学説史──近代における学級教授の成立と展開』渓水社,
2017年。
　学級の出現とその歴史的発展の筋道として,17世紀のコメニウスから,19世
紀のヘルバルト派,20世紀のイエナ・プランまでを取り上げています。ヘルバ
ルト派の学級編成論が画一的で教師中心であったと単純化してはならないこと
に注意を向けています。

コラム④
イスラーム地域の近代学校

　「イスラーム地域」の教育は，日本ではあまり馴染みがないかもしれませんが，日本の教育を世界のなかに位置づけるとき，そして世界の教育を考えるとき，興味深い視点と知見を提供してくれます。ここではその一端を紹介しましょう。なお，ここでいう「イスラーム地域」とは，イスラーム教徒（ムスリム）がかなりの規模で存在し，イスラームの価値観が優勢なところという意味です。具体的な地域名でいえば，中東，アフリカ（中部以北および東海岸），中央アジア，南アジア，東南アジア（島嶼部）などです。

　こうしたイスラーム地域には，他の地域と同様に，古くから学校がありました。イスラームの聖典『クルアーン（コーラン）』の暗唱を主に教えたマク

オスマン帝国のマクタブ
（ゼヴキ・カドゥン・マクタブ，イスタンブル，1755年創設；筆者撮影。）

タブ（あるいはクッターブ）と，『クルアーン』とハディース（預言者ムハンマド（570頃-632年）の言行）などに依拠して形成された法学を主に教えたマドラサです。マクタブは，ウマイヤ朝（661-750年）の頃には存在し，村々や街区の子どもたちを，男女問わず受け入れていました。イスラーム地域のいわば寺子屋です。それに対し，10世紀にホラーサーン地方（イラン北東部）で生まれたマドラサは，マクタブを卒えた男子のみに，法学をはじめ，神学，クルアーン学，ハディース学，アラビア語学，論理学，修辞学などを教えました。こうした科目は，それまでもモスク（礼拝の場）で教えられ，マドラサが誕生した後もモスクでの教育は続けられましたが，教育専用の施設としてマドラサが生まれると，それは小規模な町でも存在するくらい，イスラーム地域に普及しました。

　マドラサは寄宿制であり，その費用と教師への俸給は，ワクフと呼ばれる独特なシステム（ある人が所有権を放棄した不動産からもたらされる収益で，公共施設を設置・維持する仕組み）で賄われました。教師から科目ごとに免状（イジャーザ）を受け取った学生は，人々からウラマー（知識人）と目され，イスラームの法や戒律（シャリーア）の専門家として，法学者，裁判官，マドラサ教師などの職に就きました。なお，マクタブもワクフで運営されてい

ましたが，保護者が教師に謝礼を渡す慣習も広く見られました。

こうしたイスラーム地域の教育は，他の地域の教育と同様に，その内部で完結した営みでした。そして教育分野における国家や政府の存在感は，一般に稀薄でした。王家の一員がワクフを設定し，マドラサを建立することや，国家や政府がウラマーを保護しつつ統制することも見られましたが，自国の学校教育を監督する中央省庁が設置されたりすることはありませんでした。教育の担い手は，何といっても宗教関係者であり，その内容も，イスラームに関するものでした。次世代に継承すべき価値あることは，すでにイスラームとして体系化されているのであり，為政者も社会も，敬虔な信徒と優秀なウラマーを求めていた以上，それは当然のことでした。

しかし，19世紀から20世紀にかけて，イスラーム地域の教育は劇的に変わりました。東南ヨーロッパ，西アジア，北アフリカに跨る広大な領土を，場所によっては数百年にわたって支配した**オスマン帝国**（1300頃-1922年）を例にとるならば，その変化は次のようにまとめられます。教育分野における国家や政府の本格的な登場（中央省庁の設置，行政法の制定，義務教育の法制化など），官立学校における宗教関連科目以外の教授，マドラサ以外の高等教育機関の設置，領内のキリスト教徒の学校の整備，欧米のミッションによる学校設立の本格化，などです。要するに，国家や政府の存在感と宗教以外の学知の存在感が急速に増しつつ，キリスト教徒との関係が問題になったのでした。

このような変化の背景には，何があったのでしょうか。それは一言で言えば，国際的な力関係の変化です。コンスタンティノープルを征服し（1453年），ウィーンを二度も包囲して（1529年，1683年）欧州を震撼させたオスマン帝国も，18世紀後半以降，欧州，そしてそれをモデルに急速に力をつけてきたロシアの前に，軍事的に劣勢に立たされました。そこで急がれたのが軍制の改革であり，その一環として，軍医学校や陸軍士官学校など軍事関連の学校が，18世紀末以降，ワクフではなく国費で設置されました。そしてその経験を踏まえて軍事部門以外の学校，たとえば官吏養成校，一般的な中学校，その教師を養成する師範学校，行政学校，医学校，法学校等が，19世紀中葉以降，同様に国費で設立されました。そこでは宗教だけでなく，トルコ語，フランス語，数学，歴史，地理，化学，物理，そしてたとえば法学校では，スンナ派のハナフィー学派の見解に基づく民法や，フランス法を継受した刑法や商法などが教授されました。また，こうした官立学校を監督する中央省庁として公教育省（1857年，後述）が，教育行政の法的根拠として公教育法（1869年）が，それぞれ設置，制定されました。以前から試みられていた義務教育も，同法によって法制化されました。マクタブやマドラサも依然として健在であり，むしろ19世紀以降，その整備と拡張が進んでいたのですが，それとは別にこのような官立学校が各地に普及しました。両者の関係は必ず

しも敵対的ではなく，生徒も教師も，両者を行き来することは稀ではありませんでした。

キリスト教徒との関係について言えば，ロシアとのクリミア戦争（1853-1856年）において，オスマン帝国はイギリスとフランスの支援を受けて勝利したため，戦後処理の過程において両国から圧力を受け，ムスリムと非ムスリムの法的な平等を宣言するに至りました（1856年）。それをうけて，中央政府において，ムスリムだけでなく非ムスリムの委員も参加する教育関連の審議会が設置され，それを監督する役職も同時に置かれたのですが，それが1か月後に公教育大臣と改称されたのでした（1857年）。オスマン帝国の教育担当省は，単に学校教育の普及と監督のためだけに置かれたのではなく，ムスリムと非ムスリムの法的平等という社会秩序の再編によって誕生したのでした。

日本の教育学がこれまで主たる対象としてきたのは，日本と欧米，そして東アジアであり，イスラーム地域は，ごく一部の例外的な研究者を除きほとんど視野に入っていませんでした。しかし今後，この地域の重要性は増すばかりですし，日本との交流も深まることでしょう。そして何より，本コラムによるわずかな紹介だけでも，日本や世界の教育を考察するうえで恰好の比較の事例をこの地域で見出せそうです。たとえば，前近代のイスラーム地域において見られた宗教を主とする教育は，同時代の他の地域，たとえば欧州（キリスト教地域）や東アジア（儒教・仏教地域）と共通していますし，オスマン帝国の教育改革は，明治初年の日本や清末民初の中国のそれと比較できそうです。イスラーム地域の教育を適切に組み込んだ教育学の再構築は，まさにこれからの課題です。

オスマン帝国最初の官立女子高等小学校
（イスタンブル，1859年創設；筆者撮影。）

第 9 章

日本における近代以前の人間形成

● ● ● 学びのポイント ● ● ●

- 学問と社会統治との関係を理解する。
- 家族による子育ての歴史を理解する。
- 子どもの生存と成長の実態を知る。

WORK　学習と身分の不可分の関係

　図Aと図Bは，江戸時代の子どもが学習のために用いたテキストです。
この2種類の書物は，それぞれ藩校と寺子屋で用いられました。

　図Aは，儒教の教えを説いた四書の一つである『論語』です。藩校に通
う武士の子弟は，藩士になるために文武両道の教えを受けました。他方の
図Bは，「往来物」といわれる手紙文の形式で書かれた手本です。庶民の
子弟が寺子屋で用いました。『都路往来』は各地の産物や景観を描いたも
のですが，他にもそろばん書，女子向けのものなど多種多様なものが残さ
れています。

　藩校と寺子屋ではこのように異なる教材を使って教えていましたが，そ
れは内容の違いにとどまりません。二つの図を見比べて，文字や編集の違
いについて考えてください。

図A

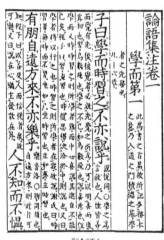

『論語』

図B

『都路往来（東海道往来)』

● 導　入 ● ● ● ● ● ● ●

　先の第 8 章「近代学校の誕生と展開」では，イギリスとアメリカを例に近代学校の展開過程について見てきました。これらの西洋近代学校は，開国した明治初頭の日本にも導入されます。しかし，直ちに近代的な学校教育が定着したわけではなく，日本の伝統的な人間形成との葛藤や対立がありました。次の第10章以降の学びにつなげるためにも，ここでは，江戸時代までの日本の人間形成について見ておきたいと思います。

　日本において，近代教育が導入される以前の時代には，貴族や武士層の子弟は 7 歳から学問を始め，家を継ぐための教えを受けて一人前になりました。一方，庶民は，寺子屋と呼ばれる学習塾で習字やそろばんなどを教わり，身分に応じた生業の担い手として育てられました。「公教育」の理念や制度が西欧から導入されるまでの日本では，身分や性別によって人間形成の目標や方法は大きく異なっていたのです。

　これらの藩校や寺子屋は，そのまま西洋式の近代学校制度に再編されたわけではありません。ましてや，人々の子育て観が変化するには長い時間を要しました。日本の教育の特徴を理解するうえでは，その試行錯誤の過程に目を向ける必要があります。そこで，この章では，身分や村共同体などの社会関係に大きく規定されていた時代の人間形成について学び，さらに幕末の日本に現れた近代的な教育思想の芽生えについて見ていきます。

● ● ● ● ● ● ● ● ●

1 学問を通じた社会統治

　人類にとっての世代交代は，動植物の子育てが春夏秋冬の自然の時間のなかで繰り返されるのに対して，歴史を刻み新しい時代を啓（ひら）くための**文化伝達**を組み込んだものであるところに特徴があります。伝達する内容は，単に生産労働のための知識や技能だけでなく，科学，芸術，宗教や思想も含まれています。そのような複雑な文化伝達は，日本においてどのように実現されてきたのでしょうか。

1　大陸文化の摂取による貴族社会の発展

　古代においては，百済からの渡来人や隋・唐に派遣した使節を通じて，漢字，律令制，儒教や仏教など，日本の社会と文化の土台となる大陸文明がもたらされました。奈良時代の貴族社会は，文字や学問の獲得を通して社会の統治を進めていきます。8世紀には，輸入文化を土台として，日本固有の仏殿や仏像・仏画，和歌，雅楽などが豊かに生み出され，天平文化が花開きました。これらの文化を次世代に伝達するために設置されたのが，貴族や官僚のための養成機関でした。

　律令制のもとで，都に大学寮，太宰府に府学，そして地方には国学が整備されました。このように，学問に修練するための場が設けられたことは，こんにちの学校と共通していますが，社会統治のための後継者養成を目的として貴族や官人の男子子弟のみを対象としていたところが大きく異なります。

2　藩校の組織化と学問統制

　中世の武家社会を迎えて，貴族に加えて武士層にも学問への関心が広まりました。当初，武士層の修学は，仏教と結びついて広まり，鎌倉時代の金沢文庫や室町時代の足利文庫に代表される知の拠点が形成されました。

　江戸時代になると，仏教に代わって儒教が学問の主流となります。孔子を祖とする儒教が徳川幕府によって正統な地位を与えられ，幕府直轄の教学機関として昌平坂学問所（1790年）が設立されました。一方，地方の各藩は，寛政〜文政年間（1789-1830年）を中心に藩士の養成機関として藩校を建設するようになります（表9-1）。ここでは，将来の藩政を担う指導者を育てるべく文武両道の資質の養成が行われました。藩校の興隆は，藩の人材育成機関が全国に整備されたという側面ばかりではなく，各地に点在した講堂や家塾を藩校に再編することによって儒教のなかでも朱子学を正学とした幕府の学問統制が推し進

＊1　朝尾直弘・宇野俊一・田中琢（編）『新版 日本史事典』角川書店，1996年，pp. 1337-1342。

表9-1　各地の代表的な藩校

藩校名	藩名（国名）	設立年	藩校名	藩名（国名）	設立年
微典館	福山（松前）	1822	明倫堂	金沢（加賀）	1792
養賢堂	仙台（陸奥）	1772	弘道館	彦根（近江）	1830
日新館	会津（陸奥）	1788	学習館	和歌山（紀伊）	1791
明徳館	秋田（出羽）	1811	好古堂	姫路（播磨）	1691
興譲館	米沢（出羽）	1776	誠之館	福山（備後）	1854
致道館	庄内（出羽）	1804	学問所	広島（安芸）	1872
学習館	壬生（下野）	1713	養老館	岩国（長門・周防）	1846
弘道館	水戸（常陸）	1841	明倫館	長州藩萩（長門・周防）	1719
成徳書院	佐倉（下総）	1836	教授館	高知（土佐）	1760
文武学校	松代（信濃）	1852	明教館	松山（伊予）	1828
明倫堂	上田（信濃）	1811	修猷館	福岡（筑前）	1799
崇教館	松本（信濃）	1793	明善堂	久留米（筑後）	1796
学問所	静岡（駿河）	1868	弘道館	佐賀（備前）	1781
時習館	吉田（三河）	1752	時習館	熊本（肥後）	1755
明倫堂	名古屋（尾張）	1783	造士館	鹿児島（薩摩・大隅）	1773
致道館	大垣（美濃）	1837	思文館	対馬（対馬）	1818

出所：朝尾・宇野・田中（1996）より筆者作成。

められたということを意味しています。このように，学校を通じた組織的な文化伝達は，社会統治の一つの手段であったのです。

2　家経営としての子どもの修学

　世代交代のための文化伝達は，先に見たように統治者による学校建設によって組織されていきますが，他方で，家の経営のために子どもの教導が行われるようになるもう一つの歴史に注目する必要があります。17世紀までは，地縁共同体の意思で里子や養子が行われ，家族はおろか子どもの生母でさえ「腹は借り物」といわれて養育権をもっていませんでした。ところが，血縁を重視して跡取りを育て，家産や家業を相続させる**単婚家族**が畿内[*2]を中心に広がっていきます。家族史を辿ると，養育権が村から家族に移行していくという転換が18世紀頃に起こったことがわかります。ただし，村共同体からの家族の自立の程度

＊2　**畿内**：都周辺の特別行政区のことで，現在の奈良県，京都府，大阪府，兵庫県の一部にあたる。

は地域差や階層差が大きく，こんにちのような核家族による子育てが主流となる時代までは数世紀を要しました。

　単婚家族の跡継ぎ戦略は，身分や家業，性別によって大きく異なっていました。子どもは，生まれ落ちた階層や出生順位によってかなりの程度その将来が運命づけられていたのです。それぞれの家族の求めに応じ，藩校に加え，郷校，私塾，寺子屋などの就学機関もその数を増していきます。このような家族による修学の広がりは，歴史のなかでは，近代学校の支持者層の形成につながる動きとして位置づけられます。

1　武士層の身分継承戦略

　武家にとって，跡継ぎの確保は身分継承においてもっとも重要な問題の一つでした。戦国時代の動乱を経て，安定した家経営を行うためには後継者の養成が肝要とされたのです。安土桃山時代（16世紀後半）以降に**武家家訓**が多く残されているのはそのためです。

　徳川家康に仕えた本多正信の書とされる『本佐録』には，どのように跡継ぎを選び育てるかが説かれています。「人には上・中・下の智恵あり。上智と下愚は稀にて，大略，中の智恵の者なり。中智恵の者は，教えよう次第に，上智にも下愚にも移るものなり」とされています。幼少期より良い教師を側に置き，悪事に近寄らせず，弓馬や陣法に長けた人物を育てて跡継ぎにするようにと記されています。[*3]

　子どもを教導するための体系的な指南書も書かれるようになりました。**貝原益軒**『和俗童子訓』（1710）には，「教えは 予 めするを先とす」として，早くから計画的に教えることが重要であるとしています。儒者であり医家でもあった益軒は，悪事と病から子どもを遠ざけることを説き，学習の道筋を年齢に応じて示しました。子どもを教えることにより，「よく家を保ちて一生の間の幸いとなり，後の楽しみ多し」と論じています。[*4]

＊3　本多正信『本佐録』（山住正己・中江和恵『子育ての書1』平凡社，1976年，pp. 86-87所収）。

このような家経営の根底には，子どもを財産の一部とみる**子宝思想**がありま
す。この思想の源流は，万葉集の山上憶良まで遡ることができます。その和歌
には「<ruby>銀<rt>しろがね</rt></ruby>も<ruby>金<rt>くがね</rt></ruby>も玉もなにせむに勝れる宝子に<ruby>及<rt>し</rt></ruby>かめやも」と書かれており，
子どもを金銀と同列において大切にするという考え方が見られるのです。この
点は，次に取り上げる庶民の場合も同じでした。

2　村共同体の子育て習俗と家長向け育児書

　子どもが村共同体の論理のもとで生きていた時代には，子どもは名づけや宮
参りなど村の**成長儀礼**を通して見守られ，**元服**[*5]を迎えるまで，成長の節目にお
いて村の祝福と承認を受けました。また，代表的な小児病であった天然痘が治
癒した際には，**疱瘡祝い**が行われました。乳幼児死亡率の高かった時代には，
成長儀礼は生存を願う切実なものであったと考えられます。

　また，元服から結婚するまでの間，若者は**若者組**や**娘組**に所属をして，村の
祭事を司る仕事をはじめ，治安維持や災害への対応などに関わる独自の役割を
担いました。彼らは家から離れて宿に集い，村への帰属意識を高めると同時に，
結婚準備として性の知識を得るなどしました。このように，成長とは村人とな
ることを意味していたといえます。

　18世紀頃になり，村内で名主や小作などの階層関係が明確になってくると，
次第に，それぞれの分限に応じた子育てが単婚家族を単位として行われるよう
になります。とりわけ，村の支配層では，家長向けに書かれた**育児書**が読まれ，
子弟に知識や教養を身につけさせることに価値が置かれるようになります。こ
の階層では，家業を継がせるための修練だけでなく，家の威信を高めるために
点茶や和歌を習わせるなどしています。

　一方，一般の庶民層においても，**手習い**（習字）を通して読み書きができる

---

* 4　貝原益軒『和俗童子訓』1710年（山住正己・中江和恵『子育ての書 2』平凡社，1976年，pp.
　　3-57所収）。
* 5　**元服**：11〜17歳頃の男子の成人を祝う儀式のことで，ここで髪型・服装・幼名などが成人のも
　　のに改められた。女子の場合は髪上（かみあげ）や裳着（もぎ）と呼ばれる。

ように子どもを教導する傾向が見られるようになり，**寺子屋**は，庶民の学習の場として各地に広がっていきます。特に天保期（1831-45年）に僧侶，武士，豪農や商人，医師などが手習い場を開き，その数は急増しました。手習いには，『庭訓往来』や『都路往来』などの往復書簡の形式で記された**往来物**が手本として用いられ，寺子は文字に加え，一般常識や地理などを学びました。寺子屋では個別指導が行われ，師匠と寺子は時には生涯にわたる強い絆で結ばれることもあったのです。

3 　分限に応じた文字文化

　近世の日本では，どれくらいの人が文字文化を身につけていたのでしょうか。当時の識字率は階層や地域によって大きな差がありましたが，都市の武士層においては8割以上の高率であったことが知られています。識字率は，キリシタンを取り締まるために全国で実施された人別改帳の自署率などから推計されます。また，都市部では貸本屋が普及していたといわれ，**音読**が主流であった当時は，文字が読めない庶民でも朗読を聞くことを通して書物に接する機会があったと考えられます。

　さらに，寺子屋での手習いが普及したことで庶民層の識字率が高まり，18世紀には村の支配者が日録を残すようにもなります。日本人の識字能力の高さは，幕末に来日した西洋人も驚くものであったといわれます。このように，「書く」という行為が重視されてきた歴史は，日本人の学習観を象徴しているといえます。

　ただし，身分によって使用する文字の種類が異なっていたことに注目する必要があります。庶民は漢字をくずして生み出された日本固有の草書のみを学びましたが，支配層はまず漢籍を読むために真書（楷書体）を修得し，その後に草書を学びました（本章冒頭の「WORK」を参照）。したがって，真書の学習段階を経ない庶民には，学問への接近は困難であったことがわかります。このように，文字と身分は不可分の関係にあったといえます。つまり，識字率の高さは，身分制がいかに浸透していたかを示しているともいえるのです。

⁴　町人文化と出世意識

　都市部の町人は，庶民のなかでも読み書きや計算能力は高かったといわれます。戦国時代から安土桃山時代にかけて，畿内では，市座を形成して自治による取引を行いました。その後，楽市・楽座と呼ばれる規制緩和政策によって城下町の経済活動が活発となり，商人や職人は職業的専門性を高めていきます。また，弟子の養成方法として，読み書き算や作法を身につける丁稚奉公が行われるようになります。この人間形成の方式は明治以降も続き，学校就学を阻む慣習として批判されました。

　市場が形成され流通が拡大すると，町人のなかに出世思想が出現していきます。当時，手相や人相などの相学が流行して，町人は自分に出世の相があるかどうかを占いました。身分制のもっとも下位にあった商人が上昇志向を有していたことは，近代社会の能力主義を潜在的に準備するものであったといえます。

3　子どもの生命と身体へのまなざし

　人類の文化伝達には，支配層による社会統治としての学問の組織化という側面と，単婚家族の家経営としての教導の側面の二つがあることを見てきました。これらは，いずれも社会や家の維持・継承を目的とした教化であり，子ども個人の能力の伸長を目的とした近代の教育とは区別されます。

　明治維新後の日本では，西洋各国をモデルとして近代学校教育制度が開始されました。しかし，本書第 7 章「新教育の思想」でも見たように，近代学校は，必ずしも教育思想を十全な形で組織化したわけではなく，それゆえに多くの教育思想家が学校批判や矛盾の指摘を行ってきました。では，日本では，子どもの個性や発達に注目する教育思想がどのように醸成されてきたのでしょうか。ここでは，江戸期の子どもの生存と成長の実態を押さえたうえで，子どもの命や身体に注目した小児科医を取り上げて教育思想の源流を辿ります。

表 9 - 2　角田藤左衛門『萬事覚書帳』(1683～1735年)

	名前	出生	日記の記述
第 1 子	斎宮助	1689	1691年病死，享年 3 歳
第 2 子	お花	1691	1693年病死，享年 3 歳
第 3 子	長三郎	1694	1704年婚約11歳，1712年結婚19歳
第 4 子	おでは	1705	1719年結婚15歳，1725年病死，享年21歳
第 5 子	正之助	1708	1709年病死，享年 2 歳
第 6 子	―	1709	「押返シ」
第 7 子	お上	1710	1721年婚約12歳，1725年結婚16歳
第 8 子	留之丞	1712	
第 9 子	―	1716	「子返シ」
第10子	―	1725	「押返シ」

出所：太田 (2007), p. 67より抜粋。

1　子どもの生存と成長

　江戸時代の乳児死亡はおよそ300人（出生千対）であったといわれ，子どもの命は「水の漚の如し」と表現されていました。17世紀後半に庶民が残した記録を例に，当時の子どもの成育状況を見ましょう[*6]。

　角田藤左衛門『萬事覚書帳』を紐解くと，この家族には10人の子どもが誕生したことがわかります（表9-2）。そのうち，斎宮助，お花，正之助は幼くして病死しています。また，「押返シ」「子返シ」と記された三人の場合は，誕生直後に子殺しが行われ，名づけは行われませんでした。第 8 子の留之丞という名は最後の子どもを意味する命名であることから，それ以後に生まれた二人の子どもは殺されています。ここから，子どもの数を調整する産児制限は，江戸期には避妊や堕胎ではなく，子殺しによって行われていたことがわかります。角田家のように，病死と子殺しによって夭折する子どもの存在は，江戸期には一般的なものでした。

　乳児死亡率を押し上げていた疾病は，当時ワクチンのなかった天然痘です。治療法がなく，赤い枕やみみずくの人形を置いて祈禱する以外に手立てはありませんでした。天然痘は避けようのない病であり，運良く治癒すれば抗体がつ

＊6　太田素子『子宝と子返し』藤原書店，2007年，pp. 49-99。

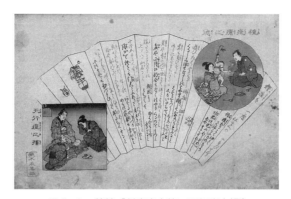

図 9-1　錦絵「種疱瘡之徳・天行痘之損」
出所：国立歴史民俗博物館蔵。

き成長が保障されたことから，いわば成長の登竜門であったといえます（図9
-1）。種痘によるワクチン接種が試みられるようになるのは，小児科学が発達
する幕末まで待たなくてはなりませんでした。現在の低い乳児死亡率と比較す
ると，妊娠・誕生がただちに成長を意味するものではなく，「七歳までは神の
うち」と考えられていた時代背景が理解できます。

2　子殺し・子捨て・子売りの禁止

　他方で，生まれてきた子どもが子返しやマビキと呼ばれる子殺しの憂き目に
遭うことも「神のうち」の心性のもとで行われました。江戸中・後期は人口が
停滞し，角田家のように1家族3〜4人の子どもを養育していたといわれてい
ます。つまり，病死だけでなく，子殺しが習俗として広く存在していたと推測
されます。子殺しの背景には，貧困，家業の繁忙，迷信，相続問題など多様な
理由がありました。

　江戸時代中期（1700年前後）になると，各藩が子殺しを問題視し，禁令や養
育手当などの育児支援策を講じて防止に努めるようになります。さらに，東北
地方を中心に子孫繁盛養育草という子殺し教諭書が流布されました。ここでは，
子どもを殺す母親や産婆は「鬼」として描かれ，その夫もまた厳しく罰せられ

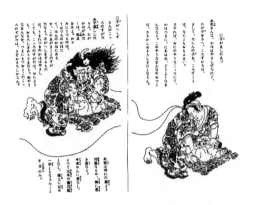

図 9 - 2　『遷土民間　子孫繁昌手引草』
出所：太田（2007），p. 217。

ました（図 9 - 2）。地域によっては，帯祝の時期（妊娠 5 カ月）に妊娠の届け出を義務づけ，出産を管理したところもあります。

　このような子殺しの禁令の徹底によって，次第に捨子・貰子が広がるようになります。ここには子どもの生命に対する人道的な配慮も見られますが，大半は子どもを労働力として売り買いする習俗の延長にあるものでした。明治政府による人身売買禁止令（1872年）が出されたあとも，資本主義の進展のもとで子売りが消滅することはなく，大正期頃までは続いていきます。このような子どもの生活の実態は，教育思想の生成が容易ではなかったことを示唆しています。

3　小児科学の子ども観

　西洋から近代法制度や人権思想が紹介されたあとも，子どもの生命尊重や権利意識はすぐには定着しませんでした。しかし，近世の日本にその源流がまったくなかったわけではありません。ここで取り上げるのは，子どもを疾病から守り，健やかな成長を説いた小児科医の子ども観です。

　江戸期のもっとも著名な小児科医は，貝原益軒の弟子の香月牛山です。彼は，『小児必用養育草』（1703）において，成長の摂理を知って養育することが肝心

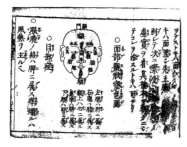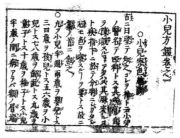

図9-3　廬洋『小児方鑑』(1686)

出所：木村元（編）『学校方式導入以前の人間形成（人間形成と社会—学校・地域・職業）』クレス出版，2012年，p. 33所収。

であり，「百尺の松も，一寸の時をよく養い得て千年の青き操をあらわし，七尺の人も，一尺の時をよく育て得て百年の寿を保つ事を知るべきなり」と説いています。また，病気や障害をもって生まれてきたとしても，将来「名人」となって世に名を残すかもしれないと述べて，子どもの可能性への信頼と，それが人為によって歪められることを戒めました。[*7]

　当時の漢医学では，問診と脈法が診察の基本でしたが，言葉が話せない乳幼児の診察は啞科と呼ばれ，もっとも難しいとされていました。そこで，この時期の独自の脈法が研究され，子どもの呼称も嬰児（〜2歳），孩児（3，4歳），小児（5，6歳），齠齓（7，8歳），童子（9歳），稚子（10歳）と細かく区分して，子どもの医学研究が行われました（図9-3）。小児病の解明が進むことで，子どもの身体の固有性に関心が集まり，ルソーの場合で見たような「子どもの発見」と同型のまなざしが準備されたと考えられます。

　その後，西洋医学が紹介されると，堀内素堂の『幼幼精義』（1843）によって子どもの発達についての知識が紹介されます。彼は「草が初めて生じ，木芽初めて発し，風向雨施の化を待つ時のごとく也」と述べて，子どものなかに内在する強い生命力に注目しなければならないと主張しました。この考え方は，近代以降の子どもの発達研究に展開していきます。このように，子どもの死亡率が高いなかにあって，子どもの身体を研究した小児科医の系譜のなかに，親

＊7　香月牛山『小児必用養育草』1703年（山住正己・中江和恵『子育ての書1』平凡社，1976年，pp. 287-366所収）。

や社会の所有物としての子ども観を排する近代的教育思想が準備されていたのではないかと考えられます。[*8]

 まとめ

　前近代の人間形成は，支配層による学問統制と家の継承戦略という目的のもとで組織され，多様な学校が普及していました。特に，子の養育権が村共同体から単婚家族へと移行するなかで，子育てへの関心は飛躍的に高まりました。なかでも手習いを中心とした文字文化の広がりは，日本の学習観を特徴づけているといえます。

　他方で，江戸中・後期は，天然痘などの病気と子殺しによる乳児死亡率の高さが際立っていた時代です。子どもにとっては生存そのものが危うい時代であり，その育ちは天命によるものと考えられていました。そのなかで，江戸後期の小児科学では，子どもの身体の固有性に関心が集まり，「子どもの発見」につながる見方が生まれており，これらは日本の教育思想の源流として位置づけられます。

　しかし，本章で見た前近代の人間形成の特徴は，そのまま近代学校へとつながったわけではありません。身分制下の人々の学校観や子ども観を問い直し，個人の自立を目的とする教育へと組み替える変革の過程をぬきにしては，明治以降の近代公教育は実現しなかったのです。

 さらに学びたい人のために

○太田素子『江戸の親子——父親が子どもを育てた時代』中央公論社，1994年。
　　土佐藩の下級武士 楠瀬大枝 が残した日録『燧袋』（文化・天保期）をもとに，江戸後期の父親の家経営や跡継ぎ教導の戦略と困難を明らかにした書。

○中江和恵『江戸の子育て』文藝春秋，2003年。
　　江戸時代に多く生み出された子育て書を取り上げ，儒者や医家などの子育て論を現代と比較しながらわかりやすく解説しています。また，西洋とは異なる日本の親子関係の特徴がわかります。

＊8　堀内素堂『幼幼精義』1843年（木村元（編）『学校方式導入以前の人間形成（人間形成と社会——学校・地域・職業)』クレス出版，2012年，pp. 117-333所収)。

第 10 章

日本型の学校の形成
──戦前の展開──

● ● ● 学びのポイント ● ● ●

- 近代の学校の基本的な性格について知る。
- 日本の近代の学校制度はどのようにつくられてきたかを理解する。
- 日本の学校の特徴がわかる。

WORK 近代の学校とは何か

　以下の2枚の絵を見てみましょう。Aには，江戸の寺子屋の師匠と子どもたちの様子が描かれています。Bは，学校制度の出発時である1870年代に，小学校の教師になる人のために用意された『小学教師必携』というテキストに掲載された教室の様子です。寺子屋は，本書第9章で学んだように，近世のムラ社会を生きるための人間形成の場でした。一方，小学校は，国家が近代社会の一員をつくるために制度化した学校です。二つはどこが共通しており，違いは何かを整理してみましょう。

図A

出所：唐澤富太郎『教育博物館（中）』
　　　ぎょうせい，1977年，p. 3。

図B

出所：仲新（編）『近代日本教科書教授
　　　法資料集成　第1巻』東京書籍，
　　　1982年，p. 85。

● 導　入 ● ● ● ● ● ● ● ● ●

　桜の下での入学式，運動場がある学校，机を寄せて食事をとるという昼の過ごし
方。これらは，日本の社会で多くの人々が想起する学校の姿でしょう。実は，これ
らはどこの国でも見られることではありません。むしろ，日本の学校の性格を端的
に示すものといえます。

　この章では，近代において，学校が教育の場としてどのように日本に導入され定
着していったかに注目して，その特徴を学び，こんにちの学校への理解を深めます。

● ● ● ● ● ● ● ● ● ●

1 近代の学校制度の出発

　学校による人間形成は，本書第 9 章で見た近代以前の習俗や慣習を中心にし
た人間形成，生活の必要に応じて存在した学びの場である寺子屋（手習塾とも
呼ばれる[*1]）などとは異なった性格をもつものです。この章では，学校はどのよ
うに日本の社会で受け入れられていったのかを見ていきましょう。

　本書第 8 章で見た西洋で成立する近代学校の日本への導入は学制によってな
されます。**学制**とは，1872年に出された日本最初の全国規模の教育制度の法制
です。学制では，地方教育行政単位で学区制が採用されています。全国を八つ
の大学区に分けて各大学区に大学を 1 校置き，そのなかを32の中学区に分け，
さらに各中学区を210の小学区に分けて，その一つ一つに小学校を置きました。
こうして，全国に 8 の大学校，256の中学校，5 万3,760の小学校を設置する計
画が示されました。

　これまでに経験したことのない制度ですから，学校制度の枠組みが示された
だけでは人々にとって学校とはどういうものかわかりません。それを説明して
いるのが**学制布告書**（「被仰出書」とも呼ばれてきた）という学制の前文です。
ここには学校がどのようなものかが説明されています。しかし，不思議なこと

＊1　寺子屋については，本書第 9 章参照。

に「教育」という言葉がここには見当たりません。「教育」は，当時の社会に
流通していた言葉ではなく，学校が普及するなかで定着していったのです。学
制布告書では，武士階級に独占されていた「学問」を国民全体に開き（皆学主
義），その内容を一人一人が「身を立てる財本」と捉え（個人主義），近代知
識・技術に基づく実学が重視（実学主義）されています。

　学制によって定められた学校制度（図10‐1）では，1880年代まで学力に応
じた**等級制**という進級（進学）制度が採用されていました。西洋に遅れて近代
国家となった日本にとって，西洋の知識，技術を速やかに移入することは重要
な課題でした。この課題に対応するため等級制というシステムがとられたので
す。等級制とは，国家が定めた知識・技術の内容を教科（当時の「教科目」）と
いう形で区切って，各教科ごとに難易に応じて配列した学校カリキュラムです。
その一つの単位を「級」とし，「級」ごとの教育内容を修得したかどうかを試
験で確認して進級する方式をいいます。たとえば，最初の小学校の課程は，上
等・下等の二等科で各々の等科を八級に区分し，上下等科を併せて4年の在学
期間としました。子どもたちは，毎月の小試験，半年ごとの定期試験，小学校
の卒業試験を経て，中学校に進学するのです。このカリキュラムは，**厳格な試
験**によって教育内容の水準を維持し，生徒に新たな知識の獲得への意欲をもた
せようとしたもので，日本が西洋諸国から離れた極東の地域に位置していたこ
とが，知識・技術の伝達をより純化させていたと見ることもできます。

　日本の学校制度は，出発の時点においては，司法が司法省司法学校，工学が
工部省工部大学校というように，学問領域ごとに頂点に立つ学校を設けました。
その後，それらを一つの体系に組み込み，頂点校を統合する形で**帝国大学**を設
置し，新知識や技術の移入のための巨大なシステムをつくりあげました。さら
に，帝国大学を出た者を国家官僚組織に配置するという優遇策をとるなど，近
代国家の統治機構と学校とを連結して位置づけていきます。このように国家に
よってその威信が示され，近代社会を支える諸機関とも関係をつくりあげなが
ら波及していき，**学歴社会**が築きあげられていくのです。これは，日本だけの
ことではなく，西洋から遅れて近代化を進めた諸国に共通する**学歴病理**＊2と指
摘されています。学校は，標準となる知識・技術を設定し，効率的に修得させ

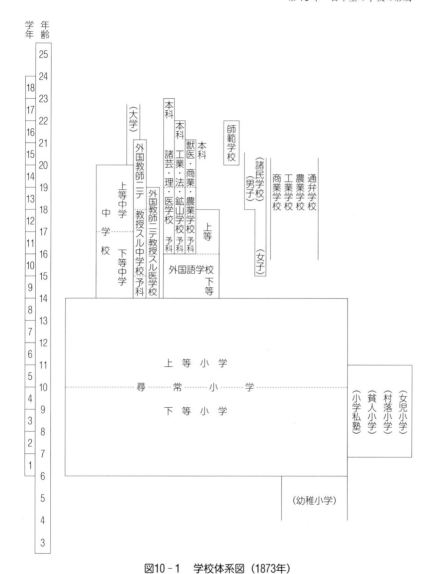

図10−1　学校体系図（1873年）

出所：文部科学省「学校系統図」http://www.mext.go.jp/b_menu/hakusho/html/others/detail/
1318188.htm（2019年 6 月 5 日閲覧）。

るための機関であるとともに，学歴によって社会に人材を配分する役割も果たすことになるのです。

2 「日本の学校」の形成：国民の創出

　草創期の日本の近代学校は，新しい知識・技術を導入し吸収するだけでなく，国家の一員である人間の形成が課題でした。たとえば，当時の鹿児島と青森は，幕藩体制下では薩摩藩と津軽藩という違う共同体社会のもとにあったため，そもそもお互いの言葉が通じないことすらありました[*3]。それを同じ日本の成員としてつくりかえる必要があったのです。そのために，言語と歴史と道徳を共有する国民の形成が重要な課題となりました。学校による国民の創出とも呼ばれます。

1 教育勅語

　国民を創出するための中核として位置づけられたのが「**教育ニ関スル勅語**」（以下，教育勅語）です[*4]。近代の日本は，天皇を中心とする社会としてつくりあげられました。勅語は，天皇の私的な言葉という意味ですが，これを国民道徳の基本とし，教育の根本理念を明らかにするものとして1890年に発布されました。本文 315字で，内容は三つの部分から構成されています。前段では，天皇自らの祖先がこの国をつくり，忠，孝を基本とする国民の「徳」をつくったとし，この徳をもとに全国民が一致して歩んできた根底に教育があったことを示しています。次いで「父母ニ孝」「兄弟ニ友」「夫婦相和」など具体的な徳目が列挙され，非常時には自らをなげうって天皇と運命を共にすることを掲げています。最後に，教育勅語は時空間を越えた真理であり，このもとで国民の「徳

＊2　ドーア，R. P.，松居弘道（訳）『学歴社会　新しい文明病（岩波モダンクラシックス）』岩波書店，2008 年（Dore, R. P. (1976). *The Diploma Disease : Education, Qualification, and Development,* University of California Press.）。

＊3　井上ひさし『国語元年』中央公論新社，2002年に詳しい。

＊4　教育勅語については，高橋陽一『くわしすぎる教育勅語』太郎次郎社エディタス，2019年，がわかりやすく解説している。

ヲ一」にすることを改めて求めています。

　勅語は，その謄本が全国の学校に配付され，さまざまな機会，なかでも儀式・行事などを通じて，その価値観が子どもたちを通して社会に浸透していきました。「教育」という言葉は，学校の普及に伴って定着していったものですが，その決定的な役割を果たしたのが教育勅語であるとされています。[*5]

2　学級制の成立

　日本の学校の土台を形づくったものとして，学級制があげられます。1891年に「学級編成等ニ関スル規則」が出され，それまでの等級制に替わり，学級制が導入されました。学校で教える─学ぶ場として「**学級**」が設けられ，それまでの等級制に基づいた「級」組織から，教師と子どもの集団を基本的な単位として組織化した学級制に基づく「組」組織への転換がなされました。「組」という言葉は，ムラの子ども組という生活集団からきているとされています。これまで多様な年齢の等級ごとの子ども集団が学ぶ場であった教室は，年齢差が1歳以内の子どもたちが「同級生」として教師と共に一緒に過ごす生活の場へと空間の意味を変えたのです。教室では，多数の子どもに一斉に教える教授方法がとられました。[*6] そのため，多様で学力差のある子ども集団を一人の教師が教えることになり，そこに，教師が集団をまとめあげるという課題が生み出されました。

3　学校行事・儀式と教科目

　学校を共同体として有機的に運用するために，**学校行事・儀式**が重視されました。[*7] 20世紀を迎える前に成立した，入学式や卒業式（卒業写真），始業日，創

＊5　田中萬年『生きること・働くこと・学ぶこと──「教育」の再検討』技術と人間，2002年。

＊6　本章冒頭の WORK で取り上げた図Bは一斉教授を示しているが，等級制の実態は多様な学力の子どもを一つの教場で教えることが多く，学校出発当初は一斉の教授は困難だった。

＊7　佐藤秀夫『学校の文化（教育の文化史２）』阿吽社，2005年。

立記念日などは，まさに行事によって子どもの生活に学校の時間を刻み込んだ
ともいえます。これにより，在籍する学校ごとのまとまり（「同窓生」）がはっ
きりと示され，子どもや保護者の学校への帰属意識が高まりました。

　なかでも卒業式は，学校の一員であることを強く意識するのに大きな役割を
果たしました。また，運動会は，当初は近隣の学校と共同で開く「聯合運動
会」として挙行されていましたが，1880年代後半以降は，小学校ごとに行う運
動会が普及し定着していきました。

　1900年の小学校令改正（第三次小学校令）^{＊8}では，これまで「読み方」「書き方」
「綴り方」の三つだった教科目をまとめて「国語」科としてつくり直されまし
た。加えて，「体操」が必須科目となり，5年以内に広さは最小100坪以上，児
童1人に平均1坪以上を基準とする体操場の設置が求められました。サイエン
スとは異なる「理科」，日本語ではなく「国語」を教え，体操場を必ず敷設す
るという「日本の小学校」の基本型がつくりあげられたのです。

4　教　室

　教室の広さは，1880年代には6m×10mの20坪が標準に定められました。教
室は，勉強だけでなく遊んだり昼食をとったりして，子ども同士であるいは教
師と共に生活する場とされました。欧米では教科ごとに教室を渡り歩く教科教
室型が主ですが，「日本の学校」は，生活の場として教室を配し，知育にとど
まらず体育，徳育も担い^{＊9}，総合的に人間形成を行うようにつくられました。机
を寄せ合って昼食をとるなど，教室は村の生活の延長でもありました。片廊下
一文字型の校舎と運動場，屋内運動場を備えた「日本の学校」の風景の基本形
は，現在まで続いているといえるでしょう。

＊8　小学校令とは，1886年に森有礼文相のもとで旧制の小学校に関する基本事項を規定した勅令。
　　大日本帝国憲法下においては教育に関する基本法規は勅令（天皇の命令）で定められた。
＊9　知・徳・体の三育とされ，それぞれ知能を高める，人格や道徳心を養い育てる，健全なからだ
　　をつくる教育を示す。スペンサー（Spencer, H.）が『教育論』（1861）などで教育の基本原理
　　として示した。

5　義務教育の成立

　近代社会は，次世代の人間形成を主に学校によって行うようになり，そのため義務教育を成立させました。**義務教育**とは，一般に「国民が一定の教育を受けることを国家的に義務づけられている教育とその制度」とされています。[10]

　義務教育は，子どもを学校に通わせる義務を保護者に課すことと考えられがちですが，そもそも学校がなければ就学させられません。その意味で，義務教育は，**就学義務**と**学校設置義務**が前提となります。日本では，1886年に小学校令，中学校令，師範学校令，帝国大学令からなる学校令が出され[11]，親が子どもを小学校に就学させる義務があることが示されました。その後，1890年に改正された第二次小学校令では，市町村を設置者とする学校設置の義務が定められました。しかし，当時は，児童労働が，特別なことではなく子どもの就学を阻む障壁となっていました。これに対応して，1900年の第三次小学校令において，子どもの雇用主に対する**就学保障義務**の用件が整えられました。これによって，実質的に義務教育が成立したと考えられます。[12]

　納税と兵役と教育が戦前の国民の三大義務といわれることがありますが，大日本帝国憲法には教育の義務は規定されていません。教育の義務は，憲法を越えた位置づけにあり，天皇の「仁恵」による「恩恵」とされていたのです。教育勅語は，それを体現するものでした。

6　戦前の学校制度の特質

　ここまで，日本が近代国家の形成の過程で伝統を創造し，それに基づいた学校制度を構築したことを見てきました。日本に限らず多くの国が伝統を創造することで国民形成を行いましたが，日本の場合は，公教育は，天皇制を土台と

＊10　平原春好・寺﨑昌男（編）『新版　教育小辞典（第3版）』学陽書房，2011年。

＊11　単一の法令によって学校制度を定めるのではなく，学校種ごとに制度を定めた。戦後は学校を包括する学校教育法が学校を包括的に定めた（本書第11章参照）。

＊12　花井信『製糸女工の教育史』大月書店，1999年。

し国民を統合する機能を果たしました。同時に，子どもたちを身分や貧富にかかわらず同じ「天皇の赤子」と位置づけることで，日本社会の家族・地域共同体の秩序（家父長制）と公教育とをうまく接合させようとしたシステムでもあったのです。しかし，学校の教育内容が子どもの現実の生活と食い違うことも多かったため，教師たちのなかには子どもの生活の必要に根ざした教育実践を工夫しようとする動きが生まれます。

3 学校制度の確立と新教育

　1910年代までには，上述したように，すべての国民を対象とした日本型ともいえる小学校の原型がつくりあげられました。

　一方で，これと並行するように1910年前後までには，いわゆるエリート層である「国家ノ須要」となる人材を育てるための戦前日本の学校体系の原型が整いました（図10‐2）。帝国大学とそこに直結した高等学校が配置され，中学校がそれにつながる唯一の機関として据えられました。それぞれの学校段階ごとには格差があり，中等教育段階では，府県立中学校，有名私立中学校を中軸にした中学校，その外側に実業教育を目的とする実業学校，女子を対象とした高等女学校，小学校教員養成を行う師範学校というように，教育内容や性別などによって種別化されていました。さらに，高等教育段階では，官学と私学の区分のほかに，大学と専門学校の区分を設けた二重の格差構造が存在しました。

　日本の学校制度は，概括してみると，①帝国大学を頂点とした西欧の知識，技術を移入する機関という性格と，②義務教育の場である小学校に代表される国民形成（臣民形成）の機関という性格が，合わさってつくりあげられたところに特徴があります。欧州では，人々は社会の階級によって入る学校が違い，日本とは異なりすべての子どもが小学校に入るわけではなかったのです。ただし，日本の学校制度は，入学機会が平等であったとはいえ，どの学校を出るか

＊13　**家父長制**：家制度のもとで権威ある者（父親）が，そこでの構成員によかれと思って取り仕切る在り方。温情的庇護主義。
＊14　生活の必要に根ざした教育実践については，本書第13章参照。

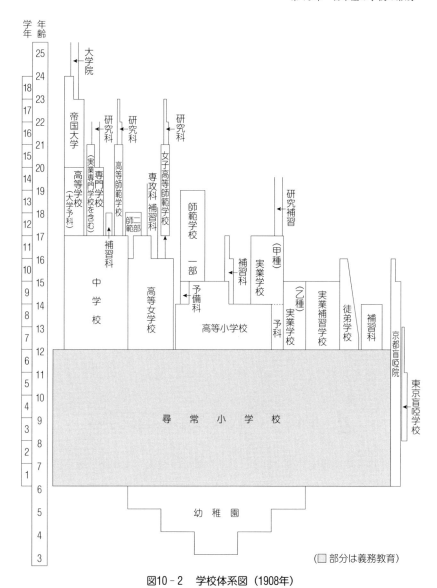

図10‒2　学校体系図（1908年）

出所：文部科学省「学校系統図」　http://www.mext.go.jp/b_menu/hakusho/html/others/detail/1318188.htm（2019年6月5日閲覧）を一部修正して作成。

によって進路の異なる**分岐型の複線体系**[*15]であったということができます。

　1920年代には，これまでの国家によって定式化されてきた学校の在り方を反省的に捉える学校づくりやそれを支える運動が起こりました。その背景にあった大きな社会変動の一つが，都市化の進展です。たとえば，納税の割合を見ると，農村社会であった日本は長らく地租がトップを占めていましたが，この頃には法人税や所得税へとその比重が移っています[*16]。いわゆるサラリーマンである都市の新中間層は，全人口比の7〜8％ではありながら，大きな存在感をもつようになっていたのです。この層は，旧来の地縁血縁にかかわりなく，個人の能力と努力で生活を切り拓いていく階層だったため，学力は欠かせないものとして独自の教育要求をもっていました。子どもを価値あるものとして捉え，よりよい教育をわが子に与えようとしたのです。この階層の台頭は人々の産育行動にも影響を与え，子どもの人数を絞って大切に育てるという**少産少子**型社会への移行がはじまりました。中間層家庭の人口増加により，新しい学校が都市部を中心に建設され，子どもに対する認識は「授かりもの」から「つくるもの」へと変化していきました。この時期以降，都市新中間層の支持を得て，子どもの成長を第一の価値として捉える学校が次々と生まれていくことになります[*17]。

4 戦時下の教育改革と国民学校

　1931年の「満州事変」後，日本の社会は戦時下に入りますが，教育が本格的に戦時体制のもとに組み込まれていくのは，日中戦争の拡大を契機にした1937年以降とされています。戦時下の教育改革の基本構想は，1937年から1942年まで設置された内閣直属の**教育審議会**において議論されることになりました[*18]。教

＊15　学校体系については，本書第11章参照。
＊16　三和良一・原朗（編）『近現代日本経済史要覧』東京大学出版会，2007年，p. 21。
＊17　民間教育史料研究会（編）『教育の世紀社の総合的研究』一光社，1984年；小山静子「少産社会の子ども観──『作るもの』『育てるもの』としての子ども」『教育学研究』71(4)，2004年。また，この時期の実践（大正自由教育の諸実践）については本書第13章参照。
＊18　清水康幸ほか『資料教育審議会の研究（総説）』野間教育研究所，1991年。

育の戦時体制化を進めるうえでも，これまでの学制上の課題に対応する必要が
あったためです。具体的には，小学校の 8 年制への年限延長，教育方法の見直
し，複線化されていた中等学校の一元化，男子の青年学校の義務化などであり，
これまでの学校制度の枠組みに関わる問題が議論されました。その後施行され
たもののうちもっとも大きな影響力があったのが，**国民学校**の創設です。

　1941年 4 月から1947年 3 月まで，日本の教育の歴史のなかで唯一，小学校に
替わって国民学校が設置されました。国民学校は，皇国民の「**錬成**[*19]」を目的と
して，アジア・太平洋戦争下における教育の要を担いました。国民学校では，
戦時下における訓練を軸とする徹底した軍国教育が実施され，「心身一体ノ訓
練」「知行合一」などをスローガンに錬成が行われました。国語，算術などの
教科目は，国民科，理数科などの総合的な枠組みで位置づけ直されました。ま
た「教授（教育内容を教えること）」と「訓練（しつけ）」と「養護（身体の養育・
保持）」の三者を一体のものとし，教師と生徒は一方的な上下関係にあるもの
ではなく「師弟同行」であるべきとしました。「授業」という言葉が一般的に
用いられるようになったのは，この時期からです。

　戦時下の教育改革においては，分析された要素別の文化財を教材として，教
師から生徒に一方的に伝達することを基本とする，これまでの近代学校の原形
が批判されたともいえます。分析的な知識では実践的で有用な生きた力の育成
にはならず，近代学校が人間形成においては不十分であるとされ，1920年代の
新教育の実践で見られた総合学習や合科学習が国民学校でも取り入れられまし
た。しかし，戦時下ではこれらは進展することなく，実際は，身体的な訓育実
践が横行したのでした。

　戦時中は，先述した改革の多くが，実質を伴って実現することはほとんどあ
りませんでした。たとえば，中等教育の一元化は，1943年の中等学校令におい
て制度上は実現しますが，実質的には旧来のままであり続け，エリート教育と
しての「中等教育」と大衆的教育である「青年教育」との一元化は審議されま
せんでした。一方で，中学校と高等女学校の夜間課程については認められ，す

＊19　**錬成**：「教育」に替わって子ども（「少国民」）を皇国民に錬磨育成する方式。

でに存在した実業学校の定時制も含めて，戦後の新制高校の定時制の課程の前身となりました。

　一方，戦火が激しくなるに従い，犠牲者数は膨大になっていき，傷痍軍人や遺族，出征軍人家族への援助活動が組織されました。学校教育においても軍人援護教育が行われるようになり，また，1944年になると**集団疎開**[20]が決定されました。

　本土空襲が本格化し，家や家族を失い孤児となった児童も続出しました。学校は原則，授業を停止しましたが，義務教育である国民学校初等科だけは学校の授業を続けました。しかし，食糧不足のなかで日々の生活もままならないうえに空襲の脅威も加わり，実質的には機能不全の状況のなかで，敗戦を迎えたのです。この間，おびただしい数の子どもの生命が失われました。

 まとめ ・・・

　西洋の知識・技術を移入することを重視してつくりあげられた日本の学校制度は，社会に対応する形で，小学校に象徴的に見られるような「日本の学校」を築いていきます。その特徴は，教育勅語を基盤に，学校を学習の場のみならず生活の場としてつくりあげた点にあります。アジア・太平洋戦争期は戦争体制下で教育が編成し直されましたが，戦局悪化のなかで機能不全に陥りました。敗戦を経て，理念や制度的な枠組みは大きく転換することになりますが，学校の構造自体は戦後にもつながっています。

・・・

 さらに学びたい人のために

○天野郁夫『試験の社会史――近代日本の試験・教育・社会（増補）』平凡社，2007年。

　　日本の学校教育と選抜のシステムはどのようにしてつくられたのかを試験の歴史を通して明らかにしています。

---

*20　**集団疎開**：「疎開」とは，もともと歩兵の戦闘方式であり，空襲による被害を避けるための「学童の戦闘配置」と位置づけられたもので，40万人が集団疎開の対象となった。逸見勝亮『学童集団疎開史――子どもたちの戦闘配置』大月書店，1998年。

○ドーア，R. P., 松居弘道（訳）『学歴社会　新しい文明病（岩波モダンクラシックス）』岩波書店，2008年。

　　学歴社会という病弊（Diploma Disease）の実態を描いている著書。日本・先進諸国・第三世界の国々の比較研究を通して，学歴社会は，程度の差はあっても近代社会に共通して見られること，遅れて近代化を開始した国ほどその「病理性」は大きくなること（「後発効果」）が示されています。

○佐藤秀夫『教育の文化史（全4巻）』阿吽社，2004-2005年。

　　戦前の公教育を天皇制公教育として捉え，多方面にわたってその構造を明らかにしている著書。軍と学校との関係，制服の成立史，学校慣行の成立史，モノと教育・学習との関係史など日本の学校の文化を考えるうえで参考となります。

○教育史学会（編）『教育勅語の何が問題か』岩波書店，2017年。

　　教育勅語に関して，その構造と解釈だけではなく，学校で起きたことや植民地での扱いなどトータルに説明がなされています。

○有本真紀『卒業式の歴史学』講談社，2013年。

　　卒業式は，学校行事のなかでもっとも重要なものの一つです。この書は，単なる卒業試験後の証書授与として出発した卒業式が，のちに同一学校の卒業生というアイデンティティを付与するとともに，在校生に学校の共同体を担う一員であることを再確認させる場となっていく過程を描いています。

○寺﨑昌男『東京大学の歴史──大学制度の先駆け』講談社，2007年。

　　日本の学校制度の頂点に位置づけられた東京大学の歴史を描いた著書です。東京大学の組織・制度の成り立ちだけではなく，その慣行や成績評価など幅広く叙述した通史的な意味合いももっています。日本の学校制度の性格を捉えるうえでも有用です。

○片桐芳雄・木村元（編）『教育から見る日本の社会と歴史（第2版）』八千代出版，2017年。

　　古代以降の日本の社会と歴史の展開のなかで教育を位置づけた日本教育史のテキストです。日本の教育の歴史を制度，人口動態，国際的な視点も入れながら描いており，この章の内容をより詳しく学ぶことができます。

第11章

戦後の学校
——その展開と課題——

●　●　●　●　　学びのポイント　　●　●　●　●

- 戦後の学校制度は何を課題にして，どのようにつくられてきたかを知る。
- 戦後の学校はどのような展開をしたのかについて理解する。
- こんにちの学校はどのような歴史的な課題をもっているかをつかむ。

WORK　学校の受け入れの経過を辿る

　以下の図は，高校・大学への進学率，さらに長期にわたって中学校に
「行けない・行かない」子どもたちの動向を示す「長欠（長期欠席）」率の
変遷をまとめたものです。

　この図から，敗戦後から現在に至るまで日本人が学校とどのように向か
い合ったかについて，何が読みとれるか考えてみましょう。学校に対する
人々の受け止め方はどのように変化したか，話し合ってみてください。

戦後の進学，長欠の動向

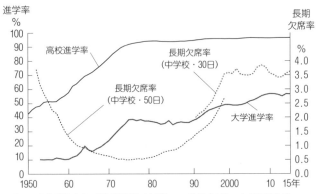

注：・高校進学率は，通信制課程（本科）への進学者を除いた高校進学率。
　　・大学進学率は，四年制大学及び短期大学への入学者数を，3年度前の中学
　　　校（2000年からは中等学校前期修了者数を加算）卒業者数で除して求めた
　　　値。
　　・長期欠席率については，1998年度までは年度間に通算50日以上を欠席した
　　　生徒の割合。1991年度からは30日以上欠席した生徒の割合。但し1999年ま
　　　では年度間に通算30日以上欠席した生徒の数と50日以上欠席した生徒の割
　　　合を併記。1999年度以降は中等教育学校（前期課程）の数値を和している。
出所：文部科学省『学校基本調査報告書』，『公立小学校・中学校長期欠席児童生
　　　徒調査』（1952-58年）より作成。

● 導　入 ●　●　●　●　●　●

　この章では，社会の変化に応じてどのように学校制度や教育内容がつくりあげら
れ変化していったかに注目して，戦後の学校の変遷を学び，こんにちの学校への理
解を深めます。

　そのうえで，近代学校と「日本の学校」という二層のうえにある戦後の学校が，
いま大きな転換点にあることを理解します。

　第10章で見たように，日本の小学校は戦前にはすでに人々の生活に定着していま
した。その土台のうえに，戦後の新しい学制が敷かれました。本章では，戦後の学
制の展開を三つの時期に区分して示します。戦後の学校制度が導入された時期（第
１期），戦後の学校制度が定着した時期（第２期），その学校制度の枠組みが問われ，
大きな修正を求められるようになった時期（第３期）です。

　　　　　　　　　　　　　　　　　●　●　●　●　●　●　●　●　●

1　戦後の学校が目指したもの

1　教育基本法と 6 - 3 - 3 制

　戦後の学校がスタートしてから高度成長期に至るまでが第１期（1947〜1950
年代）です。

　1945年，日本はポツダム宣言を受諾して無条件降伏しました。敗戦とこれに
続く混乱のなかで，日常生活のみならず社会的，政治的な側面でも不安定要素
を多く抱えもったまま，戦後日本は出発することになりました。学校現場では，
校舎などの焼失被災によって教室確保もままならず，二部授業や三部授業，な
かには屋外で授業を行う青空学校などで対応するところもありました。

　アメリカを中心とする連合国によって間接統治されていた最中の1946年11月
３日，平和主義，国民主権，基本的人権の尊重を基本原則とした**日本国憲法**が
公布されました（施行は1947年５月３日）。この憲法の理念と目的を実現するう
えでの教育の役割が示されたのが，翌年施行された**教育基本法**（1947年３月公
布・施行，2006年改正：本章第３節参照）です。「人格の完成」を目的とした教育

181

基本法によって，教育は，戦前の教育勅語を支柱とし国家に対する忠誠を求めるものから，憲法に基づき個人にとっての権利へと変わりました。個としての人格的成長を前提とした主権在民を実質化することが目指されたのです。

日本国憲法，教育基本法のもと，戦後の学校制度の法的整備が進められました。その中核を担ったのが，教育基本法と共に成立した，学校を包括する法律としての学校教育法です。同法が法的な根拠となって，6-3-3の学校体系（6-3-3制）が出発しました（図11-1）。6-3-3制とは，**アメリカ教育使節団**の勧告を受け，法制化された**単線型学校体系**を指します（図11-2参照）。

小学校と前期の中等教育である中学校までを義務教育とし，さらに，後期中等教育である高校までにつながる，すべての人（国民）に開かれた体系です。高等教育である大学までも含めて6-3-3-4制とする場合もあります。

2　新学制の構築

戦後の学校制度は，1947年に**学校教育法**によって一元的に規定されました。学校教育法の第1条で，「小学校，中学校，高等学校，大学，盲学校，聾学校，養護学校及び幼稚園」を学校と定義していました。これらの学校は，「学校教育法の第1条に規定される学校」という意味で「一条校」と呼ばれます。

戦時体制のもとで小学校は1941年4月から国民学校となっていましたが，再び小学校へと戻されました。また，新たに義務制の**新制中学校**が創設されました。当時，義務制の中等教育は世界的にもアメリカしか実現されていませんでした。敗戦後の日本が物心両面で厳しい状況のなかで新制中学校を発足させたことは，世界から注目されました。新制の高等学校（以下，高校）は，のちに高校三原則とされる改革原則をもとに設置されました。すなわち，①一つの通

＊1　**アメリカ教育使節団**：連合国軍占領下の日本において，連合国軍最高司令官総司令部（GHQ/SCAP）の要請により，1946年3月にアメリカから派遣された使節団。この使節団の示した勧告に基づき戦後の学制改革が進められた。

＊2　学校教育法はその後改正が重ねられ，現行の学校教育法第1条によると「学校」は，「幼稚園，小学校，中学校，義務教育学校，高等学校，中等教育学校，特別支援学校，大学及び高等専門学校」と定義されている。

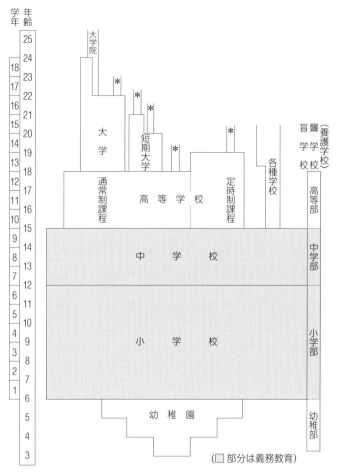

図11-1　6-3-3制の学校体系図（1949年）

注：＊印は専攻科を示す。

出所：文部科学省「学校系統図」 http://www.mext.go.jp/b_menu/hakusho/ html/others/detail/1318188.htm（2019年 6 月 5 日閲覧）より一部修正して作成。

学区に 1 校の高校を設置し，通学区内の希望者をすべて入学させる**小学区制**，②単一の学校内に多様な学科，コースなどを設け，進学にも就職にも対応できる教育のプログラムである**総合制**，そして③**男女共学**です。働きながら学ぶ人に対応するために，高校には定時制[*3]や通信制[*4]を置くなど，複数のカリキュラム

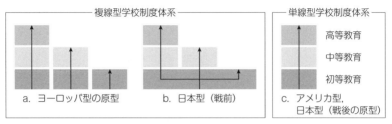

図11‒2　複線型と単線型の学校体系
出所：木村元（編）『教育学（第7版）』医学書院，2015年，p. 47より一部修正して作成。

が設けられました。さらに，一条校には含まれませんが，「学校教育に類する教育」を行う所定の要件を満たす教育施設として，「各種学校」が規定されました。[*5]

　戦後の学校制度改革は，単線型の学校制度を確立し，性別，社会的階層，地域を問わず教育を受ける機会を保障するための制度を導入したことに，その本質があるといえるでしょう。[*6]

---

*3　**定時制**：「夜間その他特別の時間又は時期において授業を行う課程」（学校教育法第4条）。働く必要があるなどして全日制に進めない生徒の教育の場として出発したが，近年，不登校経験をもつ生徒の受け皿にもなっている。

*4　**通信制**：「通信による教育を行う課程」（学校教育法第4条）。全日制，定時制に通えない子どもを対象に制度が整えられた。近年，通学できないだけではなく通学の意思がない子どもが増加している。

*5　**各種学校**：一条校以外の多くの学校のなかで一定の条件を満たすものを各種学校と認定して学校教育法のなかで位置づけている。1976年に各種学校のうち一定の水準，規模のものを対象とした専修学校が定められた。ちなみに専門学校は専門課程を置く専修学校が称することのできる通称。

*6　日本と同様に敗戦国として戦後を迎えたドイツ（西ドイツ）では異なった対応がとられた。西ドイツもまた，同様にアメリカ教育使節団から単線型学校システム導入の勧告を受けたが，これを採用せずに，第二次世界大戦前のワイマール体制の制度に戻すように戦後教育改革を実施した。望田幸男『二つの戦後・二つの近代——日本とドイツ』ミネルヴァ書房，2009年。

2 学校化社会の成立

1 生活経験から全国一律な平等へ

戦後日本の学校の展開の第 2 期（1960年代から80年代）は，学校化社会が成立した時期です。

新学制のもとで，教育内容は**学習指導要領**によって定められました。アメリカの州ごとのカリキュラムともいうべきコース・オブ・スタディなどを参考にして作成された学習指導要領は，「教師自身が自分で研究していく手引き」とされ，1947年に国家が一つの基準を示したうえで，地域や各学校に自らの責任で自校に最適なものを策定するための「試案」という形で示されました。これまで国家によって独占的になされていた教育の内容やカリキュラムの決定に学校や地域が関わることができるようになったところに，戦後学制の特徴があります。

デューイ（Dewey, J.）[*7]の影響を受けて，教育は経験を連続的に改造していく過程として捉えられ，子どもの生活経験に根ざし，地域社会の問題解決にあたることができる市民を養成することが目指されました。これを支える教科として，総合教科の性格をもつ新設の「**社会科**」が1947年 9 月に発足しました。

しかし，経験学習を中心とした学校教育では，地域や学校によって格差が生じるとともに学力の低下が問題となってきました。さらに，1950年代後半には，経済成長によって産業化した社会を支える人材養成のための教育が重視されていきます。

これらに対応した1958年の小・中学校の学習指導要領の改訂は，提示の形式がこれまでの「試案」から文部省告示となり，法的拘束力をもつ国家的基準へと転換します。それまで各学校にゆだねられていた教育内容は，この指導要領によって全国一律の基準が適用されるようになりました。同時に，生活経験を

---

*7　デューイについては本書第 7 章参照。

もとにした教育に代わって学問の成果を系統的に教える**系統学習**が導入され，全国どこでも同水準の学習内容を学ばせることになりました。それを保障するために，1962年には，小・中学校の全学年に教科書の無償給布がなされ，基礎的に各学校に備えておくべき「教材基準」が定められました。一方で，道徳の領域は，これまで社会科に含まれるものとして学校教育全体（「全面主義道徳」といわれました）で担うとされてきましたが，これを独立させ，教科ではなく領域としての「道徳」の時間が導入されました（「**特設道徳**」）。

　学校の教育環境についても，全国で同一水準を保障するための整備がなされました。1学級あたりの児童・生徒数に応じて教職員定数を算出することを定めた（「公立義務教育諸学校の学級編制及び教職員定数の標準に関する法律（義務教育標準法）」1958年公布・施行）のをはじめとして，教員配置や施設設備などの条件整備が進められ，日本のどこにいても教育が平等に受けられる体制がつくりあげられました。

2　雇用されて働く社会と学校

　1960年代には，学校は，義務教育後の進学行動に対処していくことが大きな課題となりました。高度経済成長期を迎えたこの頃から，中学校を卒業後さらに高校に進学する子どもたちが急激に増加したからです。なぜ人々は高校という，いわば「行かなくともよい学校」[*8]に行くようになったのでしょうか。根底にはこの時期には学校に行くことでしか仕事に就く道筋が見えなくなったことがあります。高度成長期以前には，産業の基盤は農業などの第一次産業であり，農民，漁民，商人，職人などそれぞれが後継者を養成しており，学校に行かなくとも生業に就くことができたのです。しかし，高度経済成長期になると，それらは衰退し，企業などに雇用されて働くいわゆるサラリーマンが軸となる企業社会になっていきました。企業社会では，学校を出ることで職を得るというのが主な経路となります。そのなかで，教育は，経済発展を支える労働力の養

＊8　木村元『学校の戦後史』岩波書店，2015年。

成，人材開発の手段として明確に位置づけられます。そして，学校は，企業社会が求める労働力の「供給機構」として期待されることになりました。これによって，新規学卒者が一括して採用され，企業内教育・訓練によって職業能力を高め，終身雇用されることで家族の生活を保障するシステムが起動し始めたのです。端的にいうと，仕事—家庭—教育という三つの社会領域が連結して強固な循環関係をつくりあげたのです[*9]。

３　選別性を高める学校

　三者の循環関係を保持するように，学校の性格は調整されていきました。新学制出発の当初は，高校入試は希望者の全入が原則で報告書の提出のみで無試験で実施されていましたが，1960年代を迎えると適正な能力をもっていることを入学条件とするようになりました。さらに，高校進学率が爆発的に上昇するなかで，日本中を巻き込んだ厳しい入試競争が引き起こされ，「受験地獄」という言葉も生まれました。

　学校の教育活動の評価においても，日常の児童・生徒の学習などを記録した原本である指導要録の「評定」欄に５段階の**相対評価**が用いられ，内申書として入試に組み込まれることになりました（1955年）。相対評価とは，修得した学力の内容ではなく，生徒の成績が学習集団全体のどの位置にあるかをもとにした評価です。評定の「１」と「５」がそれぞれ７％，「２」と「４」がそれぞれ14％，「３」が58％というように，あらかじめ枠づけられた割合によって子どもの教科の成績が決められました。それによって，日常的な学校教育活動のなかに入試が直接入り込むことになったのです。高校を目指す子どもが多くなるなかで，競争が激しくなり高校浪人が多数生み出されるようになります。この状況に対して，「15歳の春を泣かせない」として高校全入運動が拡大しました。また，子どもが受験に失敗しないように受験する前に子どもの成績がどの程度の位置にあるかを把握したいという一中学校教師の好意によって，偏差値

＊9　本田由紀『社会を結びなおす』岩波書店，2014年。

が創出されました。[*10]それは，結果として序列を客観化する選別の手段として全国の学校を席巻することになり，「競争の教育」[*11]が深く浸透した象徴的な例としても捉えられます。

4　学校への「反乱」

　競争の教育が子どもたちに及ぼした影響は大きく，1960年代後半から70年代はじめにかけて，「大学紛争」や「高校紛争」といわれるような大規模な学生・生徒による学校への「反乱」といえる状況が繰り広げられました。入試に成功したいわゆる学校の「エリート層」の若者が，自らも含めて一部の人間が特権をもつ社会を批判し，大学や高校の民主化を主張しデモや集会を行いました。さらに，70年代後半から80年代にかけては，前述の「反乱」とは異なり，一般の中学校・高校，とりわけ中学校を中心とする「反乱」が広まります。校内暴力，対教師暴力，いじめなどが増加し，問題行動に関わる少年の低年齢化，なかでも中学生の問題行動が顕著でした。また，普通の家庭環境の子どもたちによる問題行動が見られるようになりました。80年代には，いわゆる「学校の荒れ」が日本中に拡がり，学校のガラスを割るなどの破壊行為や対教師への暴力事件が各所で起こりました。さらに，**いじめや自死**などが社会問題となり，**不登校**の子どもが確実に増加していきました（本章冒頭の WORK 参照）。70年代前半までが明確な意図をもった若者による異議申し立てであるとするならば，それ以降のものは学校に対する反発や逃避というふうに変化していったといえます。

　こうした動向を背景に，学校の影響が広く行き渡る社会を批判し，学校そのものを否定する**脱学校論**が紹介され，大きな議論を呼びました。[*12]

　学校現場でも，相対評価を批判し，個人個人が学力達成の目標に届いていたかどうかを評価する到達度評価に基づき，「目標に準拠した」学力を保障する

＊10　桑田昭三『偏差値の秘密』徳間書店 1984年；全国進路指導研究会『偏差値』民衆社，1976年。
＊11　久冨善之『競争の教育』労働旬報社，1993年。
＊12　I. イリッチ，東洋・小澤周三（訳）『脱学校の社会』東京創元社，1977年。

ことで「わかる授業」をつくり出そうとする主張が出てきました。[13]一方,「子どもが動く社会科」[14],問題・予想・討論（仮説）・実験を授業の中心に置く仮説実験授業など,「たのしさ」に注目した実践や,死や性などいのちに関わる題材を扱った実践[16]などが次々と生まれました。こうした授業（論）は,「わかる」ことが何よりも優先される授業の在り方に新しい視点を提出するものでありました。のみならず,そこには次の第3節で見る子どもの変容に対応しようとする側面もありました。

5 臨時教育審議会と戦後教育の転換

「戦後教育の総決算」を謳って1984年に**臨時教育審議会**（臨教審）が設けられました。この審議会は,国家によってなされる公教育という概念を問い直し,「教育の自由化」を打ち出しました。1987年には,「（教育の）画一性,硬直性,閉鎖性を打破して,個人の尊厳,自由・自律」をはかる「個性重視の原則」を示した最終答申が出されました。この答申は,規制緩和による教育サービスを提供する主体の多様化や教育を受ける側の選択機会の拡大などを促し,1990年代以降の教育や学校をめぐる環境を大きく変えていくことになります。

3 1990年代以降の学校

　戦後日本の学校の第3期である1990年代から現代においては,戦後の日本の社会を支えてきた仕事―家庭―教育の循環関係が崩れるようになってきました。それゆえ,この三者の関係のなかで確固たる位置づけにあった学校の基盤が揺らいでいる時期といえます。それに対応するため,学校の新たな枠組みや学校で何を教えるかなどが模索されているというのが現状です。

＊13　佐々木元禧（編）『到達度評価――その考え方と進め方』明治図書出版,1979年など。
＊14　安井俊夫『子どもが動く社会科――歴史の授業記録』地歴社,1982年。
＊15　板倉聖宣『仮説実験授業の ABC　楽しい授業への招待』仮説社,1979年。
＊16　鳥山敏子『いのちに触れる――生と性と死の授業』太郎次郎社,1985年；金森俊郎・村井淳志『性の授業 死の授業――輝く命との出会いが子どもを変えた』教育史料出版会,1996年。

1　教育の自由化の展開

　1990年代を迎え低成長の時代に入ると，高度経済成長期から1980年代までの，学校を卒業すればほぼ安定して仕事に就くことができるという連絡関係が確実なものではなくなりました。戦後の日本を支えてきた，夫（父親）が正社員として働き，妻（母親）によって守られていた，いわゆる標準的とされた家庭は，バブル経済の崩壊とその後の長期不況などにより生活の足元が揺らいだのです。そのため，人々のライフサイクルに組み込まれていた学校は，これから子どもにどのように関わればいいのか，どのような力をつけるべきか，という問題に直面しました。

　不況の長期化によって家庭の経済格差に伴う教育格差が生じるなかで，臨時教育審議会によって打ち出された教育の自由化（規制緩和）をコンセプトにした改革が進められていきました。教育は，教育を与える側（国家，学校，教師）と受けとる側（保護者，子ども）という構図で位置づけられ，その需給関係や内容をめぐる議論がなされるようになっていきます。そこには，教育を子どもの個性や親の希望に応じたサービスと捉える家庭からのさまざまな要求が，学校に向けられてきた状況がありました。

　このように，教育を私事として捉え，国家が官僚機構を介して統制する公教育は非効率であり，その画一的な関与や規制を緩和すべきとする考え方に基づく教育改革は，**新自由主義教育改革**と呼称されています。学校間にも競争原理を導入し，保護者や住民による学校選択や学校評価を実施し，学校自らが改革する努力を引き出そうというものです。通学区域の弾力的運用に関しては，学校選択制が広まり，中高一貫教育に関しては，1998年に学校教育法が改正され**公立の中高一貫校および中等教育学校**の設置が公式に認められました。これは，戦後日本の単線型体系における中等教育としての中学校・高校が，複線化（分岐化）するという意味をもつものです。

　2000年代には，学校選択の拡大，中高一貫校の増設，習熟度別学習の促進，保護者や地域住民が学校運営に参画する「**学校運営協議会**」制度などが実現しました。また，指導力不足教員の教職からの排除，民間人校長の任用と校長裁

量権の拡大，学校に対する外部評価とその結果の公表などが積極的に議論されるようになりました。

　新自由主義改革は，戦後推し進められてきた平等重視の社会から，個人の自由と競争に基づく社会への移行を目指しています。しかし，それは強者と弱者を生むことにもつながり，必然的に格差を拡大させています。これに対応するという側面から，改革にあわせて「伝統文化」や「しつけ」，「家庭教育」などと共に道徳が重視されました。

2　教育基本法の改正

　2006年12月に教育基本法が改正されました。先法に対して，基本法という形式は存続したものの，条項の構成および法文内容の全面的な改正でした。戦後教育を象徴する1947年教育基本法が改正されたことは，戦後教育の転換を示すものでした。

　新教育基本法においては，教育における国家と個人の関係を見直し，教育政策における国家の役割が示されています。新法には，国に対して総合的教育施策を策定・実施する義務と権限が規定されており，それに基づいて政府は「**教育振興基本計画**」を策定します。自治体は，それを「参酌」してそれぞれの「教育振興基本計画」を定め，その実現に責任を負って学校を管理します。先の1947年教育基本法においては，国の役割が教育の「条件整備義務」に限定されていましたが，新教育基本法では教育の内容や方法にまで関わることが可能になったのです。

3　戦後の学校の見直しの動向と課題

　21世紀を迎えて，日本型の循環社会の基礎となっていた戦後の学校の在り方が，本格的に見直されてきています。

　戦後，小学校を出れば中学校へみんなが進学し，1970年代には，大多数が高校に進学するようになり，さらに，高校は普通科が中心で，大学へ進学するこ

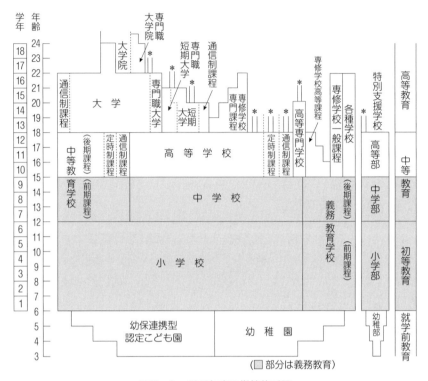

図11-3　2018年度の学校体系図

注：1．＊印は専攻科を示す。
　　2．高等学校，中等教育学校後期課程，大学，短期大学，特別支援学校高等部には修業年限1年以上の別科を置くことができる。
　　3．幼保連携型認定こども園は，学校かつ児童福祉施設であり0～2歳児も入園することができる。
　　4．専修学校の一般課程と各種学校については年齢や入学資格を一律に定めていない。

出所：文部科学省「諸外国の教育統計（2019年版）」2019年。

とが一般的な選択肢として受け入れられるようになりました。こうした戦後の学校像が，このところ大きく修正されようとしています。2016年には9年一貫の義務教育学校が一条校のなかに加えられたのに伴って，小学校と中学校が義務教育として統一して捉えられる一方，学校体系の「複線」化が小学校段階にまで及ぶことになりました（図11-3）。このように，小学校を出て中学校に入ることが定型であった義務教育の基本型にも変化が見られるようになってきました。

192

　他方で，一条校の周縁や周辺部分が広がりをみせています。ネットと通信制高校の制度を活用した高校が生まれるなど遠隔教育が拡大し，フリースクールや夜間中学が公教育に組み込まれる状況も進んでいます。

　戦後の学校制度は，子どもたちの教育を受ける権利を保障するため，教育の機会均等が重視され，学校の就学機会の確保がさまざまな形で進められてきました。具体的には，貧困によって就労せざるを得ない子どもへの対応などが積極的に進められ，経済的または文化要因で不登校となる子どもは減少していきました。しかし，WORK で見たように，1970年代の中盤を経て，学校に不適応を起こす子どもが増え，不登校の子どもの割合が増加に転じました。それに対して，1990年代を迎えて，保健室・図書室登校や，学校に代わるオルタナティブ（もう一つ）の教育の場としての**フリースクール**[*17]などが社会的に認知されるようになりました。また，学校内に**スクールカウンセラー**，**スクールソーシャルワーカー**を配置するなどの取り組みが行われています。2007年には，特区制度を利用した不登校の子どもたちのためのフリースクールから生まれた私立中学校が認可されるなど，公教育の概念が広がってきています。

　2010年代には，子どもの教育の権利を保障する場を正式な制度として学校以外にも求める運動につながっていきました。この動きは，2016年12月，**教育機会確保法**（「義務教育の段階における普通教育に相当する教育の機会の確保等に関する法律」）として法制化されました。この法律は，教育基本法や**子どもの権利条約**に則った法律の解釈や運用を求める「理念」を基本としたものですが，その成立までの過程で，学校以外の場を義務教育の場として位置づけることも議論されました。

　このように，現代を迎えて戦後の学校は大きな転換点にあるといえます。改めて，公教育を担う学校教育の役割は何か（本書第 3 章参照），学校とは何かと併せて問われ，同時に，「なぜ学校に行くか」という問いに答えることが求められているといえます。

---

*17　**フリースクール**：公教育などの伝統的な教育とは異なる「もう一つの教育」を示すが，日本においては，不登校児の受け皿として，その学習権の保障や居場所を提供する施設を示す場合が多い。

まとめ

　戦後の学校の展開は，教育を権利として位置づけ，「平等で民主主義的な社会の担い手づくり」から，高度成長期を迎え「経済社会の担い手づくり」へと課題を移行させました。いずれも教育の権利の保障は学校によることを前提としてきましたが，こんにち公教育の概念が広まり学校そのものの位置づけが問われるようになってきています。

 さらに学びたい人のために

○木村元『学校の戦後史』岩波書店，2015年。

　近代学校が日本のなかでどのように定着していったかを押さえながら，学校の戦後史を三期に分けて捉え，こんにちの学校が大きな転換点にあることを示した著書です。近代学校―「日本の学校」―戦後の学校という3つの層のなかで現代の学校の性格や課題を捉える視点を得ることができます。この章の内容をより詳しく理解するために役立ちます。

○苅谷剛彦『大衆教育社会のゆくえ――学歴主義と平等神話の戦後史』中央公論新社，1995年。

　「教育が量的に拡大し，多くの人びとが長期にわたって教育を受けることを引き受け，そう望む社会」を大衆教育社会として著者は捉えています。その社会の特徴は「能力主義」と「平等主義」を調合した社会であり，学校を通じての不平等の再生産がなされる社会であるとしています。同じ著者による『教育と平等――大衆教育社会はいかに生成したか』（中央公論新社，2006年）と併せて読むと日本の社会と教育との関係について，より理解が深まります。

○三羽光彦『六三三制の成立』法律文化社，1999年。

　6‐3‐3制の成立と特徴をもう少し詳しく学ぶために役に立つ著書です。6‐3‐3制は，占領期政策の影響を受けたものであることはいうまでもありませんが，アメリカから一方的に押しつけられた制度というより，日米の合作の体系として捉えられるという示唆を得ることができます。

○本田由紀『社会を結びなおす』岩波書店，2014年。

　学校が定着した戦後の高度成長期から安定期にかけて形成された社会を，仕事―家庭―教育へと一方的に循環する「戦後日本型循環モデル」として捉えた

著書です。社会のなかにどのように教育が組み込まれて機能するかということ
を骨太に学ぶことができます。

○田中耕治（編著）『新しい教育評価の理論と方法 I　理論編』日本標準，2002
年。
　　学校での成績の評価や入試は日本の教育を理解するときに大切なポイントで
あることはいうまでもありません。児童・生徒の成績評価の原本である指導要
録や入試制度などについて理解を深めるときに役立つ著書です。教育評価とい
う学問領域の入門にもなっています。

○木村元（編著）『境界線の学校史──戦後日本の学校化社会の周縁と周辺』東
京大学出版会，2020年。
　　夜間中学や通信制高校など公教育の境界部に位置する学校や教育領域に注目
しながら戦後の学校の性格を明らかしようとした著書です。変動するこんにち
の学校をどのように考えるかについて視点を得ることができます。

第12章

西洋における教育の実践

• • • ● 学びのポイント ● • • •

- 近代の教育実践に基礎を与えたペスタロッチとフレーベルにおける実践の特徴を知る。
- ヨーロッパにおける新教育運動の実践について,「自由」という観点を中心に理解する。
- アメリカにおける新教育運動の実践について,「デモクラシー」という観点を中心に理解する。

WORK 学びの変容

　教科書や黒板を使って教師が一方的に話し，子どもはそれをじっと座っ
て聞くというスタイルは，実はかなり以前から批判的に受け止められてい
ました。図A〜Cは，子どもの主体性や自発性を活かすために開発された
教具や，それを用いた活動（遊び）です。次の問いについて考えてみまし
ょう。

　①図Aは何でしょうか。これを使って子どもは何をし，それを通して何
　　を学べるでしょうか。

　②図Bは，図Aの教具を発展させた子どもの活動です。この活動を通し
　　て，何を学ぶことが期待されたと思いますか。

　③図Cも図Aの発展ですが，これをつくることから何を学ぶことができ
　　るでしょうか。

　何を学べるかについては，知識・教科と態度・性格などに分けて，でき
るだけ多く思いつくことをあげてみるとよいでしょう。

図A

図B

図C

※図A，図B，図Cの出所については，
本文の該当箇所に注として明記して
います。

● 導　入 ● ● ● ● ● ● ● ●

　第Ⅲ部のこれまでの章では，西洋と日本の学校の制度やその展開を中心に学んで
きましたが，そこではどのような実践が行われていたのでしょうか。本章では西洋
を取り上げ，近代教育の特徴について理解を深めるために，第6章や第7章で学ん
だことも振り返りながら，「新教育」における子ども中心の実践を明らかにします。
なお，続く第13章では日本を取り上げます。

　近代に入ると国家が学校における教育に力を入れ始め，今あるような学校制度が
確立されます。本章で取り上げるのは，そこで行われた実践の基礎を築いたペスタ
ロッチとフレーベルや，それを継承発展させた「新教育」（イギリスとアメリカで
は「進歩主義教育（Progressive Education）」，ドイツでは「改革教育学（Re-
formpädagogik）」ともいう）と呼ばれる教育改革運動です（本書第7章も参照）。
ここでいう「新教育」とは，19世紀末頃に確立された公教育制度を「旧教育」とし
た場合の名称です。公教育制度は，基本的には近代国民国家を形成する手段であり，
国家による国家のための制度でした。一人一人の子どもの個性や興味などは二の次
でした。学校という新しい制度をまずは定着させたいという事情もありました。
「新教育」はそれを批判し，「子ども中心の教育」をスローガンに掲げます。現在も
「アクティブラーニング」に見るように，子どもが主体となり協同して学ぶ教育実
践が求められています。「新教育」の教育者たちはそれに類する実践を実現しよう
と工夫を凝らしました。その試みはICT（Information and Communication
Technology）を活用したオンラインでの個別学習や反転授業などにより，今こそ
実現可能になったともいわれます。子どものための教育実践は，私たちのよいお手
本となることでしょう。

● ● ● ● ● ● ● ● ●

1 近代教育実践の源流：旧教育から新教育へ

　「旧教育」から「新教育」への改革運動は，突然起こったわけではありませ
ん。「旧教育」の時代からすでに，子ども中心の教育実践は取り組まれていま
した。その先駆をなしたペスタロッチ（Pestalozzi, J. H.；1746-1827）とフレーベ
ル（Fröbel, F. W. A.；1782-1852）について概説しましょう。[*1]

1　子どもの直観を活かして教える──ペスタロッチ

　ペスタロッチは，言葉による教授の代わりに，子どもが「事物」を「直観」で感覚的に認識する実践を重視しました。たとえばライオンという動物を知るには，教師が言葉で説明するよりも，絵や写真（事物）を直接見せたほうが有効だからです。その実践は，「実物教育」の理念に基づき，どの子どもも生まれつきもっている「直観」を生かす「**直観教授**」という方法で行われました。

　初等教育においては，形・数・語を中心とする直観教授である「直観のABC」により，図12-1のような幾何学模様を用いて教えました。「ABC」は「基本」を意味します。この図のなかには，正方形・長方形・円などがあり（形），大きな正方形のなかには小さな正方形がいくつもあり（数），水平線・垂直線・並行線・斜線・直角・鋭角・鈍角・弧など（語）もあります。そのような形・数・語を，教師が言葉で教えるのではなく，子どもたち自らが直観を働かせて認識できるようにしました。

2　遊びながら学ぶ──フレーベル

　ペスタロッチに学びながら**フレーベル**は，遊びを重視した学びの実践に取り組みました。彼は遊びを，子どもがもって生まれた力を表現する最善の教育方法とみなしました。実践の軸を，遊びを活かすことで，教師の教えから，自己活動における学びへとシフトさせたのです。

　フレーベルは遊びを誘発する遊具を開発し，「**恩物**（独 Gabe, 英 Gift）」と呼びました。「恩物」とは，神から子どもへの贈り物を意味します。図12-2は第一恩物を再現したもので，六色の毛糸の球です。WORK の図Ａは第二恩物で，左から球，円柱，立方体の三つから構成されています。恩物にはそのほかに，直方体，三角柱，色がついた板，棒，輪，点（粒）などがありました。

　恩物の遊びから子どもたちは何を学ぶのでしょうか。たとえば，第一恩物の

＊1　ペスタロッチ，フレーベルについては，本書第6章も参照。
＊2　本書冒頭の WORK 図Ａ：「第二恩物」（画像提供：（株）フレーベル館）。

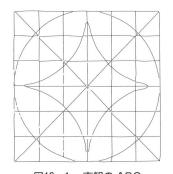

図12 - 1　直観の ABC

出所：J. H. ペスタロッチー，前原
寿・石橋哲成（訳）『ゲルトルー
ト教育法・シュタンツ便り』玉
川大学出版部，1987年，p. 137。

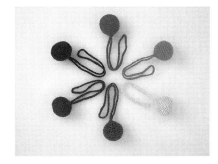

図12 - 2　第一恩物

画像提供：(株) フレーベル館。

毛糸の球を手にすると，多くの幼児は（大人も⁉）誰に言われるともなく，転
がしたり，投げたり，振り子のように揺らしたり，紐の端を持って回したりし
ます。この自己活動を通して幼児は，対象の性質や法則，たとえば，「転がる」
「飛ぶ」「揺れる」「回る」といったことを直観的に認識します。立方体や直方
体を積木のように積み上げたり並べたりすれば，高低，多少，長短などを認識
できます。積木で協力して何かをつくることを通して創造性や個性を発揮した
り，社会性や道徳性を身につけたりすることも可能でしょう。

3　自由とデモクラシーという教育課題

　ペスタロッチやフレーベルの試みは，欧米における新教育運動において多様
な革新的実践となって継承・発展されます。その多様な実践をここでは，新教
育を特徴づける自由とデモクラシー（民主主義）という観点から概観します。
その教育実践は次のような意味で，今なお示唆に富むでしょう。
　子ども中心を掲げる新教育は自由を重視しましたが，不自由に直面させるこ
とを恐れはしませんでした。ペスタロッチとフレーベルの実践に理論的な基礎
を与えたルソー（Rousseau, J.-J.；1712-1778）は『エミール』のなかで，エミー
ルという男の子に対して行われた自由な発達を実現する実践として，次のよう

な例をあげています。「ある日エミールは，怒りに駆られて自分の部屋の窓ガラスを割ってしまった。しかし，家庭教師は説教も修理させることもしなかった。エミールはその夜，寒さで眠れず，怒りで窓ガラスを割ることはよくないということを学んだ」。この逸話において家庭教師は怒るでも修理を命じるでもなく，自由な判断に任せています。ただしエミールは，窓ガラスが割れた部屋で寒くて眠れないという不自由も経験しています。これは自由の実践か，それとも不自由の実践か。

　同様に，デモクラシーの教育もそう単純ではありません。**デューイ**（Dewey, J.；1859-1952）は『民主主義と教育』(*Democracy and Education*) でデモクラシーの基準の一つとして，「関心の共有」をあげています。*4 人々がそれぞれの「関心」を「共有」できるほど民主的であるということになります。しかし，文化，国家，人種，言語，歴史，ジェンダーなどの相違を超えて「関心」を同じくすることがいかに困難であるかは，近年の「アメリカ・ファースト」やイギリスの EU 離脱に見られる自国第一主義が示しています。そもそも今あなたが属している集団（部活，サークル，クラス，家族など）で，どれほど「関心」が共有できているでしょうか。

　新教育は，旧教育に欠けており，現代の緊要な課題でもある自由やデモクラシーを尊重する実践に取り組みました。そのいくつかを以下に概説します。

2 ヨーロッパ新教育の実践：自由に注目して

1 「世界でいちばん自由な学校」か「恐るべき学校」か ——ニイル

　イギリスでは1921年に**ニイル**（Neill, A. S.；1883-1973）が，**サマーヒル学園**を

＊3　ルソー，今野一雄（訳）『エミール（上・中・下）』岩波書店，1962・1963・1964年。なお，ルソーの『エミール』については，本書第1章および第6章も参照。
＊4　デューイ，松野安男（訳）『民主主義と教育（上・下）』岩波書店，1975年。本章では "democracy" を「デモクラシー」と表記するが，本書のタイトルに関しては，これまでの訳書にならって「民主主義」を用いる。

創設しました。^{＊5}この学校は権威主義的な教育を否定し，子どもに最大限の自由を与えようとしたことで知られています。授業に参加するかしないかを決める自由が，子どもに認められていました。この学校は全寮制でしたが，生活のなかで発生する問題の解決は，「ミーティング」と呼ばれる全校集会のような自治に委ねられます。校則も「ミーティング」を中心に自分たちでつくりました。投票で認められていたのは，子ども，教師，そして校長のニイルも同じ一票でした。フロイトの精神分析に依拠して性的抑圧からの解放を目指し，男女共同の寄宿学校としたり，盗癖のある子どもと一緒にニイルが隣家のニワトリを盗んだりするなど，奇抜ともいえる独特な方法で自由を体現しようとしました。そのような実践から「世界でいちばん自由な学校」と呼ばれ，^{＊6}1960年代以降，**フリースクール**のモデルとして脚光を浴びます。他方，その新奇な指導から「恐るべき学校」（ニイルの著作のタイトル）^{＊7}ともみなされました。

　もちろん，サマーヒル学園の自由にも限度はありました。安全・健康（就寝時間，飲酒喫煙などを含む），教員の任免，学習内容などについて子どもたちが口を挟むことは，原則認められていませんでした。他者に迷惑をかける自由も認められていませんでした。その意味でニイルが承認した自由は，私たちが生きる自由主義社会の範囲内にあり，それを大人だけではなく，成長途上の子どもにまで拡張した点において革新的であったといえるでしょう。人に迷惑をかけなければ基本的には何をしてもよいとされる自由な社会を生きていくために，自由の価値と厳しさを熟知し，自由に溺れることなく自在に使いこなせるようにする。ニイルの実践の主眼をそこに指摘できるでしょう。

２　「芸術にひたされた授業」──シュタイナー

　ドイツでは**シュタイナー**（Steiner, R.；1861-1925）が1919年にシュタイナー・

＊5　ニイルの実践については，本書コラム②も参照。
＊6　永田佳之『自由教育をとらえ直す──ニイルの学園＝サマーヒルの実際から』世織書房，1996年，p. 2。
＊7　A. S.ニイル，堀真一郎（訳）『恐るべき学校』黎明書房，2009年。

図12-3　家の絵のノート
出所：子安（2000），p. 67。

スクールを創設し，人間や発達を全体的に捉える立場（ホーリズム）に基づいた独自の実践を展開しました[8]。日本におけるシュタイナー教育の先駆者は，その教育を「自由への教育」と表現しています[9]。

そこでいう自由の実践でとりわけ重視されたのは，芸術でした。とはいっても，それは美術，図工，音楽といった特定の科目や時間を中心とする芸術教育ではありませんでした。その実践は，主要教科はもちろん，学校におけるすべての活動や環境にまで芸術を浸透させたところに特徴があります。

日本でシュタイナー教育を行っている「シュタイナー学園」の取り組みを紹介しましょう。シュタイナー・スクールでは，教科書を使用しません。教わったことや学んだことを，鉛筆ではなくクレヨンでノートにとります。このノートは「エポック・ノート」と呼ばれ，教科書代わりになります。たとえば，図12-3は，家（ドイツ語でHaus（ハウス））の絵のノートです。ドイツ語のH（ハー）が家のなかに見えます。このノートをとっている子どもは，文字を書いているのでしょうか，それとも絵を描いているのでしょうか。

このようにシュタイナー・スクールでは，絵を描き，歌を歌い，ものをつくる自由な活動を通して，意志と感情と知性を全体的・統合的に働かせ，自己や世界を表現することを重視しました。そのような「自由への教育」を実践した授業は，「芸術にひたされた授業」ともいわれます[10]。授業が行われる教室や校舎も，発達段階に即して色や形を変えていました。

---

[8]　シュタイナーについては，本書第7章も参照。
[9]　子安美知子『シュタイナー教育入門――子どものいのちを育む』学研，2000年，p. 26。
[10]　子安美知子『シュタイナー教育を考える』朝日新聞社，1987年，pp. 107-131。

3　自由と個性の実践——モンテッソーリ

　イタリア初の女性医学博士となった**モンテッソーリ**（Montessori, M.；1870-
1952）の名は，近年，アメリカの大統領やさまざまな著名人が受けた教育とし[*11]
て脚光を浴びています。モンテッソーリについてデューイは，「自由と個性」
の教育と解説しています。モンテッソーリは，子どもがよりよく発達するため[*12]
にも，教師が一人一人の子どものニーズや能力を把握して教育するためにも，
自由が不可欠と説きました。

　とりわけ重視されたのは，見る，聞く，触る，味わう，嗅ぐといった感覚の
教育でした。そのような感覚は幼児期に育成されて，その後の発達の基盤とな
るからです。モンテッソーリによれば，**感覚教育**は，教師が教えるのではなく，
個性を発揮しながらの自己教育によってこそ十分に展開されます。教師は子ど
もの観察や，それに基づく環境構成において重要な役割を果たします。

　環境構成の一環としてモンテッソーリは，感覚教育のための教具を独自に開
発しました。図12-4は「円柱さし」という，穴の大きさに合った円柱をさす
教具です。子どもは視覚や触覚を働かせ，間違いを修正しながらさします。

　モンテッソーリ教具を用いた実践では，子どもたちが自発的活動を通して五
感を鍛えながら，自分で自分がすべきことをできるようにする自由が重視され

ました。自己活動と自己修正を
繰り返す**自己教育**において，個
性を発揮し，自立できるように
しました。まさに自由と個性が
結びついた教育といえます。

　モンテッソーリ教育は，1907
年にスラム街に設立された共同
住宅内にある，働く母親の子ど
もを預かる施設（通称「子ども

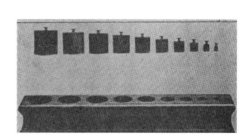

図12-4　モンテッソーリ教具：円柱さし
出所：M.モンテッソーリ，白川容子・阿部真美子（訳）
　　　『モンテッソーリ・メソッド』明治図書出版，
　　　1974年，p. 152。

---

*11　モンテッソーリについては，本書第7章も参照。
*12　ジョン・デューイ，上野正道ほか（訳）『明日の学校，ほか』東京大学出版会，2019年。

の家」）での幼児教育の実験に基づいています。医学者としてモンテッソーリは科学的教育学の確立を目指し，当初は知的障害児の教育法の研究に取り組みました。その成果として開発されたモンテッソーリ教具を，健常児にも有効であると考え，「子どもの家」で応用しました。その実践は，障害がある者，貧しい者にも平等に教育を与える試みであり，女性の解放や世界平和までをも視野に入れていました。

3 アメリカ新教育の実践：デモクラシーに注目して

■1■ デューイ・スクール──「オキュペーション」の教育

　デューイは，シカゴ大学の附属小学校において自らの理論を実践に移しました。その取り組みについてはデューイの『学校と社会』(1899) を通して広く[*13][*14]知られるところとなり，日本を含め世界に影響を及ぼし続けています。

　初等教育においては，国語・算数のような主要教科を軽視するわけではありませんが，教育課程の中心に位置づけることはしませんでした。その代わりに，理科，音楽，図工のような，身体的で協同的で創造的な活動が取り入れやすい教科に重点を置きました。

　その一環として教科や教科書ではなく，裁縫・料理・工作といった衣食住に関わる，言い換えれば生きることを支える活動を多く取り入れました。そのような活動にデューイは，「オキュペーション（occupation）」という名称を与えて特に重視しました。「オキュペーション」には職業や仕事といった意味がありますが，彼はそれに独自の教育的な意味を込めています。たとえば，**デューイ・スクール**には「織物」という活動がありました。図12 - 5では右から順に，糸紡ぎ，梳毛（羊などの動物の毛を梳いて長短を揃えること），編み物をしています。この実践から何を学ぶことが期待されるのでしょうか。

　日常生活で使う衣服や布製品をつくることを例にあげてみましょう。織物に

＊13　デューイについては，本書第7章も参照。
＊14　J.デューイ，市村尚久（訳）『学校と社会・子どもとカリキュラム』講談社，1998年。

関わる活動（オキュペーション）を
通して子どもたちは，原材料はど
こでとれたのか（地理），糸を紡
ぐ機械（糸紡ぎ機）はどのように
して動くのか（物理），繊維製品
はどのようにしてつくられてきた
か（歴史），といったことに興味
をもちました。その興味を，個々
に，あるいは協同で探究する活動
において，読んだり，書いたり，
数えたりすることを通して，読書
算のほかに地理・物理・歴史など
に関する知識や技能を，協調性や

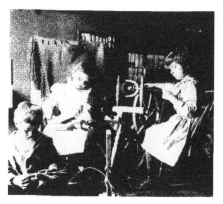

図12-5　織物室での作業
出所：K. C. メイヒュー ＆ A. C. エドワーズ，小柳
正司（監訳）『デューイ・スクール──シカ
ゴ大学実験学校：1896年～1903年』あいり出
版，2017年，p. 181。

勤勉といった習慣・態度を，さらには学ぶ喜びを学びました。その学びは何よ
りも人間の生活や社会について学ぶことであり，その生活や社会を担う人間と
なるための学びでした。

　そのような実践は，「付随」と「意図」の調和という哲学に支えられていま
した。知識や技能は，活動を通して「付随」的に身につけられるようにしまし
た。デューイはそれを，何かに伴って学ばれるという意味で「随伴学習（collat-
eral learning)」と呼び，「意図」的に教えられていること以上に重要視しまし
た。とりわけ協調性や学ぶ意欲といったことは，直接教えられるものではなく，
体験を通していわば間接的に学ばれるものだからです。その一方で，教育目標
を知・徳・体にわたって明確に設定したうえで，子どもの発達段階を考慮しな
がら，その目標を確実に達成するための教育課程やその実現に必要な教材や教
具を周到に用意することにも力を入れました。

2　プロジェクトの実践と学び

　デューイに師事し，その解説者・解釈者として知られるキルパトリック（Kilpatrick, W. H.：1871-1965）[15]は，20世紀初頭から教科にとって代わる概念あるいは活動として注目を集めていた「プロジェクト」を軸とする教育を，「**プロジェクト・メソッド**」（1918年）として公表しました。子どもたちによる①「目的」の設定，②目的を実現するための「計画」と，③「実行」，④その結果から学んだことやさらなる課題に関する「判断」という4段階を，教師の指導に支えられて展開する教育が主張されました。ここではその理論の実践について，「プロジェクト・メソッド」が開発された実験に注目して概観しましょう。

　その実験は，デューイ・スクールに学びつつ，コロンビア大学ティーチャーズ・カレッジの附属幼稚部で行われました。目的の一つは，一見とるに足らない子どもの自発的活動，たとえば人形を使って積木遊びをすることを，教師の指導により，学ぶ価値がある活動へと発展させることにありました。図12-6では，右側にいる男の子が人形を両脇に抱えています。後ろに見えるのは，大型積木でつくった，人が入れる大きさの家です。教師の指導のもと，子どもたちは，人形の服，家具，人形と一緒に住める家などを自発的につくります。

　本章冒頭の WORK の図Bにおける人形と積木を用いた活動は，その実践の一例です。[16]それは積木で牛舎や家をつくり，そこに人間や牛の人形をおくことで，自分たちの生活を再現するプロジェクトです。このプロジェクトを通して子どもたちは，活動に必要になる知識と技能や

図12-6　ティーチャーズ・カレッジでの活動
出所：Dewey, J. & Dewey, E.（1979）. *Schools of To-morrow, The Middle Works of John Dewey Vol. 8：1915*, Southern Illinois University Press, p. 216.

---

*15　キルパトリックについては，本書第7章も参照。
*16　本書冒頭の WORK 図B：「大型積木で牛舎をつくる」（出所：Hill, P. S.（ed.）（1914）. "Experimental Studies in Kindergarten Theory and Practice," *Teachers College Record*, **15**（1）, pp. 38-39）。

習慣・態度を学びました。

　この活動は教師の指導によりさらに，家庭やコミュニティを人形や積木など
を用いて再現するプロジェクトへと発展します。人形の家や村をつくり，それ
をもとに自分たちが暮らす町の模型をつくりました。それは子どもたちをコミ
ュニティの一員に育成しようとするデモクラシーの教育でした。

　そのような活動は，冒頭の WORK の図Cのコロッセウムのように，自分た
ちの現在の生活から距離的にも時間的にも遠く離れた世界について学ぶことに
まで広げられます。デモクラシーの学びは，自分たちが生きるコミュニティを
越えた世界を視野に入れていました。その当時，プロジェクト・メソッドと並
ぶ革新的な方法として教育の個別化も注目を集めました。そのなかでもプロジ
ェクトに取り組み，教育の社会化や民主化に力を入れました。

３　コミュニティとしての学校

　インディアナ州のゲーリーでは，教育長ワート（Wirt, W.）の指導のもと，
学校をコミュニティと結びつける公立学校が登場しました。**ゲーリー・スクー
ル**と呼ばれるその学校では，学校とコミュニティが相互に貢献し合う教育を行
いました。コミュニティが子どもの調べ学習に協力することで興味を喚起する
一方で，子どもがコミュニティに奉仕活動をするというように，互恵的な関係
を築こうとしました。その学校は，コミュニティと密接に結びつけられ，学校
のなかにコミュニティが再現されるという意味で，コミュニティとしての学校
と呼ぶことができます。

　この学校では多くの活動的で社会的な学びが展開されました。たとえば講堂
では，学級や学年を超えて集まり，劇，ディベート，日頃の学習成果の発表会，
各種記念日の祝典，コミュニティの労働者や著名人（警官，医者，政治家など）
を招いての講演などを行いました。それにより，コミュニティの人的・物的資
源を有効活用して，個々の能力を発揮しながらコミュニティの一員となれるよ

---

*17　本章冒頭の WORK 図C：「コロッセウム」（出所：和久洋三『積木遊び（遊びの創造共育法
　　　第4巻）』玉川大学出版部，2006年，p. 80）。

うにするのです。その一環として，放課後，土曜，休暇中など子どもが使用しない時間は校舎を大人に開放して集会や授業を行いました。このように現在のコミュニティ・スクール[*18]とも重なるような実践も，新教育運動のなかで着手されました。

 まとめ

　本章では近代教育の実践について，「子どものため」を掲げた取り組みに注目して論じました。その多様な実践に通底する特質をあえて指摘すれば，一人一人の子どもの生来的な能力やニーズに応えながら，それぞれが協力して自分たちが生きていく集団や社会を担っていけるようにすることを大きな課題としていたことがあげられるでしょう。ここでは自由とデモクラシーをその課題に応えるためのキーワードとしましたが，その取り組み一つ一つに独自性や固有性が認められます。本章で明らかにしたように近代の教育実践においては，直観，遊び，自己活動，自治，芸術，個性，感覚，自己教育，オキュペーション，プロジェクト，教育の個別化，コミュニティとしての学校などが重視されていました。そのような英知について，うまくいかなかったところも含めて理解を深め，目の前の子どもたちと向き合いながら活かそうとすることにより，子どものための未来の教育実践を構想し実現するうえでのヒントが得られるでしょう。

 さらに学びたい人のために

○J. デューイ，市村尚久（訳）『学校と社会・子どもとカリキュラム』講談社，1998年。
　新教育の実践に関する代表的な著作。デューイ・スクールでの具体的な実践やその基礎にある「子ども中心」の理念については，『学校と社会』の第2章「学校と子どもの生活」で論じられています。

○J. デューイ，上野正道ほか（訳）『明日の学校，ほか』東京大学出版会，2019年。
　本章で紹介したペスタロッチ，フレーベル，モンテッソーリらが目指した教育や，それを生かしたさまざまな学校での実践について解説されています。

[*18]　コミュニティ・スクール：教師と保護者や地域住民が協働して，教育や運営に取り組む学校。日本では学校運営協議会制度と呼ばれ，「地域とともにある学校づくり」が推進されている。

第 13 章

日本における教育の実践

● ● ● 学びのポイント ● ● ●

- 近代日本の教育実践に見られる特徴について理解する。
- 日本における新教育実践（大正自由教育，戦後新教育）の特徴を理解する。
- 日本における生活教育実践（生活綴方，学級集団づくり）の特徴を理解する。

WORK　学校の当たり前を考える

　以下の文章は，大正時代のある学校の様子を記したものです。現在の学校の姿と異なる点はどこでしょうか。

　学校という場に当たり前のように存在しているさまざまなルールや学びのスタイル，教師と子どもとの関わり方など，みなさんが経験してきた学校と比較すると，どのような点が違いますか。気づいたことをあげてみてください。

　また，この学校の教師たちは，こうした学び方を通して，子どもにどのような力をつけてほしいと願っていたのでしょうか。

◇おしまひまで仕事をするよ

　「村」では九時にベルが鳴る。そして十時半にまた鳴る。九時のベルがなると外で遊んでゐた子供達もたいていはいつて学習を初める。しかしベルが鳴つても一向かまはないで外で戦争ごつこや土いぢりをやつてゐるときもある。又、ベルの鳴らない半時間も前から学習を初めてゐるものもある。「村」のベルはたゞ時間を知らすにすぎない。

　九時から学習を初めて、十時半までやると子供達は疲れる。十時半のベルを聞いてゐたいていの子供はお隣の草原に遊びに出る。晴れた日はお弁当をもつて長崎村の方へ行つたり、立教大学の裏の森に行つたりする。仕事が真剣になつて行くと、その外へ出て遊ぶことなんか忘れたやうに仕事をつゞけてゐる。今日は、何時もは遊んでばかり居る小野君が、

　「僕はおしまひまで仕事をするよ。」さう云つて読本の書取をやつてゐる。

　「僕も…」さう云つて小野君の傍で野口君も書取をやつてゐる。松田君は地理の本を見てゐる。早川君はメートル尺でいろんなものをはかつて、それを一々書きとつてゐる。

　私はかうした学習の様子を見てゐると、嬉しさで心が一ぱいになるのであつた。

　日課割なんか設けないで自由にしてゐるこの学校の賜物として生れたよい習はしの一つなんだらう。

出所：峰地光重「『自分』の仕事」『教育の世紀』2(12)，1924年，pp. 86-87。

● 導 入 ● ・ ・ ・ ・ ・ ・ ・

　日本の教室では，黒板を背にした一人の教師が，多くの子どもに対して教科書を
使って授業を行い，子どもたちは静かに教師の話を聞いて板書の内容をノートに写
したり問題を解いたりして学習しています。私たちが当たり前のように受けてきた，
このような一斉教授のスタイルは，明治期に定着しました。

　しかしながら，1900年代に入ると，このような画一的な教育が批判され，子ども
の成長を価値とする新しい教育の在り方が模索されるようになります。子ども自身
が自ら課題を発見し，自主的に学んでいくには，どのような環境のなかで，どのよ
うな教材と出会わせるのがよいのか。また，どのような学習集団を組織し，教師は
どのような役割を果たせばよいのか。それまでの定型的な教室での学びの在り方が
問い直されました。さらに子どもを生活者として捉える視点が生まれ，学校外での
子どもの暮らしにスポットがあてられていくことになりました。

　この章では，日本の学校で積み重ねられてきた自由教育と生活教育という，子ど
ものための教育実践の二つの系譜について，それぞれの教育の理念や目的，教育方
法の特徴を学びます。

・ ・ ・ ・ ・ ・ ● ● ●

1 近代学校における教育方法の特徴：一斉教授の成立と定着

　江戸時代には，子どもたちの多くは手習塾（寺子屋）へ通い，生活や仕事に
必要な基礎的な知識である読み・書き・算数（3R's＝Reading, Writing, Arithme-
tic）を学びました。子どもたちは，往来物と呼ばれる教科書を使い，一人一人
が課題に取り組む**個別教授**が行われていました。

　明治時代に入ると，西洋の教育制度を模倣して学校教育制度が整えられ，
1872（明治 5）年に学制が定められました。これにより，全国に小学校が設置
されました。政府の御雇い外国人であったスコット（Scott, M. M.；1843-1922）
によって，アメリカの小学校で行われている教育方法が紹介され，一人の教師
が多くの子どもを教える**一斉教授**という方法が採られるようになりました。明
治初期には，アメリカの小学校で使用されていた『ウィルソン・リーダー』な
どの教科書の翻訳本や，教科書会社が独自に出版した教科書を使用していまし

たが，学校教育制度の整備・拡充が進むに従って国民教育としての学校の役割が重視されるようになり，教育内容の国家統制が行われるようになりました。学校では国家の定めた教育内容を教えることとされ，1904（明治37）年以降は，国定教科書が使用されるようになりました。また，一斉授業の教授理論としてヘルバルト主義教育学の5段階教授法が取り入れられ[*1]，授業の定型化が図られました。

2 国際的な新教育運動の高まりと「旧教育」批判

　19世紀から20世紀への転換期に，西洋では，新教育と呼ばれる教育改造の機運が高まりました。エレン・ケイ（Key, E.；1849-1926）の『児童の世紀』[*2]がこの運動に与えた影響は大きく，児童中心主義の教育改革の諸実践を推進する力となりました。ヨーロッパでは，フレネ（Freinet, C.；1896-1966）やシュタイナー（Steiner, R.；1861-1925），モンテッソーリ（Montessori, M.；1870-1952）らによって，さまざまな新教育実践が展開されました。また，アメリカでは，プラグマティズムを提唱したデューイ（Dewey, J.；1859-1952）が，従来の画一的で知識注入主義的な学校教育を批判し，経験主義的で協同的な教育実践を通して民主主義の担い手を育成するための学校改造運動を起こしました[*3]。

　日本でも，こうした国際的な教育思潮の影響を受け，自由主義的な社会運動である大正デモクラシーの思想を背景として「大正自由教育」もしくは「大正新教育」と呼ばれる教育改造運動が起こりました[*4]。1921（大正10）年には東京高等師範学校で「八大教育主張」として知られる講演会が開かれ，大正新教育

*1　ヘルバルトについては，本書コラム①参照。
*2　エレン・ケイ，小野寺信・小野寺百合子（訳）『児童の世紀』冨山房，1979年。エレン・ケイについては，本書第7章も参照。
*3　フレネ，シュタイナー，モンテッソーリ，デューイについては，本書第7章および第12章参照。
*4　これまでの研究では，「大正自由教育」の自由教育としての意義は限定的であったと評価されている。その理由として，次の3点を指摘することができる。まず，「大正自由教育」の思想が国家主義的イデオロギーを内包していたこと，そして，主として実践が展開されたのが都市の新学校や師範学校附属小学校であり，受容層が都市新中間層に限られていたこと，そして，この教育改革が方法上の改革にとどまっており，教育内容にまで踏み込んで，子どもたちに「自由」を保障することができなかったという点である。

を牽引した教育思想家や実践家たちが，子どもの自発的な活動や自学の重要性を唱えました。[*5]

　千葉師範学校附属小学校の手塚岸衛（1880-1936）は，八大教育主張の「自由教育論」において，「一斉画一主義」によってなされる従来の学校教育は「干渉束縛」によって子どもを委縮させるものであり，こうした教師本位の「形式主義」の教授では，子どもは知識を受動的に受け入れる存在にすぎないと批判しました。[*6]その後，手塚は『自由教育真義』（東京宝文館，1922年）を発行し，「児童を受身の地位に置かずに，働きかけの立場に立たせて，念々刻々，自己が自己の生活を統制せざるべからざるように仕組まねばならぬ」として，「これ自由教育は児童の内より動く自立の自覚を柱とする教育であるから，自治訓練より入ることが当然である」として「学級自治組織」を柱とした教育実践改革を行いました。明治期にはすでに，谷本富（とめり）らによって「自学主義」が提唱されていましたが，手塚はこれをさらに発展させて「自由教育」概念を示し，これが日本の大正新教育の実践を支える思想となりました。

　このように，明治期の学校で行われていたヘルバルト主義教育学による一斉教授は知識偏重の画一的な注入主義である「旧教育」的な教育思想であるとして，これを批判的に捉え，子どもの個性や自主性を尊重した自由主義的な教育思想を**新教育思想**と呼びます。1910年代から20年代にかけての学校改造運動の諸実践は，こうした問題意識を共有しており，子どもの成長を価値とする教育を「**自由教育**」の実践によって実現しようとするものでした。

3 自由教育の系譜：「大正自由教育」の諸実践

　こうした思想のもとに，新設された私立の新学校や，師範学校附属小学校を中心に，さまざまな自由教育の実践が行われました。それらの実践に共通する

---

*5　大日本学術協会より講演録が出版された。講演の論題は次の通りである。樋口長市「自学教育論」，河野清丸「自動教育論」，手塚岸衛「自由教育論」，千葉命吉「一切衝動皆満足論」，稲毛金七「創造教育論」，及川平治「動的教育論」，小原国芳「全人教育論」，片上伸「文芸教育論」。
*6　小原国芳ほか『八大教育主張』玉川大学出版部，1976年。

特徴は，子どもの個性を尊重した主体的・自律的な学習活動が目指されたという点です。従来の定型化された教育内容やカリキュラム，教育方法を問い直し，西洋の新教育実践や理論に学んで，多様な実践が実験的に行われました。

1　個性尊重の教育

　澤柳政太郎（1865-1927）[＊7]が創設した成城小学校では，「個性尊重の教育」「自然と親しむ教育」「心情の教育」「科学的研究を基礎とする教育」の方針を掲げ，アメリカの教育者パーカースト（Parkhurst, H.；1887-1973）が提唱したドルトン・プラン[＊8]を導入し，従来の学習組織や時間割を廃止しました。それぞれの子どもたちは，能力や個性に応じた学習進度表に基づいて自ら計画を立て，実験室で学習を進めていきました。

　ドルトン・プランが個別の子どもの学習課題に応じた自学自習を行ったのに対して，明石女子師範学校附属小学校主事の及川平治（1875-1939）は，子どもの習熟度や興味関心によってグループをつくり，それぞれの状態にあわせて指導を行う「分団式教育」を行いました。授業では，まず最初に教師が一斉教授を行った後に，テストによって理解度，習熟度を測り，その結果をもとに分団をつくって，グループごとにドリルや再教授などを行うという方法が採られました。及川は，「静的教育」を改めて，子ども一人一人が主体的に学ぶ「動的教育」を実現するには，子どもの個性や興味関心，習熟度に応じた学習を行うことが必要であると考えました。[＊9]

2　自律的学習の方法理論

　奈良女子高等師範学校附属小学校主事の木下竹次（1872-1946）は，学習主体

＊7　澤柳政太郎：文部次官，東北大・京大総長などを歴任したが，総長（学長）と教授会との間に起こった内紛事件により辞任した後，成城小学校を創立した。
＊8　パーカースト，ドルトン・プランについては，本書第7章参照。
＊9　及川平治『分団式動的教育法』弘学館書店，1912年。

としての子どもが自律的学習を行うための方法理論である「**学習法**」を提唱しました。

「学習法」では，まず，一人一人の子どもが「特設学習時間」に「独自学習」を行うことから学習を始めます。次に，個別に調べたり学習したりしたことをもとに学級全体での「相互学習」が行われ，議論を通して研究を深めます。そして学習の最終段階で再び「独自学習」を行い，学習した成果を作文や図画，学習劇などの作品にまとめることで，学習の総まとめを行うという学習過程を辿りました。この実践では，子ども自身の「学習」を重視していましたが，「教授・訓練・養護」を統一した「渾一的作用」として「学習」を位置づけており，教師から子どもへの教授を否定するものではありませんでした。

3　子どもの生活と学習の題材との関係

子どもの個性や自律性を重視した大正新教育の実践では，子どもが主体的に学習に取り組むために，学習題材を子どもの生活とつなげる工夫がなされました。

及川の分団式学習では，生活上の「題材」などに取り組み，後述するプロジェクト活動でも「水」「人のからだ」「電車遊び」「家づくり」といった身近な題材が探究課題として採用されました。

木下は，従来の学校教育において教授される内容は子どもの生活や認識から乖離したものであるとして，主体的・自律的な学習を実現するためには，学習は生活から切り離すことができないと考え，「生活即学習」による「全一的学習」を目指しました。そのため，子どもの身近な生活のなかから採用される「環境」が学習の題材となり，教師あるいは子ども自身が「環境整理」を行うことによって，より良い学習が実現すると考えました。子どもの生活すなわち学習の「環境」は，従来の学校教育で教授されるような，整理された「文化」ではありません。「学習法」では，学習の題材は複数の教科や領域をまたぐものであるため，従来の教科の枠組みを再考し，「具体的全一の生活」を基盤とした「**合科学習**」が行われました。[*10]

4 プロジェクト活動

　子どもたちが自らの興味関心に基づき学習課題を立て，探究的な学習を行う実践も行われました。東京女子高等師範学校附属小学校主事の北沢種一（1880-1931）や奈良女子高等師範学校教授の松濤泰巖（1883-1962）らによってアメリカでのプロジェクト・メソッドの研究や実践が紹介され，附属小学校で実践されました。

　奈良女子高等師範学校附属小学校が発行していた雑誌『学習研究』（1923年1月号）に，同校訓導の鶴居滋一による1年生の「水」を題材とするプロジェクト活動の実践が紹介されています。[*11]鶴居は，学校での学習と子どもの生活との連続性に注目し，子ども自らが環境と交渉することのできる力を身につけることを目指しました。子どもたちは，自らを取り巻く環境のなかから「題材」を発見するところから学習を開始します。水鉄砲や笹舟の制作から学習を始める子どもや，「水ノタビ」「水ガヤクニタツコト」といった疑問から学習を始める子どもがいました。課題が定まると，子どもたちは学習の目的を決定し，学習を計画し，目的を達成する「プロジェクト」を進めていきます。それぞれの子どもが個別に探究活動を行う「独自学習」と，学級や小集団で協同的に学ぶ「相互学習」とを往還しながら考察を深めていき，最終的に「水の三態の変化」や「水ノガイ」の考察に至りました。学習内容は理科・算術・地歴・図画などに及び，教科に分断された知識を個別に学ぶのではなく，さまざまな教科に位置づく知識を総合的に学ぶ合科学習となっていました。

5 学校教育そのものの問い直し

　野口援太郎（1868-1941）が創設し，その後，野村芳兵衛（1896-1986）によっ

---

*10　木下竹次『学習原論』目黒書店，1923年。奈良女子高等師範学校・奈良女子大学附属小学校の実践については，本書コラム⑤参照。

*11　鶴居滋一「幼学年児童の合科学習とプロヂェクトの一例」『学習研究』2(1)，1923年，pp. 95-105。

て引き継がれた**池袋児童の村小学校**では，時間割・教師・教室や，カリキュラムといった，学校における教育活動に不可欠と考えられているさまざまな仕組みをすべてなくし，子どもは自由に遊ぶことによって育つと考えました。この学校での子どもたちの学びの様子は，WORK で取り上げた資料に描かれています。そこでは，子どもの内発的興味や個性を尊重し，自由と自治を最大限保障することが目指されました。そして，一切の「ためにする教育」を排除し，「生活することそのことが教育」であるとされました。

　しかし，大人による干渉を排除した結果，教師による指導の欠如や未確立によって，学校は混乱と無秩序の状態となってしまいました。そこで，同校の教師たちは「子どもをどうすることが本当の自由を約束することなのか」という問いに直面します。先にあげた自由教育の実践家たちが，子どもの自主的，自律的な学びを，学校教育の枠組みのなかで方法的に工夫することによって実現しようとしたのに対して，池袋児童の村小学校の教師たちは，次節で述べる生活教育によってこれを実現しようとしました。教師による子どもへの働きかけを否定し，子どもの生に向き合うことによって，子どもの発達に向けた助成的介入の在り方を問い直したという点で，池袋児童の村小学校の実践は，学校そのもの，そして学校における教育的関わり自体を問い直すものであり，自由教育と生活教育を架橋する実践であったといえます。

4 生活教育の系譜

　1910年代から1920年代にかけて，上述のような子どもの個性や自主性を重んじた自由教育の諸実践が全国各地で展開しました。しかしながら一方で，自由教育に熱心に取り組んできた教師たちの一部から，学校外での子どもの暮らしをどのように捉えるか，という問題提起が生まれてきます。こうした問題提起の背景には，1930年代に起きた学校と社会をめぐる状況の変化があります。子どもの自発性を前提とする自由教育に対して，学校での学びにうまく馴染めないでいる子どもが，学校外での遊びや家業の手伝いのなかで逞しく生きている姿を見たり，学校を休みがちな子どもの背景に経済的困窮があることを知っ

たりするなかで，子どもの生活に出会い直したのです。ここから教師たちは，学校で自主的，自律的に学ぶ子どもの姿では捉えきれない現実に対して，教育は何ができるのかを考え始めていきます。

　このように，自由教育をくぐり抜けたのちに，本当に必要な教育とは何かについて再論した日本における自生的な教育改造の試みとして，**生活教育**があります。以下，現代に連なる生活教育の系譜を見ていきます。

1　生活指導——生活者としての子ども

　生活指導は，もともと国語科の一分科であった綴方（作文）における指導方法を示す言葉として，1920年代に生まれてきます。綴方には国定教科書がなかったこともあり，自由主義的な文学や思想に共鳴する教師たちが強い関心を寄せて実践に取り組んでいきます。従来の綴方では，正しい手紙文が書けるようになる，季節に合った文章表現ができるようになるといった，書き言葉の習得に力点が置かれていましたが，次第に会話の場面など，話し言葉を用いながら，生活を綴らせることを価値とする指導へと変化していきました。

　なぜ，教師たちは生活を綴らせることに価値を見出したのでしょうか。日本で初めて生活指導という言葉を用いた，鳥取県の小学校教師・峰地光重（1890-1968）は著書『文化中心綴方新教授法』（1922）において，教師は文章表現指導以前の問題として，子どもが学校外で自然や社会に働きかけ，働きかけられながら生きている実際の姿を読み解かなければならないと論じます。すなわち，子どもたちは生活のなかで，知らぬ間にさまざまな知識や技術を体得しながら生きている。その場面を"ありのまま"に綴らせることによって教師は，学校での国定教科書を通じた学びとは異なる，生活を通じた学びの軌跡を確かめることができる。以上のことを前提とした子どもへの綴方指導（＝生活指導）こそが必要である，というのです。同時期，先に触れた野村芳兵衛が，学校で伝達しようとする文化が本当に子どもたちを活かすものであるか，と問いかけていたことも見逃せません。

　このように見ると，国定教科書を用いた文化伝達の外側にある，子どもの育

ちに注目した教師たちのなかから，生活指導が論じられるに至ったことがわかってきます。この点に関連して，峰地や野村が同人として名を連ねた雑誌『綴方生活』第二次同人宣言（1930年10月号）には，次のように記されています。

> 　社会の生きた問題，子供達の日々の生活事実，それをじっと観察して，生活に生きて働く原則を吾も摑み，子供達にも摑ませる。本当な自治生活の樹立，それこそ生活教育の理想であり又方法である。

　子ども（生活者）の日常の一場面を教師が読み解き，学級全体で共有することを通じて，よりよい生活の在り方を共同的に探究していく。このような生活教育の取り組みが，1930年代を通じて展開していきます。

２　生活綴方——学校教育を「はみ出た」問題

　1930年代に全国的な広がりを見せた**生活綴方**は，子どもたちに生活のなかから題材を選ばせ，日常の言葉を用いて詩や作文を綴らせたのち，作品を学級で共有し，指導を進めていくものです。このような過程のなかで指導者（綴方教師）は，子どもたちに自らが生活者であるということを自覚させ，現実を生き抜く力を獲得させようとしました。たとえば，北日本国語教育連盟「北方性とその指導理論」（『綴方生活』1935年7月号）からは，北日本一帯を襲った冷害と度重なる凶作のなかで飢えに苦しむ子ども，働き手の一人として学校を欠席する子どもを取り巻く自然地理的，歴史・社会的現実に立脚しようとした，綴方教師たちの思想の一端をうかがい知ることができます。

　生活綴方は，“ありのまま”を見つめさせていくことからはじまりますが，それは必然的に学校教育の枠を「はみ出た」問題——子どもたちの生活に影を落とす貧困や児童労働をはじめとする社会問題——に直面します。しかしながら生活綴方は，そこで終わりません。綴方教師は自身と学級に向けて，私たちは何をなすべきかを問いかけていきます。このことによって，厳しい生活現実に負けまいとする意志（「生活意欲」）と生き抜くための術（「生活知性」「生活技術」）を子どもたちに身につけさせようとしたのです。

　綴方教師たちの眼前には，昭和恐慌以後に困窮の度を増していく地方農村の実情がありました。このような現実に直面して，将来を悲観せざるを得ない子どもたちといかに関わっていくことができるのか。それこそが，生活教育が投げかけた重要な問いであったといえます。しかしながら，戦時体制に向かう時代のなかで，子どもに社会問題を見つめさせることは危険思想とみなされ，生活教育に携わった数多くの綴方教師が，教壇を追われる事件が起こりました（「生活綴方事件」）。

5　戦後新教育と生活教育

　1945年8月15日，日本はポツダム宣言を受け入れ敗戦を迎えます。その後，戦前の国体護持を目的とする皇国民教育からの脱却が進められ，平和と民主主義を希求する日本国憲法─教育基本法体制が生まれます。[*12] このような戦後教育改革のなかで，教師たち自身の手で教育実践を下のほうからつくりあげていこうとする，**戦後新教育**の気運が盛り上がります。ここでは，デューイの経験主義，問題解決学習を理論的な拠り所にしながら，民主主義社会の担い手をどのように育てるのかをめぐる実践的探究が進められていきました。

　このような戦後的状況において，生活教育はいかに継承されていくことになったのでしょうか。最後に，戦後の生活教育の展開を見ていきます。

1　生活綴方の復興──『山びこ学校』

　戦後新教育の筆頭教科であり，民主主義社会の担い手づくりへの希望が込められたのが，戦後教育改革によって新設された社会科でした。しかしながら，戦後社会科の取り組みの多くは，生活教育がくぐり抜けてきたはずの一般抽象的な子ども像を前提とするものであり，戦後の子どもが抱える生活課題や地域社会の問題を見据えた実践ではありませんでした。このような状況下において，

＊12　戦後の教育改革の展開については，本書第11章参照。

1950年代に再び生活綴方への注目が集まるようになったといわれています。

　戦後生活綴方の復興のきっかけとなった『山びこ学校』^{*13}（1951）は，山形県の中学校教師・無着成恭（1927-）の指導した詩・作文集です。無着は社会科の時間を用いながら，生活綴方の指導を行います。その際には「いつも力を合わせて行こう」「なんでも何故？　と考えろ」「いつでも，もっといい方法がないか探せ」と呼びかけたといいます。それは，戦後改革を経てもなお，封建的な旧慣習が色濃く残る地方農村社会を生きる子どもたちに，自らの生活を詩や作文で表現させ，各々の抱える生活課題を共同して解決する力を獲得させようとするものでした。それは，戦争によって一旦中断を余儀なくされた生活教育を継承・発展させ，「ほんものの社会科」とする試みであったといえます。

　その後『山びこ学校』は大きな反響を呼び，日本全国で多くの教師たちが生活綴方に取り組み始めます。この意味において，戦後日本の学校教育を支えた教師たちの思想を形づくる契機であったといえるでしょう。

2　生活教育の新たな展開——学級集団づくり

　『山びこ学校』に代表される生活綴方の復興のなか，教育学者・宮坂哲文（1918-1965）は，生活指導を「一人一人の子どもの現実にそくして，かれらが人間らしい生き方をいとなむことができるように，援助することである」と定義しています。^{*14}ここで宮坂は，戦前生活指導・生活綴方の思想を受け継ぎ，現実社会のなかで困難を抱えている子ども一人一人のねがい（要求）を尊重することを戦後生活指導の実践課題として提示し，教育課程全体を貫く生活教育の在り方を探究していこう，と教師たちに呼びかけたのです。

　1960年代に入ると，生活教育の新たな方法が登場してきます。上記宮坂を中心として1959年に結成された**全国生活指導研究（者）協議会**（全生研）は，**学級集団づくり**というテーゼを掲げ，教科外活動における子どもの行為・行動の

---

*13　1951年に青銅社から『山びこ学校——山形県山元村中学校生徒の生活記録』として刊行された。その後，岩波文庫からも刊行されている。無着成恭（編）『山びこ学校』岩波書店，1995年。
*14　宮坂哲文『生活指導と道徳教育』明治図書出版，1959年。

指導と学級集団の組織化を主眼とした生活教育実践を進めていきます。ここで教師たちは，班を中心として他者との関わり方を学ぶ機会を保障するとともに，集団の力で学級活動や文化祭，体育祭といった学校行事をつくりあげていくことを目指しました。また，そこでの指導の在り方が**実践記録**の分析と理論研究を通じて検討されていきました。

　生活綴方と（学級）集団づくりという二つの生活教育の間には，どのような違いがあるのでしょうか。両者は共に，眼前の子どもたちの生活現実に即した実践であることは共通しています。しかしながら，綴方を通じて社会や自己を見つめ直す力を獲得させるのか，集団活動を通じて"自分の不利益には黙っていない""みんなで決めて，みんなで守る"といった，他者と共に行為・行動する力を獲得させるのか，に関して両者には大きな違いがあります。生活綴方は主として，詩や作文を手がかりに，ものの見方・感じ方・考え方を指導していきます。それに対して，集団づくりは主として，班や学級という集団活動の場で生まれてくる個人間やグループ間のトラブルを手がかりに，他者との関わり方を指導していきます。このようにして二つの生活教育は，民主主義社会の担い手としての子どもたちが，よりよい生活をつくり出し，つくり変えていく力を身につけさせようとしたのです。

　子ども一人一人のねがいを尊重することと，自治的な集団をつくることを不可分のものと考える全生研の集団づくりは，政治の時代から経済の時代へと移り変わっていく戦後日本社会のなかで，目指すべき集団像が問い直されていくことになります。とはいえ，その原点に立ち戻りながら検討してみると，子どもを生活者として捉えてきた生活教育の系譜上において，戦後的地平を開拓しようとする試みであったといえるでしょう。

✎ **まとめ** ･･

　日本における教育改造運動は，国際的な新教育運動と連動しながら，子どもを個として捉え，その成長を価値とする自由教育から始まりました。西洋の新教育実践の影響を受けて，自律的学習，合科学習，プロジェクト活動など，多彩な教育実践が展開し，教育方法の改革，カリキュラム改革を志向しました。ただし，「大正自

由教育」は，都市新中間層という限られた人々を主たる担い手としており，社会との関係で学校や教育を捉える視点を十分にもつことができませんでした。

　一方で，1930年代に本格的な展開を見せた生活教育（生活綴方）は，子どもを生活者として捉え，現実社会のなかで私たちはどのように生きているのか，いかに生きていくべきか，そのために教育は何ができるか，という課題意識にもとづく教育改造運動でした。このような課題意識は戦後にも継承され，民主主義社会の担い手づくりという新たな問題状況に直面するなかで，学級集団づくりという方法が生み出されていきました。

　このように，日本では，自由教育と生活教育という2つの教育の系譜が，学校教育のあり方を深部で支えてきました。現在の日本の教育改革では，基礎力・思考力・実践力を，21世紀に求められる3つの資質・能力として位置づけ，問題を解決したり，新しい考えを創造したりする力を育成することが目指されています。そして，そうした力を育成するための方法として，子ども自らが主体的・協同的に学ぶ「アクティブ・ラーニング」が推進されています。知識集積型の学びではなく，子ども主体の自律的な学習を追求する姿勢は，本章で取り上げた奈良女子高等師範学校附属小学校で始められ，戦後に継承・発展した「奈良の学習法」実践を支える教育観であり，現在の教育改革もまた自由教育の系譜に連なるものであるといえます。しかし，今日の自由主義的教育改革においては，先に述べた「大正自由教育」に欠けていた視点，つまり生活者，社会的存在としての子どもという視点がどのように位置づけられているのか，また，社会の問題として学校や教育をどのように捉えるかということが問われているといえるでしょう。

 さらに学びたい人のために

○中野光『大正自由教育の研究』黎明書房，1968年，『学校改革の史的原像──「大正自由教育」の系譜をたどって』同，2008年。
　　「大正自由教育」におけるさまざまな取り組みと，運動の担い手の教育思想について論じ，大正期の日本における新教育運動の全体像を示した文献です。

○橋本美保・田中智志（編著）『大正新教育の思想──生命の躍動』東信堂，2015年。
　　海外および日本の新教育を代表する人物の教育思想について検討し，「生命」に焦点を当てて大正新教育思想の特徴について論じた文献です。

○民間教育史料研究会（編）『教育の世紀社の総合的研究』一光社，1984年。

　　1920年代から30年代にかけて，自由教育と生活教育を架橋する教育改造運動を展開した教育の世紀社の思想と運動，実践について論じた文献です。

○中内敏夫『綴方教師の誕生（中内敏夫著作集Ⅴ）』藤原書店，2000年。

　　学校における教育的な関わりを問い直す人づくりの技として，生活綴方を論じた文献です。自由教育と生活教育の関係把握を深めるのに最適な一冊です。

○竹内常一『新・生活指導の理論──ケアと自治／学びと参加』高文研，2016年。

　　戦後教育学を代表する著者の60年間に及ぶ生活指導・教育学研究の到達点。生活教育の現代的課題を考察するうえでの必読文献です。

教科の枠組みの問い直し
～奈良女子高等師範学校附属小学校の合科学習～

　学校は，これまでに人類がつくり出してきた文化を子どもたちに伝達するという役割を担っています。しかし，文化として蓄積されてきた膨大な知識のすべてを学校で教えることはできません。そうした知識のなかから，学校で教授・伝達され，獲得されるべきと考えられるものを選択し，並べたものを学校知識といいます。さらに，学校知識を分類し，再構成したものが教科です。歴史的に見ると，その構成原理は教育理念によって異なっています。

　明治期の「学制」発布当初，小学校に置かれた学科*1は，「綴字」「習字」「単語読方」「洋法算術」「修身口授」「単語諳誦」「会話読方」「単語書取」「読本読方」「会話諳誦」「地理読方」「養生口授」「会話書取」「読本輪講」「文法」「地理学輪講」「究理学輪講」「書牘」「各科温習」「細字習字」「書牘作文」「史学輪講」「細字速写」「罫画」「幾何」「博物」「化学」「生物」でした。ここでは，言語に関する教育内容が細分化され，自然科学が重視されています。子どもに即して教育内容を選択し配列したものではなく，知育偏重で難解な内容となっていました。

　1907（明治40）年の小学校令改正によって尋常小学校が6年となり，教科の再編成が行われました。尋常小学校の教科は「修身」「国語」「算術」「日本地理」「地理」「理科」「図画」「唱歌」「体操」「裁縫」「手工」とされ，現在の学校における教科の枠組みの原型がつくられました。学問構成に基づいて学校知識を系統的に整理し，分類した教科構造となりましたが，修身を筆頭科目としたところに特徴があります。天皇制に基づく国家体制の整備が進むなかで，1890（明治23）年に教育勅語が発布されたことが，教科の枠組みにも反映されていることがわかります。

　その後，大正期に起こった新教育運動では，子どもの興味・関心に寄り添い，子ども自身の活動を重視した学習の在り方が模索されました。教育方法の模索と並行して，教育内容についても再考され，既存の教科の枠組みが問い直されました。

　「大正自由教育」の主要な拠点校の一つであった奈良女子高等師範学校附属小学校では，合科学習の実践が行われました。主事の木下竹次は，子どもは生活のなかのさまざまな経験を通して学び，「全一的，渾一的」に発展していくため，系統的な教科の枠組みによる形式的画一的な時間割が先に存在し，個々の子どもの興味・関心や学習課題をこれに合わせていくというやり方は，不自然だと考えました。低学年の合科学習（大合科）では，子どもは教師が提示した教育内容を学習するのではなく，整理された環境のなかで生活しながら，自ら学習内容を選択し，学習を進めていきました。山路兵一は，尋常1年生の合科学習で，校内の学校園をはじめ，

佐保川堤・興福寺・三笠山・奈良駅，近隣の商店や公設市場など学校の周辺の環境，開校記念日や遠足などの学校行事，天長節や聖武天皇祭などの行事といった環境を準備しました。子どもたちは，これらの環境と関わりながら生活し，整理，発表，練習を進めていきます。そこでは，環境との関わりを通して「生活の拡充発展の心眼」を開かせること，そして個々の子どもが「自己の生活を生活せしめて人間としてのあらゆる生活に触れること」が目標とされました。同校の学習法は，既存の教育の在り方，教科の枠組みを再考し，組み替えたものでした。環境との交渉を通して，子ども自身が学習の課題と内容を自らが見つけ出すことを目的とし，国定教科書に示された教育内容に沿った教育活動を行わなかったため，子どもの主体的な学びの在り方を示したことに対する高い評価の一方で，たびたび批判にさらされました。

その後，1941（昭和16）年に設置された国民学校では，従来の教科目を統合して「国民科」「理数科」「体錬科」「芸能科」の四つの教科が置かれました。これは，奈良の合科学習の影響もあったとされています。しかし，国民学校の目的は皇国民錬成であり，教科の構成原理は皇国民に必要な資質をもとにしていたという点で，同校の合科学習が目指したものとはまったく異なるものであったといえます。

1930年代から戦時期にかけて，教育への統制が強まるにつれ，全国的に自由教育の盛り上がりが低調になっていきましたが，同校では学習法の伝統を継承し，戦後の実践につなげていきました。戦後新教育の時期には，経験学習，生活単元学習の実践がひろく行われ，社会科を核とした教科構造の新たな組み替えを提唱するコア・カリキュラム運動が展開されました。同校でも新しい教育方法が模索され，「奈良プラン」がつくられました。そこでは，教育内容を「しごと」「けいこ」「なかよし」に区分し，新設された社会科の学習内容を扱う総合科目「しごと」をその中核に位置づけました。そして，国語や算数を単なる周辺的な用具科目と位置づけるのではなく，特定の能力の獲得と習熟という個々の目標に向けた活動として「けいこ」としました。

日本の多くの学校では，多教科分立型の教科構造のもとで，教育が行われてきました。しかし，統一した人格形成，子どもたちの学びの活性化，現代的課題から立ち上げる教育実践，認識が未分化な子どもの認識段階への適合性，といった点での限界が指摘され[*2]，合科学習，総合学習の可能性が模索されてきました。これからの教育内容や教育方法を考えるうえで，学校知識の選定や，教科構造の在り方について模索を重ねてきた歴史から学べる点は多いといえるでしょう。

注
* 1　学制では「学科」という用語が使用されていたが，1890（明治23）年の小学校令より「教科」に改められた。
* 2　田中耕治（編著）『「総合学習」の可能性を問う——奈良女子大学文学部附属小学校の「しごと」実践に学ぶ』ミネルヴァ書房，1999年。

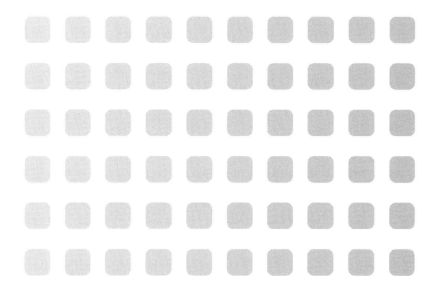

第Ⅳ部　現代教育の直面する課題から考える

第14章

資質・能力と学力

・・・●　学びのポイント　●・・・

- ・資質・能力とは何を意味するのかを理解する。
- ・資質・能力が求められるようになった背景と世界的な動向を知る。
- ・学力と資質・能力の違いを理解する。
- ・資質・能力を目標とすることで，教育がどんなふうに変わるか，特に評価に注目して，その意義と課題を理解する。

WORK　学校で身につける力とは

　次の新聞記事を読んでください。卒業生の一人は「ここで鍛えられたので社会に出てもやっていける」と話しています。この部活動で生徒はどんな力を身につけたのでしょうか。考えられることをあげてください。また，その力は授業でも身につけられると思いますか。

オトノチカラ　金賞最多 引き継ぐ感動　大阪府立淀川工科高校吹奏楽部

　梅の花の香りが風に舞う3月1日，大阪府立淀川工科高校で吹奏楽部の卒業生を送る会が開かれた。お世話になった先輩たちを後輩たちが費用を出し合ってごちそうする。最後に部員全員で練習室に集まり，卒業生の代表があいさつをした。

　「ここで鍛えられたので社会に出てもやっていける」。仲間の言葉を，卒業生の小柴佑介さんは静かに聞いていた。初心者から始め，オーボエのパートリーダーまで務めた。「続けてきてよかった」。深い感慨が胸に広がった。

　吹奏楽部は1958年の創部で，全日本吹奏楽コンクールでは特別演奏も含めて37回出場。最多の28回の金賞を誇る。「淀工」の名は全国に知れ渡る。

　エリート集団のように思えるが，約200人いる部員の半分は入部時は初心者だ。半世紀以上にわたって指導する丸谷明夫顧問（70）は「初心者に教えることで自分も成長する。それが，うちの基本です」と話す。

　小柴さんは中学1年の途中まで卓球部で，高校入学後に「長く続けられる部に入りたい」と先輩後輩の仲が良さそうな吹奏楽部を選んだ。それまで楽器はリコーダーに触れた程度だった。

　各楽器の特性もわからず，とりあえずクラリネットを学んだが，夏のコンクールで3年生がソロで奏でたオーボエの音に魅了されて転向。楽器の持ち方や音の出し方といった基本から，先輩が付きっきりで教えてくれた。時には隣で一緒に吹いてもらい，音を耳で覚えた。「本当に先輩のおかげ」と振り返る。

　2年時にコンクールの出場メンバーに選ばれ，3年生になるとパートリーダーになった。小柴さんは「初心者の自分がリーダーをしたことで，少しは後輩の刺激にもなったかな」と笑う。

　そのパートリーダーを継いだのが，1年後輩の南紗貴さん。南さんは小柴さんの演奏を初めて聴いたとき，とても入部後に始めたとは思えなかった。現在，オーボエパートには，2年生に初心者がいる。難しいところがあると，必ずその後輩の隣で一緒に吹くことにしている。かつて自分が小柴さんにしてもらったように。

　「教えることは難しいけれど，復習にもなるので自分も上達する気がする」と南さん。今は，先輩が残してくれた音を目標に練習に励んでいる。「まだまだ近づけないけれど，私たちの音で，人の心を動かせる演奏がしたい」。そう心に決めている。

　出所：『朝日新聞』2016年4月5日朝刊（京都府地方版，24面）。

● 導　入 ● ・ ・ ・ ・ ・ ・ ・

　学校教育を通じて形成される能力といえば，多くの人が思い浮かべるのは「学力」でしょう。テスト，通知表，入試など，「学力」は私たちについて回ります。しかし，「学力」にぴったりあてはまる英語はありません。ある教育社会学者は「学力は，戦後の日本の教育界が生んだ，最大のジャーゴン（専門用語）」だといっています。

　一方，近年，学校教育の目標として，資質・能力が掲げられるようになってきました。しかも，興味深いことに，世界の経済先進国の多くが，名称はさまざまですが，こぞって資質・能力を教育目標に掲げるようになっているのです。なぜ，こんなことが起きているのでしょうか。資質・能力は学力とどう異なるのでしょう。それは教育目標としてふさわしいものなのでしょうか。本章は，こんな問いをめぐって展開していきます。

・ ・ ・ ・ ・ ・ ・ ● ● ●

1　「資質・能力」という言葉

　「資質・能力」という言葉を聞いたことがありますか。「資質」「能力」それぞれ別々であれば耳にしたことがあっても，「資質・能力」という一続きの言葉になるとなじみがないという人が多いかもしれません。

　それもそのはず，教育界でこの言葉が頻繁に使われるようになったのは，2000年代に入ってからで，比較的新しい言葉です。しかも，意味がかなり捉えにくい言葉でもあります。

1 　資　質

　「資質」という言葉を『広辞苑』で引いてみると，「うまれつきの性質や才能」と説明されています。でも「うまれつきの性質や才能」であれば，教育の目標にはなり得ません。2006年に改正された**教育基本法**第5条では，義務教育の目的を，「各個人の有する能力を伸ばしつつ社会において自立的に生き

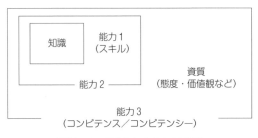

図14‐1　「能力」の入れ子構造
出所：筆者作成。

る基礎を培い，また，国家及び社会の形成者として必要とされる基本的な資質
を養うこと」（傍点筆者）と定めています。ここからわかるように，教育行政用
語としての「資質」は，「能力」と並んで，先天的な素質をもとに教育等を通
じて後天的に育成されたものという意味をもっています。「資質・能力」が教
育界でよく使われるようになったのは，この教育基本法の改正以降です[*1]。

2　能 力

「能力」もさまざまな意味で使われています。図14‐1は「能力」の使われ
方を「知識」「資質」との関係から示したものです。「能力」はまず，「知識
（内容）」と対で使われることがあります。たとえば，知識より**汎用的な能力
（ジェネリックスキル）**[*2]のほうが重要と主張されるような場合です（＝能力1）。
また，「資質・能力」のように，「資質」と対で使用されることもあります（＝
能力2）。「能力」という言葉はさらに，資質も含みこんで用いられることもあ
ります（＝能力3）。たとえば，英語の**「コンピテンス／コンピテンシー」**がこ
れにあたります。世界の教育改革に大きな影響を与えてきたOECDのDeSe-
Co[*3]プロジェクトでは，**コンピテンス**を「ある特定の文脈における複雑な要求

＊1　それ以前にも「公民的資質」「教員に求められる資質能力」などで使われることがあったが，
　　学校教育全体の目標とされていたわけではなかった。
＊2　**ジェネリックスキル**：日常生活や仕事において広く通用するとされるスキルのこと。コミュニ
　　ケーション，問題解決，批判的思考などがよく例としてあげられる。
＊3　Definition & Selection of Competencies（コンピテンシーの定義と選択）の略。

に対し，心理社会的な前提条件［＝知識，認知的スキル，実践的スキル，態度，感情，価値観・倫理，動機づけなどの内的リソース］の結集を通じてうまく対応する能力」と定義しています。コンピテンスが能力3に位置づく広い意味をもつ概念であることがわかるでしょう。

2 〈新しい能力〉への注目

■1 資質・能力重視の背景

　資質・能力は，現在の教育改革においてもっとも重要な概念の一つになっています。たとえば，2017・18年版**学習指導要領**では，「**資質・能力の三つの柱**」──①知識・技能，②思考力・判断力・表現力等の能力，③学びに向かう力・人間性等──が，目標として掲げられ，こうした資質・能力を育成するために，教育課程を編成し，学習・指導を行い，学習評価を充実させることが謳われています。

　しかし，こうした資質・能力の重視は日本だけの傾向ではありません。1990年代以降，グローバル化，情報化，流動化，個人化，リスク化といった後期近代社会の特徴が顕わになってきました。とりわけ近年は，AI（人工知能）の発展によって，人間の仕事が奪われることが危惧され，AIとの共生の在り方や人間ならではの価値の問い直しも行われています。変化が激しく予測が困難であること自体が時代の特徴だということで，VUCA──Volatility（変動性），Uncertainty（不確実性），Complexity（複雑性），Ambiguity（曖昧性）から頭文字をとったもの──という言葉で表す場合もあります。

---

* 4　D. S. ライチェン ＆ L. H. サルガニク，立田慶裕（監訳）『キー・コンピテンシー──国際標準の学力をめざして』明石書店，2006年，p. 65改訳。
* 5　C. ファデル，M. ビアリック，＆ B. トリリング，岸学（監訳）『21世紀の学習者と教育の4つの次元──知識，スキル，人間性，そしてメタ学習』北大路書房，2015年。

2　〈新しい能力〉の例

　このような社会を生き，新たな社会を築いていくメンバーを育てるために，多くの経済先進国では，さまざまな名称の能力概念が教育目標として掲げられるようになりました。私はそれを〈新しい能力〉と呼んでいます[6]。

　〈新しい能力〉の代表的なものには，初等中等教育に限ってみても，OECDの DeSeCo プロジェクトにおける「**キー・コンピテンシー**」や同じ OECD の PISA 調査で使われた「**リテラシー**」[7]，ATC21S などによる「**21世紀型スキル**」[8]，CCR（カリキュラム・リデザインセンター）の「4次元の教育」におけるコンピテンシー[9]，「キー・コンピテンシー」の後継にあたる OECD の Education 2030プロジェクトのコンピテンシー[10]などがあります。たとえば，DeSeCo では，うまく機能する社会と個人の人生における成功を目的に掲げて，それを実現するために，すべての子どもに大きく三つのカテゴリー——「道具を相互作用的に用いる」「異質な人々からなる集団で相互に関わり合う」「自律的に行動する」——からなるキー・コンピテンシーを獲得させることを提案しています。

　これらの概念は日本の教育政策にも影響を与えてきました。2007年の**学校教育法**の改正では，PISA リテラシーを組み込んで形成すべき学力の性格づけがなされ（これは後に「**学力の3要素**」と呼ばれるようになりました），それが大学入試改革にも取り入れられました。さらに，CCR の枠組みを踏まえながら「学力の3要素」を資質・能力へと組みかえる形で，前述の「資質・能力の三つの柱」が提唱されるに至っています（表14-1）。

* 6　松下佳代（編著）『〈新しい能力〉は教育を変えるか——学力・リテラシー・コンピテンシー』ミネルヴァ書房，2010年。
* 7　PISA 調査は，OECD が2000年から3年ごとに，15歳児を対象に行っている調査で，読解・数学・科学のリテラシーのほか，回によっては，協同問題解決能力，金融リテラシーなども調査分野になっている。最新の PISA 2018には，世界の79カ国・地域が参加した。リテラシーとはもともとは読み書き能力のことだが，PISA では，読解・数学・科学などの知識やスキルを使って社会に参加する能力の意味で使われている。
* 8　松尾知明『21世紀型スキルとは何か——コンピテンシーに基づく教育改革の国際比較』明石書店，2015年。
* 9　前掲書（＊5）。
*10　OECD (2018). *The Future of Education and Skills : Education 2030.* http://www.oecd.org/education/2030/E2030%20Position%20Paper%20(05.04.2018).pdf（2018年4月15日閲覧）。

表14-1 教育政策における「資質・能力」と「学力」の捉え方

	学力の3要素	学力の3要素（ver. 2）	資質・能力の三つの柱
掲載文書	学校教育法（2007年6月改正）	中央教育審議会「新しい時代にふさわしい高大接続の実現に向けた高等学校教育，大学教育，大学入学者選抜の一体的改革について（答申）」（=「高大接続答申」）（2014年12月）	学習指導要領（小・中：2017年3月，高：2018年3月改訂）
適用範囲	小〜高	高校・大学入学者選抜・大学	小〜高
要素	①基礎的な知識および技能	(i)主体性・多様性・協働性	①知識・技能
	②これらを活用して課題を解決するために必要な思考，判断力，表現力その他の能力	(ii)知識・技能を活用して，自ら課題を発見しその解決に向けて探究し，成果等を表現するために必要な思考力・判断力・表現力等の能力	②思考力・判断力・表現力等
	③主体的に学習に取り組む態度	(iii)知識・技能	③学びに向かう力・人間性等

出所：筆者作成。

3 〈新しい能力〉はどこが新しいのか

コミュニケーション能力や協調性，問題解決能力などといった「新しい能力」といわれているものは，「これまでも求められていたし，これからも求められるであろう陳腐な能力」であり，「いま人々が渇望しているのは，『新しい能力を求めなければならない』という議論それ自体である[11]」という指摘があります。

確かに，テクノロジーの発達に影響を受ける情報リテラシーやICTリテラシーなどはかつては求められなかった能力だとしても，先ほど列挙したさまざまな〈新しい能力〉に含まれる能力リストの多くは「陳腐な能力」です。起業家精神やレジリエンス（折れない心），リーダーシップ，メタ学習（学ぶこと・学び方の学習）など一見新しげに見えるものでさえ，これまでも，とりわけ幕末や終戦後など新しい時代を迎えようとしているときには強く求められた能力です。

*11 中村高康『暴走する能力主義——教育と現代社会の病理』筑摩書房，2018年，p. 24。

　しかし，今日の〈新しい能力〉の新しさは，能力リストの一つ一つにあるのではありません。その新しさは，①多くの国々で共通に，また，初等中等教育から高等教育・職業教育，労働政策に至るまでの幅広い範囲で主張されていること，②教育目標として掲げられるだけでなく，評価の対象とされていること，③知識・技能などの認知的側面だけでなく，興味・関心などの情意的側面や対人関係能力などの社会的側面をも含む人間の能力の全体を包含していること，という点にあるのです。

　特に②の，評価の対象になったという点は重要です。これによって，〈新しい能力〉の学校教育への影響力が格段に強まったからです（これについては第4節であらためて取り上げることにします）。

3 学力と資質・能力の違い

　ここまで資質・能力について見てきました。このあたりで，本章のもう一つのテーマである学力にまで検討の範囲を広げましょう。表14‐1の「学力の3要素」と「資質・能力の三つの柱」を比べても，大きな違いはないように見えます。しかし，学力と資質・能力は少なくとも二つの点で対照的です。

　教育学者の**中内敏夫**は，学力を「人間の知的能力全体のうち，教育的関係のもとで教材を介してわかち伝えられる部分」[*12]と定義しています。中内は，人間は「生理的早産[*13]」の状態で生まれてくるので，教育という助成的介入を通して，一種の外化された遺伝情報である文化（学問・芸術・身体文化など）を内化することで，ようやく自立することができるといいます。学校は，文化を子どもたちに分かち伝えるために特別にしつらえられた場所です。学力は，その学校において，教師や共に学ぶ仲間との教育的関係のもとで，文化の内容が，それを学びやすいように加工してつくられた「教材」を介して伝達される，そのなか

＊12　中内敏夫『教育学第一歩』岩波書店，1988年，用語解説索引 p. 4。
＊13　**生理的早産**：ヒトの赤ちゃんは一人では歩けず食べることもできない非常に未熟な状態で生まれてくる。スイスの動物学者ポルトマン（Portman, A.）は，人間が，本来の出産時期よりも早く生まれているという意味で「生理的早産」と呼んだ。このことは逆に，人間がきわめて可塑性に富んだ存在であるということを意味している。

で形成される知的能力のことを指しています。一言でいえば，学力とは学校において文化を習得することで身につく力のことです。それは主に教科の学習を通じて形成されます。

　一方，資質・能力の場合は，まず，これからの社会を生きていくうえでどんな力が必要かという問いを立てます。DeSeCo のキー・コンピテンシーでは，うまく機能する社会と個人の人生の成功という大きな目的が掲げられて，それに必要な力が導き出されていました。21世紀型スキル，21世紀型能力では，21世紀社会が思い描かれていました。OECD の Education 2030では，より具体的に2030年の社会が想定されています。2017・18年版学習指導要領のもとになった中央教育審議会答申でも，「2030年の社会と子供たちの未来」という章が設けられ，知識基盤社会，第4次産業革命，グローバル化など「予測できない変化に受け身で対処するのではなく，主体的に向き合って関わり合い，その過程を通して，自らの可能性を発揮し，よりよい社会と幸福な人生の創り手となっていけるようにすることが重要である」とされています[14]。このように，資質・能力論の多くは，これからの社会を想定して，そこに必要な力は何かと発想します。この点で，外化された遺伝情報である文化をどう伝達するかと発想する学力とは，考える方向が逆なのです。

　もう一つ，学力と資質・能力の対照的な点があります。学力は学校において，主に教科の学習を通じて形成される能力です。一方，資質・能力は，教科のなかだけでなく，教科横断的に，あるいは教科外でも育成されるべきものであり，さらに，学校段階の違いを越え，学校と社会をつなぎ，生涯にわたって形成されていくと考えられています。つまり，資質・能力に基づく教育は，教科間の境界や学校と学校外・学校後の間の境界を崩していく働きをするのです。〈新しい能力〉が，初等中等教育から高等教育・職業教育，労働政策に至るまでの幅広い範囲で主張されていること，今回の学習指導要領で「社会に開かれた教育課程」が謳われているのはそのことの表れです。

---

*14　中央教育審議会「幼稚園，小学校，中学校，高等学校及び特別支援学校の学習指導要領等の改善及び必要な方策等について（答申）」2016年，pp. 9-12。

表14 - 2　PISA 調査の実施と日本の教育政策の展開

1998・1999	学習指導要領改訂		ゆとり教育
1999〜2004頃	世紀末学力論争		
2001.12	PISA2000結果公表		学力向上
2002.1	確かな学力の向上のための2002アピール「学びのすすめ」		
2003〜	学力向上アクションプラン		
2004.12	PISA2003結果公表（日本版「PISAショック」）	【低下】	
2005	中教審「新しい時代の義務教育を創造する（答申）」		
2005	読解力向上プログラム		
2007〜	全国学力・学習状況調査（以降，2011年を除き毎年実施）		
2007	学校教育法改正（「学力の3要素」，学校評価）		
2007.12	PISA2006結果公表	【低下】	
2008・2009	学習指導要領改訂		
2010.12	PISA2009結果公表	【向上】	
2012〜2014	「資質・能力検討会」での審議		資質・能力の
2013	OECD-PIAAC（16〜65歳），-AHELO（大学生）の結果公表		育成
2013.12	PISA2012結果公表	【向上】	
2014.12	中教審「高大接続答申」（大学入試改革）		
2016.12	PISA2015結果公表	【一部低下】	
2017・2018	学習指導要領改訂（「資質・能力の三つの柱」）		
2020年度	学習指導要領全面実施（小学校〜）		
2020年度	「大学入学共通テスト」実施		

出所：筆者作成。

4　学力と資質・能力の評価

　では，資質・能力が教育目標として掲げられるだけでなく評価の対象とされていること（第2節であげた〈新しい能力〉の特徴の②）の意味について見ていきましょう。

　表14 - 2 は，OECD の PISA 調査の実施と日本の教育政策の展開をまとめたものです。日本では高校1年生のわずか0.5％しか参加しない標本調査ですが，その影響は，初等中等教育全体に及んでいます。

　1998・99年の学習指導要領はゆとり教育路線が強く打ち出されたものでしたが，PISA 2003で得点や順位が大きく低下したこと（いわゆる「日本版 PISA ショック」）をきっかけに，ゆとり教育から学力向上へと政策が転換されました。2007年には，前に述べたように学校教育法が改正され，PISA リテラシーと似た「思考力・判断力・表現力」を含む「学力の3要素」が教育目標に据えられ

ました。また同じ年には，PISA 型の「B問題」を含んだ**全国学力・学習状況調査**もはじまりました。この調査は，毎年，小学6年生，中学3年生を対象に，国語，算数・数学で実施され（2012年より理科，2019年より中学校英語も，それぞれ3年ごとに実施），参加率は90％台後半（国公立はほぼ100％，私立は5割程度）に達する悉皆調査です。

表14-1で示したように，「学力の3要素」は，その後，2014年の**高大接続答申**によって大学入試改革の方針となり，2017・18年版学習指導要領にも「資質・能力の三つの柱」という形で引き継がれています。

PISA や全国学力・学習状況調査，大学入試など，〈新しい能力〉は，単に教育目標であるだけでなく評価対象になったことによって，教育政策のみならず教育現場にも大きな影響を及ぼすようになりました。そこでは，評価は，教育改革の結果を検証するというよりもむしろ，教育改革を推進する道具として使われています。つまり，評価問題という形で，求められる資質・能力を具体的に示し，そこでよい成績を収められるよう動機づけることで教育改革を牽引するということが行われるようになったのです。[15]

5 資質・能力論の意義と課題

本章では，「資質・能力と学力」というテーマについて，資質・能力のほうに焦点を合わせて論じてきました。最初の WORK であげたように，生徒たちは，**教科外活動**（部活動，学校行事，自治活動など）に参加することを通じて，学力以外の（あるいは学力以上の）力を形成していきます。WORK の例でいえば，楽曲や楽器演奏の知識・スキルはいうまでもなく，チームワーク（協働性），リーダーシップ・フォロワーシップ，主体的に学ぶ態度，やればできるという成長的マインドセット，失敗してもへこたれないレジリエンスなど，今日の資質・能力論でリストアップされるさまざまな力を生徒たちは身につけています。資質・能力のことなど意識せずに。

---

*15 松下佳代「PISA リテラシーを飼いならす――グローバルな機能的リテラシーとナショナルな教育内容」『教育学研究』81（2），2014年，pp. 14-27.

　資質・能力には，このような学校で育てる学力以外の（あるいは学力以上の）力にも目を向けるという面があります。それによって，教科や学校の境界を越え，学校と学校外・学校後の社会をつないで，教育を構想することを促します。これは資質・能力論の意義といってよいでしょう。

　一方で，資質・能力論には課題も少なくありません。資質・能力論では，これからの社会（たとえば，21世紀社会，2030年など）がどんなふうになるか，そのような社会を生きていくにはどんな力が必要かという問いを立てます。どんな社会になるか予測困難なので，どんな社会になっても適応できるような力や，自ら新たな社会をつくっていく力をつけていくことが必要だともいわれます。未来社会のメンバーを育成することは教育の重要な機能なので，これ自体が問題というわけではありません。しかし，このような発想が，学校の外の社会（とりわけ産業界）からの要請を無防備に学校教育のなかに受け入れていくという危うさを併せもっていることに，私たちは敏感であるべきでしょう。

　もう一つあげておきたい課題は，評価の問題です。資質・能力には，ペーパーテストでは評価できない内容が数多く含まれています。先ほど，WORK の例についてあげた力もほとんどすべてがそうです。これらは，演奏の実演，日常的な振る舞いの観察，生徒自身の報告などを通してしか捉えることができません。一方，資質・能力の重視のもとで教育政策や教育現場に大きな影響を与えているのは，PISA 調査にしても，全国学力・学習状況調査にしても，大学入学共通テストにしても，いずれもオンラインや紙ベースでのテストです。

　かといって，資質・能力を丸ごと評価しようとすると，資質・能力が情意的・社会的側面も含めた人間の能力の全体を包含しているだけに，教育現場を窮屈にし，評価負担を膨大なものにすることでしょう。

　資質・能力という目標に対して，大規模テストとは異なる教室や活動のなかでの評価をどう行うか，資質・能力の何を評価し何を評価しないのか。資質・能力に見合った評価をつくり出す必要があります。[16]これは資質・能力論の大きな課題です。

---

*16　先進的な取り組みとして，西岡加名恵ほか（編著）『パフォーマンス評価で生徒の「資質・能力」を育てる』学事出版，2017年。

...

 まとめ ・・

　本章では，資質・能力にウェイトを置きながら，学力との対比で，資質・能力について多面的に描いてきました。

　今日，資質・能力が求められるようになった背景には，グローバル化，情報化，流動化，個人化などの後期近代社会の状況があります。現在そして未来において，このような状況を多くの経済先進国が共有し，そうした社会のメンバーを育てるには教育によってどんな力を身につけさせるべきか，という共通の問いを立てたからこそ，〈新しい能力〉がどの国でも教育目標とされるようになったのです。これは，一種の外化された遺伝情報である文化を子どもたちに内化させることで自立を促そうとする学力論とは対照的な発想といえます。

　さらに〈新しい能力〉は単に教育目標であるだけでなく評価の対象とされたことで，教育政策や教育実践への影響を強めました。しかし，その評価の方法は，現状では，新しい形式のペーパーテスト以上のものにはなかなかなっていません。資質・能力にみあった評価をつくり出すことは，ともすれば学校の外の社会からの要請にさらされやすい資質・能力を私たちの手で舵取りするために重要な作業です。

・・・

 さらに学びたい人のために

○松下佳代（編著）『〈新しい能力〉は教育を変えるか――学力・リテラシー・コンピテンシー』ミネルヴァ書房，2010年。

　　〈新しい能力〉について，その系譜や国内外（スウェーデン，オーストリア，フィンランドなど）の動向を多角的・理論的に検討しています。

○石井英真『今求められる学力と学びとは――コンピテンシー・ベースのカリキュラムの光と影』日本標準，2015年。

　　学力論の立場からコンピテンシー・ベースのカリキュラム・授業・評価について批判的に考察。資質・能力に基づく今日の教育改革に翻弄されずに教育実践を行っていくための地図を得ることができます。

第15章

情報化社会の公教育

・ ・ ・ ● 学びのポイント ● ・ ・ ・

- 現代社会の情報化の現状と予想される未来像について知る。
- 情報化社会の学校がさらされている困難について理解する。
- 学校・教師が今後どのような役割を担うべきかについて考える。

WORK　未来社会ってどんな社会?

　あなたは中学2年生の担任をしています。ホームルームで「将来の仕事」について話し合おうとしたところ、生徒から次のような発言がありました。

> さとる　「この前テレビで見たんだけどさ、あと20年もすれば人工知能が人間の仕事を代わりにやってくれるようになるって。おれら働かなくてよくなるんじゃない?」
>
> あ　い　「えっ、人工知能に仕事を奪われて、大半の人間はお払い箱だって、ネットニュースに書いてあったよ」

2人の意見にクラスはざわついています。
さて、あなたは何と答えますか?

①グループになって、自分ならどう答えるか、意見を出し合ってみてください。

②意見がまとまったら、先生とクラスの生徒役でロールプレイ(寸劇)をやってみて、その説得力を吟味してください。

● 導　入 ● ● ● ● ● ● ●

　宇宙は138億年前の「ビッグバン」によって誕生しました。5 億4,000万年前には生命の多様化が急速に進む「カンブリア爆発」が起こりました。それに対して，現代は「情報爆発」の時代と呼ばれています。私たちはあらゆる人やモノがインターネットを介して大量の情報を交わす前人未到の時代を生きているのです。

　本章では，まず社会の情報化の進展に伴って，どのような問題や懸念が生まれているかを検討します。そのうえで人工知能をはじめとする新たなテクノロジーの普及が，公教育，学校，教師にどのような課題を突きつけるのか考えていきましょう。

● ● ● ● ● ● ● ● ● ●

1 情報化社会の公教育改革

1　情報化社会の子どもの日常

　1989年のワールド・ワイド・ウェブ誕生からたった30年で世界は一変しました。世界のインターネット通信量は直近20年間で1,000倍以上に膨れあがり，今や飛び交う電子メールの数は 1 日に3,000億通，ウェブサイトの数は1.9億に達しているそうです。[*1]

　急速な社会変容のなかで，子どもの生活にも大きな変化が生じています。内閣府が2018年末に行った調査によると，携帯電話やゲーム機などのインターネット接続機器を 1 日に平均 2 時間以上使用している子どもは，小学生の34%，中学生の58%，高校生の82%にのぼります。[*2]

　他の調査によると，携帯電話を所有している子どものうち，ツイッターなどの SNS（ソーシャル・ネットワーキング・サービス）上に友達や家族に存在を教え

＊1　世界のインターネット通信量の推移は Cisco『ゼタバイト時代──トレンドと分析』2017年 6 月，p. 5。電子メールの数は The Radicati Group inc., *Email Statistics Report, 2019–2023* の2020年予測値。ウェブサイト数は Net Craft 調査による2019年 7 月現在のアクティブサイト数。
＊2　内閣府「平成30年度青少年のインターネット利用環境実態調査」。母数にはインターネット機器を使用していない者を含み，機器を用いて実際にネットに接続しているか否かは問わない。また小学生は 4 年生以上のみ。

ない「裏アカウント」をもっている子どもは小・中学生で約30％，男子高校生で49％，女子高校生では69％に達するそうです。インターネット上で見つけた友人と現実世界で会ったことのある子どもの割合も小学生で5％，中学生で10％，高校生では22％にのぼりました[3]。

　インターネットには出会いや学びがあります。ウェブ検索サービスを使えば，何にせよ，それなりに役立つ答えを入手できます。人に言えない悩みをウェブ掲示版や匿名SNSで相談する人もいます。不登校の子どもがオンライン上の豊かな出会いに救われる場合もあります。視覚障害のある子どもはスマートフォンのカメラアプリや音声読み上げサービスを駆使することで，目の前に広がる景色，標識の文字，物の色などを調べることができるようになっています。発展途上国の子どもたちにインターネット接続のできるパソコンを無償配付するプロジェクトの結果，貧困状態から抜け出す子どもも生まれています。これらは情報化社会の「光」の側面です。

　その一方で，情報化社会には「闇」の側面もあります。アルバイト先などで悪戯をした動画をSNS上に公開して「ネット炎上」を招く高校生がいます。漫画や映画，音楽，ゲームなどが違法に共有されることで，多大な経済損失が発生している現状もあります。高校生や大学生がインターネットから得た知識を用いて高性能爆薬や劣化ウランを製造したとして補導・逮捕される事件も起こっています[4]。幼児向け動画に残虐・猥褻な内容を混入させる「エルサゲート」や，恋人や知人の性的な図像（未成年の場合は児童ポルノに該当します）を共有・拡散する「セクスティング」のような，海外で社会問題化している事例も日本で報告されるようになっています。

　インターネットをはじめとする情報テクノロジーは，私たちに多くの自由と幸福を与えてくれますが，そこには危害的な他者に遭遇したり，軽率な行動によって奈落の底へ転落するリスクもまた秘められているのです。

＊3　デジタルアーツ「第11回未成年者と保護者のスマートフォンの利活用における意識調査」調査期間2018年1～2月，インターネット調査，有効回答数618件。
＊4　「爆薬製造容疑の高校生，ウラン売買か　自宅で精製疑い」『朝日新聞』（2019年4月10日付）。

２　未来社会の希望と絶望

　そうしたなかで，政府はここ数年「Society（ソサエティ）5.0」を合言葉に，矢継ぎ早に政策を打ち出しています。

　政府広報によれば，来たるべき「Society 5.0」は，①狩猟社会，②農耕社会，③工業社会，④情報社会に続く人類史上５番目の社会です。それは煩雑な作業や調整が人工知能やロボットによって代行・支援され，モノやサービスが必要な人に必要な時に必要なだけ提供される輝かしいユートピア（理想郷）です。そこでは今よりもずっとサービスが行き届いており，現代社会で求められるレベルの「**情報リテラシー**」も不要になるのです。人工知能をはじめとするテクノロジーが，前述した情報化社会の「光」の部分を強め，「闇」の部分を消し去ってくれるのです。

　しかし，情報化社会の未来には暗雲が立ちこめてもいます。2010年代に入った頃から盛んに喧伝されるようになったのが「シンギュラリティ（技術的特異点）」です。簡単にいえば，遠くない未来に人工知能が人知を超え，人間に仇をなすようになるかもしれない，という懸念があるのです。

　実際，2013年には将棋，2016年には囲碁というように，人工知能が複雑なボードゲームで，最強クラスの人間を打ち負かし始めました。2015年には，人工知能に東京大学の入学試験を突破させようとする国立情報学研究所の「東ロボくんプロジェクト」が「MARCH（明治大学・青山学院大学など）」合格レベルである偏差値57.1に到達したという報道が注目を浴びました。[5]

　2015年末には，野村総合研究所が「10〜20年後，国内の労働人口の約半数が人工知能やロボットで代替可能になる」という試算を発表し，[6]「人工知能が人間のライバルになる」という危機感が高まっています。ここ数年の間に，遠隔操作で標的を殲滅する軍事用ドローン，犯罪が起きる可能性の高い地域をビッグデータ解析で割り出す予測型犯罪防御システム，事実をねじ曲げて世論を操

---

*　5　新井紀子『AI vs. 教科書が読めない子どもたち』東洋経済新報社，2018年。
*　6　株式会社野村総合研究所ニュースリリース「日本の労働人口の49％が人工知能やロボット等で代替可能」（2015年12月２日付）。

作することが可能な映像改竄技術なども実用化が進んでいます。多くの人間が人工知能やロボットによって管理されるディストピア（絶望郷）の到来が危惧されているのです。

3　「情報教育」改革の理念と政策

やがて到来する未来が，科学技術のユートピア「Society 5.0」なのか，人工知能に管理されたディストピアなのか，あるいはそのどちらでもないのかは不確定です。ただ，先の見えない社会だからこそ，与えられた情報をただ暗記するだけでなく，身のまわりに溢れる情報を目的に応じて適切に取捨選択することが重要になります。不透明な未来を切り拓き，人工知能などの強力なテクノロジーを適切に活用して望ましい社会を形成していくための**「情報活用能力」**や**「情報モラル」**への注目が高まっているのです。

政府は「情報活用能力」を30年以上前から「読み，書き，算盤」と並ぶ現代社会の基礎として位置づけてきましたが，学校教育の具体的内容を規定する**学習指導要領**での位置づけは脇役にすぎませんでした。しかし2017年に告示された新しい学習指導要領では，冒頭の「総則」のなかで，「情報活用能力（情報モラルを含む）」が「学習の基盤となる資質・能力」の例として言語能力や問題発見・解決能力と並んで取り上げられ，今後大規模な**「情報教育」**改革も予定されています。

新学習指導要領における「情報教育」は，**「プログラミング教育」**のような狭義のものから，「インターネットを用いた調べ学習」「海外の子どもとのテレビ会議」のような広義のものまで多岐にわたります。前者についていえば，2020年度から小学校で**プログラミング**が必修化されます。念頭に置かれているのは「学習活動を円滑に進めるために必要な程度の速さでのキーボードなどに

＊7　**情報活用能力**：「世の中の様々な事象を情報とその結び付きとして捉え，情報及び情報技術を適切かつ効果的に活用して，問題を発見・解決したり自分の考えを形成したりしていくために必要な資質・能力」（文部科学省「高等学校学習指導要領（平成30年告示）解説　総則編」2018年，p. 54）。

＊8　臨時教育審議会「教育改革に関する第二次答申」1986年4月。

よる文字の入力，電子ファイルの保存・整理，インターネット上の情報の閲覧や電子的な情報の送受信や共有などの基本的な操作を確実に身に付けさせるための学習活動[*9]」などです。

中学校でも2021年度から「技術・家庭」科でプログラミングに関する内容が倍増します。課題になるのは，たとえば「学校紹介の Web ページに Q&A 方式のクイズといった双方向性のあるコンテンツを追加したり，互いにコメントなどを送受信できる簡易なチャットを教室内で再現」することなどです。[*10]

高校では，2022年度からすべての生徒が「情報Ⅰ」でコンピュータの仕組み，プログラミング言語，情報セキュリティなどの基礎を学び，選択科目である「情報Ⅱ」では，より専門的なデータサイエンスが扱われます。「情報」が2024年度から大学入学共通テストに加わるなど，大学入試への採用拡大も今後見込まれています。

さらに，政府は，全大学生・高等専門学校生に対して，文理を問わずプログラミングなどの初級 AI（人工知能）教育の履修を義務づけ，そのうち約半数に対して専門分野と人工知能分野の両方で学位を取得する等の高度な「情報教育」を実施することなども提言しています。[*11]

2　情報化社会における学校教育の困難

1　学校に対する期待と焦燥

しかし，そうした大規模な「情報教育」改革がうまく軌道に乗るかどうかをめぐっては危惧もあります。

現在の教育改革は焦燥感に後押しされたものです。いつの世も大人たちが抱くのは「わが子に少しでもよい人生を送れるようにしてやりたい（個人の成長

---

* 9　文部科学省「小学校学習指導要領（平成29年告示）解説 総則編」2017年，p. 85。
* 10　文部科学省「中学校学習指導要領（平成29年告示）解説 技術・家庭編」2017年，p. 55。
* 11　統合イノベーション戦略推進会議「AI 戦略2019──人・産業・地域・政府全てに AI」2019年6月11日。内閣府「統合イノベーション戦略2019」2019年6月21日閣議決定。

発達）」「この国の未来を担う子どもたちにもっと有用な知識や能力をつけさせたい（社会の維持発展）」という願いです。本書第2章・第7章・第12章で紹介された哲学者デューイは，民主主義社会において，公教育には「個々人の人格的発達の支援」「異なる文化をもつ社会集団の統合」「社会的平等の促進」という三つの基本的な役割があると指摘しています。[*12] 学校はそれ自体が一つの萌芽的な社会であって，そこでの経験や学びを通して子どもたちを次の世代の社会成員として育てていく役割を果たすものと期待されているのです。

　社会の展望が不透明になればなるほど，公教育に対する人々の期待は切実さを帯びていきます。人類史的な転機である「情報爆発の時代」を乗り切るための「切り札」として公教育がまなざされているわけです。

　期待をかけられることは名誉なことだといえるかもしれません。しかし，公教育にその期待に応えるだけの力が残されているかどうかは微妙です。情報化社会の激流が「切り札」であるはずの公教育の足場をすでに相当深くまで掘り崩しつつあるからです。

2 「子ども」の誕生と消滅

　本書第10章で扱われたとおり，日本の近代学校システムは明治初年に「富国強兵」の国家目標を達成するために導入された社会改造の装置です。「立身出世」という果実や，学校を舞台に繰り広げられる充実した日常への参加権と引き換えにする形で，子どもたちに学問を要請し，日本社会の近代化を進めていったのです。

　しかし学校の誕生から1世紀が経過し，日本が世界有数の経済大国へと上りつめたのと入れ替わるようにして，学校はそれまで占めていた輝かしい地位を失い，多くの批判にさらされるようになっています。マスメディアでは毎日のように学校の不祥事が報道され，校則はその妥当性に疑問符が付されています。子どもの「理科離れ」「勉強離れ」「活字離れ」が問題視されて久しく，中学校

---

*12　デューイ，松野安男（訳）『民主主義と教育（上）』岩波書店，1975年。

252

では長期欠席者の割合が1975年と比べて5倍以上に増え，通信制学校やフリースクールに通う子どもも増えています。

　こうした社会変化の決定的な要因の一つになっているのが情報化の進展です。本書第1章・第6章で扱われているとおり，大人と異なる存在としての「子ども」という観念は18世紀に誕生しました。しかしアメリカの社会学者N. ポストマン[13]はそれがいまや再び消滅しつつあると指摘します。ポストマンは「子ども」という観念が誕生した理由として，印刷技術の普及によって人々が読み書き能力を身につける必要に迫られた点をあげます。しかし，テレビをはじめとする映像メディアの出現によって読み書きの必要性が低下するなかで，教育を受けるべき「子ども」という観念自体が希薄化しているというのです。

　たしかに，YouTubeやオンラインゲーム，LINEやインスタグラムなどのSNSを愉しむのに高度な読み書き能力は不要かもしれません。インターネット検索の普及は知識暗記の必要性を低下させますし，自動車の自動運転技術が十分に発達すれば，自動車教習所に通わなくて済むようになるかもしれません。自動翻訳技術の精度が上昇していけば，「外国語」を学習する必要性も見えにくくなるでしょう。もし仮にロボットが労働を全面的に引き受けてくれるようになれば，私たち人間は，学ばずとも——文化的かどうかはともかく——最低限の生活が保障されるようになるかもしれません。科学技術の発展は，人々を教育の必要性から良くいえば「解放」，悪くいえば「疎外」するのです。

　「たくさん学んで豊かになりたい」という人々の切なる想いが，かつては公教育の存在意義を下支えしていました。半世紀前の日本社会では，学校で提供される知識をしっかり身につければ「立身出世」を果たすことができ，職業選択や配偶者選択，都会への移動などの自由を手にすることができると信じられていました。[14]学校は地域共同体の理不尽な「しがらみ」からの解放装置だったのです。

＊13　ニール・ポストマン，小柴一（訳）『子どもはもういない——教育と文化への警告』新樹社，
　　　1985年。
＊14　苅谷剛彦『大衆教育社会のゆくえ——学歴主義と平等神話の戦後史』中央公論新社，1995年；
　　　広田照幸『日本人のしつけは衰退したか——「教育する家族」のゆくえ』講談社，1999年など。

　それに対し，今日では学校教育こそが理不尽な「しがらみ」の代表格になっており，そこからの解放のツールとして携帯電話やインターネットが位置づいています。「学ばなくてもそれなりに豊かに暮らせる社会」では，**義務教育**が「子どもの権利」ではなく「子どもの義務」として体感されやすくなるのです。

　しかも情報化社会は学習以外の魅力的な選択肢を子どもに提示します。勉強のためにネット検索をすると娯楽情報が目に飛び込んできますし，勉強中もSNSの通知が随時乱入してきます。子どもを勉強につなぎ止めようとする学校や塾と，娯楽や消費に誘い込もうとするテレビ・ゲーム・インターネットなどの間で，子どもの生活時間をめぐって争奪戦が繰り広げられているのです。

３　無垢な「子ども時代」の消失

　ポストマンは，現代社会では無垢な「子ども時代」が維持困難であるとも述べています。本章冒頭でも触れたとおり，現代の子どもはそれ以前の子どもと比べて，ポルノや暴力，死，貪欲な消費社会などの「大人の秘密」に容易にアクセスできます。これらは「子どもの発見」をしたといわれる**ルソー**[*15]が，子どもたちの目からなんとか隠そうとしていたものです。ルソーは次のように言っています。「あなたの子どもの魂のまわりに，はやく垣根をめぐらしなさい」「子どもにとって誘惑の多い，そして伝染病のようにうつされる恐れのある，まやかしものでおおわれている都会のけがらわしい風習から遠く離れていることにしよう」[*16]。無垢な「子ども時代」は，子どもを無知に留めおくことで成立しますが，現代社会ではそれがかつてより困難になっているのです。

　つまり，情報化社会において，子どもは，知性の面では成長しないことを許される一方，性愛や欲望の面においては成長を急かされるわけです。それで良いかどうか意見の分かれるところですが，少なくとも「たくさん学んで豊かになること」を目的とする従来の学校教育にとっては逆風となるでしょう。

---

*15　ルソーについては，本書第1章および第6章を参照。
*16　ルソー，今野一雄（訳）『エミール（上）』岩波書店，1962年，pp. 24, 137。

４　教育格差の拡大

　さらにいえば「もはや学習は不要」と考えて日々を愉しもうとする者と，「やはり学習は必要」と考えて日々を知識・技能を蓄える投資に用いる者との間に深刻な格差が生じる点も大きな問題です。

　すでに学習塾に通えるか否かといった家庭の経済状態や，絵本の読み聞かせがあるか否かといった家庭の文化的背景によって，子どもの学業成績に格差が生まれています。今後はそれらに加えて高額な学習支援 AI を使用できるか，教育ならぬ「脳育（薬や磁気による脳機能や意欲の活性化）」を受けられるか否か等を通じて，より大きな教育格差が生まれる可能性があります[17]。たとえ科学技術の発達によって社会の豊かさが底上げされても，人々の間に深刻な格差があれば良い社会とはいえないでしょう。これらの教育格差は教育現場にいま以上の混乱をもたらすはずです。

3　未来社会における学校と教師の役割

１　学校教育のアップデート

　未来社会に対する危惧を前にして，公教育にできることは，情報テクノロジーを活用した教育方法や教育内容のアップデートです。

　文部科学省は「もはや学校の ICT 環境は（…中略…）鉛筆やノート等の文房具と同様に教育現場において不可欠なものとなっている」として「学習用パソコン端末 1 人 1 台」を目指しています[18]。スマートフォンやタブレット型端末を活用すれば，グループワークやプレゼンテーションを活性化させたり，子どもの学習の進捗を把握しやすくなるでしょう。最近は文化祭や卒業式で生徒が編集した映像やスライドショーを流す実践なども増えています。

＊17　山本宏樹「機械じかけの公教育——203X 年，科学技術革新がもたらす一つの未来」『教育』7，2017年，pp. 59-66。また，本書第 1 章（p. 12）も参照のこと。
＊18　文部科学省「新時代の学びを支える先端技術活用推進方策（最終まとめ）」2019年，p. 25。

　次世代の教育方法として注目を浴びているのが，人工知能を活用したオーダ
ーメード教育です。たくさんの子どもが一人の教師の指導のもとで同じ内容の
学習を行う「一斉授業」方式は，本書第8章で詳細に扱われたとおり19世紀に
普及した教育方法ですが，近年の情報技術革新はそれを時代遅れにしようとし
ています。人工知能の出題した問題に子どもが解答すると，理解できていない
ポイントの解説動画が流れたり，最適な練習問題が出題されるといった，個々
の子どもの習熟度に合わせた「**個別最適化学習（アダプティブ・ラーニング）**」が
試行されているのです。

　学習指導要領に定められた義務教育9年間の標準学習時間は「理科」「社会」
「外国語」で約500〜600時間，「数学」で1,079時間，「国語」に至っては1,417
時間に及びます。[*19] 個別最適化学習が導入されることによって学習効率が上昇し，
この総学習時間が短縮できる可能性は確かにあります。そうすれば，空いた時
間を「特別活動」や「総合的な学習の時間」などの共同的な学習活動に振り分
けることができるかもしれません。人工知能と相性のよい子どもが自学自習を
進めてくれれば，教師はその時間を使って，つまずきを抱えた子どもに向き合
うこともできます。つまり教師の指導も含めた個別最適化ができるのです。

　そのほか，人工知能の活用によって性格検査や進路適性診断などの精度が上
がれば**生徒指導**の効果も向上するはずです。成績評価についても，これまでは
学級単位・学校単位で行われてきましたが，今後は同じ生年月日の子どもを全
国規模で比較評価するなどの「厳密」な方法も可能になるでしょう。「本当に
うまくいくのか」「それが本当に良いことなのか」など議論の余地は残ってい
ますが，現場の多忙なども相俟って個別最適化学習は今後の公教育の形の有力
な選択肢とみなされているのが現状です。

　今後，「体育」や体育会系の部活動では，ドローンに搭載された高性能カメ
ラと人工知能による映像解析技術を組み合わせた審判やフォーム修正が実用化
されることで，指導の質の向上が見込まれます。また，スマートウォッチやス

＊19　典拠は学習指導要領（平成29年告示）による。数値は1単位時間（小学校45分，中学校50分）
　　をもとに1時間（60分）に換算済。「外国語」には小3〜4の「外国語活動」を含む。「理科」
　　「社会」には「生活」を含まない。

マートグラスなどの**ウェアラブル端末**の高機能化に伴って，脳波，心拍数，血圧，視線などの生体情報を教育に利用していくことも考えられます。

　今後の学校教育ではこの点が争点になるでしょう。生体認証による出欠管理や物品の貸出，ドアの解錠などのほか，授業に対する「**関心・意欲・態度**」，他者に共感したり不正に怒ったりといった「**道徳性**」を数値化して常時記録することも技術的には可能になっていくかもしれません。子どもを教育し尽くそうとする欲望を前に，生徒の内面にどこまで踏み込んでよいのか，生理的反応が教育効果測定としてどこまでの妥当性をもつのかなどが議論を呼びそうです。

2　公教育の多様化

　情報テクノロジーの進歩は，学校の内部に変革をもたらすだけでなく，学校以外の教育の選択肢を増加させています。そのもっとも顕著な例として，インターネットを活用した自習コンテンツの開発があげられます。

　民間教育企業は競って映像授業アーカイブや学習アプリの開発を進めています。近年は**ムーク**（Massive Open Online Courses）と呼ばれる無料のデジタル教育アーカイブも有志の手によって整備されつつあります。インターネット上を検索すれば，各教科・各単元の無料解説動画がすでにたくさんアップロードされていることがわかるはずです。こうしたネット教材の多くは，今のところ自学自習のできる子ども向けのものにとどまっていますが，今後は学習支援AIにプログラムを読み込ませる形で「対話による個別学習支援」が可能になっていくでしょう。これは**ホーム・スクーリング**の可能性を活性化させる一方，学校に通う意味をますます希薄化させていくはずです。

　実際，通信制高校への入学者は年々増加しており，なかには映像授業に加えてインターネット上で学園祭や部活動に参加したり，オンラインゲーム上で遠足をするなどの取り組みを行う学校も生まれています。さらに義務教育段階に通信制課程を取り入れるか否かの議論もなされるに至っています[20]。

＊20　内閣府規制改革推進会議「第18回投資等ワーキング・グループ議事次第 参考資料」2019年5月23日。

　また，私立学校や地方の公立学校などでは，民間企業のマンツーマン・オンライン英会話を授業に導入するなど，教師の監督のもとで学校教育の一部を民間企業に外部委託するという実験的な取り組みも進められています。[*21]

　情報テクノロジーの進歩が，社会の価値観の多様化や学校の多忙状況と相俟って，子どもを学校空間に囲い込んで知識・技術・価値観を身につけさせるという公教育の大枠を揺るがせています。絶対に譲れない学校のアイデンティティとは何かが問われているのです。

3　教育内容のスリム化

　前節では，社会の情報化に伴って，学習の必要性が見えにくくなり，子どもの学習意欲の低下が起こりやすくなるという懸念に触れました。ただ，社会の実情に合わせて教育内容の精選を進めるならば，無理のある詰め込み教育に終止符を打ち，インターネット検索や人工知能の助けを借りながら問題を解決していくような情報化時代の「生きる力」の育成に時間を費やせるようになるかもしれません。公教育の内容が実際に役立つことが体感されることで，意欲が子どもの内面に湧いてくる場合があるかもしれません。

　前述の「脳育」もまた教育内容の精選と関連します。今後，生徒間のトラブルをめぐって，話し合いで解決する代わりに，トラブルを起こしやすい生徒への投薬や脳への磁気治療を行うことが拡大していく可能性があります。手間がかかるわりに効果の現れにくい教育の代わりに「脳育」をというわけです。当然それにはさまざまな反論や危惧もあり得るでしょう。

　しかし「脳育」が教育を促進するという意見もあります。[*22]学習に集中できるようになったり，集団活動をしやすくなったり，学習効率性が高まったりする可能性があるからです。行動遺伝学の知見によれば，私たちの能力のうち遺伝によって決定される部分は，領域にもよりますが，平均すると知能で7割，学

＊21　「オンライン英会話で発話量10倍 佐賀県上峰町が成果報告」『教育新聞』（2019年7月19日付）。
＊22　ジョン・エルダー・ロビソン，高橋知子（訳）『ひとの気持ちが聴こえたら──私のアスペルガー治療記』早川書房，2019年；堀内進之介「飲めばモラルが向上するクスリ『道徳ピル』をご存じか」『講談社現代ビジネス』（2018年8月3日付）。

業成績で6割，性格で3〜5割程度だといわれてきました。[*23]しかし「脳育」技術が実用化されれば，後天的な教育可能性は高まることになります。このように，科学技術の進歩は教育現場に困難な倫理的問題を突きつけます。

▉4▉　未来社会における人間教師の役割

　悲観的な見通しや困難な倫理的ジレンマの例が続き，不安を煽ってしまったかもしれません。ただ，人工知能がどれほど発達しても，人間教師の役割がなくなることはありません。子どもの人生の模範（ロールモデル）としての役割は機械に完全に代替できないからです。

　情報化が進み大量の情報にさらされるほど，何を人生の指針にすればよいかわからなくなることがあります。人工知能によるオススメ（レコメンデーション）に従うのも一つの手ですが，そこには致命的な欠陥があります。現状の人工知能は，データベース上の膨大なログをもとに「あなたに似た性格の人の〇％はこれを選んでいます」という事実を伝えることはできますが，それを超えた「物事の善悪」や「美しい生き様」までを教えることはできません。

　それに，たとえ公正かつ利他的に振る舞うようにプログラミングされた人工知能がいたとしても，欲望に苛まれながら善を目指す私たち人間とはスタートラインが違いすぎて尊敬することは難しいでしょう。人間教師だけが果たすことのできる教育的な役割はまだ存在するのです。

 まとめ ・・
　情報化の進展には「光」と「闇」の両方の側面があり，この社会がユートピアとディストピアのどちらに向かうかは不透明です。だからこそ未来を切り拓くための「情報教育」の重要性が叫ばれていますが，社会の情報化の進展は公教育の影響力を低下させてもいます。
　教育内容と教育方法を，社会の急速な情報化に対応するものへと刷新していけるかどうか，それがこの国の将来を占う試金石だと言えるでしょう。
・・

---

*23　安藤寿康『遺伝マインド』有斐閣，2011年，pp. 58-59。

さらに学びたい人のために

○外山健太郎『テクノロジーは貧困を救わない』みすず書房，2016年。

　　米マイクロソフト社のエリートエンジニアであった著者は，テクノロジーの可能性を信じ，貧困に喘ぐインドの子どもたちのために無償でパソコンを配付したり，優秀な教師の授業の動画を作成するなどの取り組みを続けましたが，結果は大失敗でした。いったい何が間違っていたのでしょうか。

○ジョン・エルダー・ロビソン，高橋知子（訳）『ひとの気持ちが聴こえたら
　　──私のアスペルガー治療記』早川書房，2019年。

　　他者の感情を汲み取ることの難しいアスペルガー症候群の著者が，最新の磁気治療によって鋭敏な感情理解能力を手に入れたものの，それによって思いもよらない事態に立ち至るという実話です。本書を読めば「脳育」の可能性の一端をうかがい知ることができるはずです。しかし，そこに落とし穴はないのでしょうか。

○新井紀子『AI vs. 教科書が読めない子どもたち』東洋経済新報社，2018年。

　　本章でも紹介したセンター模試偏差値57.1の「東ロボ君」の生みの親である著者は，本書で人工知能をめぐる過剰な期待や恐怖を諫めつつ，しかし近い未来「企業は人不足で頭を抱えているのに，社会には失業者が溢れ」るという「世界的な大恐慌」が到来すると予言して論争を巻き起こしています。果たして本当でしょうか。

索　引

263

《監修者紹介》

汐見稔幸（しおみ　としゆき）
　　現　在　東京大学名誉教授。

奈須正裕（なす　まさひろ）
　　現　在　上智大学教授。

《執筆者紹介》（執筆順，担当章）

木村　元（きむら　はじめ）はじめに，第1章，第10章，第11章
　　編著者紹介参照。

汐見稔幸（しおみ　としゆき）第2章
　　編著者紹介参照。

福島賢二（ふくしま　けんじ）第3章
　　現　在　埼玉大学准教授。
　　主　著　『教職員の多忙化と教育行政』（共著）福村出版，2020年。
　　　　　　『民主主義教育のフロンティア』（共著）旬報社，2020年。

神代健彦（くましろ　たけひこ）第4章
　　現　在　京都教育大学准教授。
　　主　著　『悩めるあなたの道徳教育読本』（編著）はるか書房，2019年。
　　　　　　『「生存競争」教育への反抗』（単著）集英社，2020年。

北詰裕子（きたづめ　ゆうこ）第5章
　　現　在　青山学院大学准教授。
　　主　著　『言語と教育をめぐる思想史』（共著）勁草書房，2013年。
　　　　　　『コメニウスの世界観と教育思想──17世紀における事物・言葉・書物』（単著）
　　　　　　勁草書房，2015年。

室井麗子（むろい　れいこ）第6章
　　現　在　岩手大学准教授。
　　主　著　『教育の理念・歴史』（共著）一藝社，2013年。
　　　　　　『教育思想事典（増補改訂版）』（共著）勁草書房，2017年。

藤本和久（ふじもと　かずひさ）コラム①
　　現　在　慶應義塾大学教授。
　　主　著　『「授業研究」を創る』（共著）教育出版，2017年。
　　　　　　『マクマリーのタイプ・スタディ論の形成と普及──カリキュラムとその実践を
　　　　　　読み解く基盤』（単著）風間書房，2018年。

上野正道（うえの　まさみち）第7章
　現　在　上智大学教授。
　主　著　『学校の公共性と民主主義——デューイの美的経験論へ』（単著）東京大学出版会，
　　　　　2010年。
　　　　　『民主主義への教育——学びのシニシズムを超えて』（単著）東京大学出版会，
　　　　　2013年。

栗原麗羅（くりはら　れいら）第7章，コラム②
　現　在　東京医療保健大学講師。
　主　著　『ドイツの道徳教科書——5，6年実践哲学科の価値教育』（共訳）明石書店，2019年。

里見　実（さとみ　みのる）コラム③
　現　在　國學院大學名誉教授。
　主　著　『希望の教育学』（単訳）太郎次郎社エディタス，2001年。
　　　　　『パウロ・フレイレ「被抑圧者の教育学」を読む』（単著）太郎次郎社エディタス，
　　　　　2010年。

宮本健市郎（みやもと　けんいちろう）第8章
　現　在　関西学院大学教授。
　主　著　『アメリカ進歩主義教授理論の形成過程』（単著）東信堂，2005年。
　　　　　『空間と時間の教育史——アメリカの学校建築と授業時間割からみる』（単著）東
　　　　　信堂，2018年。

長谷部圭彦（はせべ　きよひこ）コラム④
　現　在　東京大学特任研究員。
　主　著　『人々がつなぐ世界史』（共著）ミネルヴァ書房，2019年。
　　　　　『教育とエンパワーメント』（共著）明石書店，2020年。

前田晶子（まえだ　あきこ）第9章
　現　在　東海大学教授。
　主　著　『近代日本の人間形成と学校——その系譜をたどる』（共著）クレス出版，2013年。
　　　　　『教師を支える研修読本——就学前教育から教員養成まで』（編著）ナカニシヤ出
　　　　　版，2014年。

佐藤隆之（さとう　たかゆき）第12章
　現　在　早稲田大学教授。
　主　著　『キルパトリック教育思想の研究——プロジェクト・メソッド論の成立と展開』
　　　　　（単著）風間書房，2004年。
　　　　　『市民を育てる学校——アメリカ進歩主義教育の実験』（単著）勁草書房，2018年。

大西公恵（おおにし　きみえ）第13章（1，2，3），コラム⑤
　現　在　和光大学准教授。
　主　著　『日本の学校受容——教育制度の社会史』（共著）勁草書房，2012年。
　　　　　『近代日本の人間形成と学校——その系譜をたどる』（共著）クレス出版，2013年。

後藤　篤（ごとう　あつし）第13章（4，5）
　現　在　宮城大学准教授。
　主　著　『近代日本の人間形成と学校──その系譜をたどる』（共著）クレス出版，2013年。

松下佳代（まつした　かよ）第14章
　現　在　京都大学教授。
　主　著　『〈新しい能力〉は教育を変えるか──学力・リテラシー・コンピテンシー』（編
　　　　　著）ミネルヴァ書房，2010年。
　　　　　『対話型論証による学びのデザイン──学校で身につけてほしいたった一つのこ
　　　　　と』（単著）勁草書房，2021年。

山本宏樹（やまもと　ひろき）第15章
　現　在　大東文化大学准教授。
　主　著　『統治・自律・民主主義──パターナリズムの政治社会学』（共著）NTT 出版，
　　　　　2012年。
　　　　　『悪という希望──「生そのもの」のための政治社会学』（共著）教育評論社，
　　　　　2016年。

《編著者紹介》

木村　元（きむら　はじめ）
　現　在　青山学院大学特任教授，一橋大学名誉教授。
　主　著　『学校の戦後史』（単著）岩波書店，2015年。
　　　　　『境界線の学校史──戦後日本の学校化社会の周縁と周辺』（編著）東京大学出版
　　　　　会，2020年。

汐見稔幸（しおみ　としゆき）
　現　在　東京大学名誉教授。
　主　著　『さあ，子どもたちの「未来」を話しませんか』（単著）小学館，2017年。
　　　　　『汐見稔幸　こども・保育・人間』（単著）学研教育みらい，2018年。

アクティベート教育学①

教育原理

| 2020年3月30日　初版第1刷発行 | 〈検印省略〉 |
| 2024年2月20日　初版第7刷発行 | |

定価はカバーに
表示しています

監 修 者	汐　見　稔　幸
	奈　須　正　裕
編 著 者	木　村　　　元
	汐　見　稔　幸
発 行 者	杉　田　啓　三
印 刷 者	江　戸　孝　典

発行所　株式会社　ミネルヴァ書房
607-8494　京都市山科区日ノ岡堤谷町1
電話代表　(075)581-5191
振替口座　01020-0-8076

共同印刷工業・新生製本

ISBN978-4-623-08813-3
Printed in Japan